普通高等学校车辆工程专业卓越特色系列教材

轨道车辆强度基础

王文静　主编

科学出版社

北京

内 容 简 介

本书作为普通高等学校车辆工程专业卓越特色系列教材之一，着重阐述有限元方法以及轨道车辆结构强度分析的基本概念、原理和方法，反映轨道车辆技术发展的新成果。本书共5章，第1章介绍轨道车辆基本分类及重要组成部件；第2章在介绍有限元基本概念和基本分析过程的基础上，重点介绍杆、梁、平面、三维以及板壳单元的有限元格式推导过程；第3章介绍有限元仿真需注意的细节以及ANSYS有限元软件；第4章介绍车辆疲劳强度理论基础，重点阐述金属疲劳性能、疲劳累积损伤理论以及结构疲劳设计方法；第5章介绍高速动车组转向架、车体结构强度设计规范。此外，本书给出了典型实例的ANSYS实现过程和车辆结构强度分析过程，不仅可以作为轨道车辆相关专业的教材，对从事车辆装备和其他机械结构分析的工程人员也极具参考价值。

本书可供机械、力学、土木、载运工具运用工程等专业的高年级本科生、工程技术人员和科研工作者学习参考。

图书在版编目(CIP)数据

轨道车辆强度基础/王文静主编. —北京：科学出版社，2015.12
普通高等学校车辆工程专业卓越特色系列教材
ISBN 978-7-03-046018-9

Ⅰ.①轨… Ⅱ.①王… Ⅲ.①轻轨车辆-强度理论-高等学校-教材
Ⅳ.①U270.1

中国版本图书馆 CIP 数据核字（2015）第 246201 号

责任编辑：毛 莹 朱晓颖 / 责任校对：郭瑞芝
责任印制：张 伟 / 封面设计：迷底书装

科学出版社 出版
北京东黄城根北街16号
邮政编码：100717
http://www.sciencep.com

北京建宏印刷有限公司 印刷
科学出版社发行 各地新华书店经销
*

2015年12月第 一 版　开本：787×1092　1/16
2022年12月第四次印刷　印张：11 1/2
字数：302 000

定价：49.00元
（如有印装质量问题，我社负责调换）

前　言

现代高速动车组和重载货车已经发展成为结构复杂、技术含量高、集成度高的智能化大型复杂系统，其结构强度直接关系到高速、重载铁路运输的安全与效益。结构强度研究通常采用仿真分析、台架试验和线路运行试验（测定运行中的应力）三个层次进行。有限元法是求解工程问题的一种有效的仿真分析手段，有限元的出现使得许多科学理论在技术上得以实现和应用，极大地推动了人类技术能力的发展，是广大工程技术人员需要掌握的必要知识。

我国很多高等工科院校已经开设了专门的有限元课程，并编写了一批优秀的有限元教材，但这些教材不能适应目前轨道车辆教学的要求，且讲授的起点都比较高，对于只学习过材料力学的学生来说，具有一定的困难。编者在总结多年教学经验的基础上，提升科研有关成果，编写了这本教材，全书由轨道车辆结构、有限元法基本理论和应用以及机车车辆疲劳强度分析三部分组成。有限元基本理论和应用是本书的重点，主要介绍了杆系结构有限元、弹性力学基本理论、平面问题有限元、空间问题、板壳有限元及 ANSYS 应用等。在内容编排上强调有限元法涉及的理论、建模方法和软件应用的集成，注重有限元法应用的知识体系建立，旨在将理论和应用相结合，既加强学生理论基础的学习，更注重培养学生解决实际问题的能力。

本书是多人智慧的结晶。除封面署名的作者之外，北京交通大学机电学院吴作伟副教授为本书付出了辛勤的劳动。另外，参加本书编写和制作的还有北京交通大学博士研究生王尧和硕士研究生袁文东、王燕等，以及华东交通大学赵会瑞老师和长春轨道客车股份有限公司的李秋泽高级工程师。在此，编者向所有参与和关心本书出版的老师、朋友一并表示感谢。

由于编者水平有限，遗漏和不足在所难免，敬请广大读者批评指正。

编　者

2015 年 9 月

目 录

前言

第1章 轨道车辆概述 ··············· 1
1.1 轨道车辆的分类及用途 ········ 1
1.1.1 机车 ··················· 1
1.1.2 货车 ··················· 2
1.1.3 客车 ··················· 4
1.1.4 动车组 ················· 4
1.2 轨道车辆的基本组成 ·········· 7
1.2.1 车体 ··················· 7
1.2.2 转向架 ················· 8
1.2.3 制动装置 ··············· 9
1.2.4 车钩缓冲装置 ·········· 11
1.2.5 车辆内部设备 ·········· 11
参考文献 ························ 11

第2章 有限元方法基本原理及应用 ···· 12
2.1 绪论 ······················· 12
2.1.1 概述 ·················· 12
2.1.2 有限元法发展简史 ······ 13
2.1.3 有限元法的基本思想 ···· 14
2.1.4 有限元的基本概念 ······ 15
2.1.5 有限元分析基本流程 ···· 15
2.1.6 有限元分析的实现 ······ 17
2.2 杆系结构的有限元分析 ······· 18
2.2.1 概述 ·················· 18
2.2.2 有限元分析原理 ········ 19
2.2.3 单元刚度矩阵 ·········· 21
2.2.4 结构刚度矩阵 ·········· 28
2.2.5 约束处理 ·············· 33
2.2.6 载荷处理 ·············· 34
2.2.7 杆系结构有限元分析简例 ···· 35
2.3 平面问题弹性力学基础 ······· 37
2.3.1 基本概念 ·············· 37
2.3.2 平面应力问题与平面应变问题 ···· 39
2.3.3 平面问题的平衡微分方程 ···· 41
2.3.4 平面问题的几何方程 ···· 42
2.3.5 平面问题的物理方程 ···· 44
2.3.6 平面问题的边界条件 ···· 46
2.3.7 平面问题的基本解法 ···· 47
2.4 平面问题的有限元分析 ······· 51
2.4.1 常应变三角形单元（CST） ··· 51
2.4.2 线性应变三角形单元（LST） ···· 64
2.4.3 节点四边形单元（Q4） ······ 68
2.4.4 CST单元与Q4单元求解结果对比 ···· 73
2.5 空间问题有限元法 ··········· 75
2.5.1 空间问题的弹性力学基本方程 ···· 75
2.5.2 空间问题的有限元分析方法 ··· 75
2.5.3 空间问题的求解实例 ···· 78
2.6 薄板弯曲问题的有限元法 ····· 81
2.6.1 薄板弯曲的基本方程 ···· 81
2.6.2 矩形单元分析 ·········· 84
2.7 壳体结构的有限元分析 ······· 93
2.7.1 基本假设 ·············· 93
2.7.2 矩形单元 ·············· 94
2.7.3 用壳体单元进行壳体分析的步骤 ···· 97
参考文献 ························ 97

第3章 有限元建模细节与ANSYS软件概述 ···· 98
3.1 有限元仿真分析基本过程 ····· 98
3.1.1 数据前处理 ············ 99
3.1.2 施加载荷和边界条件 ···· 100
3.1.3 求解及误差分析 ········ 103
3.1.4 数据后处理 ············ 104
3.1.5 建立有限元模型需考虑的几点问题 ···· 105
3.2 ANSYS软件操作简介 ········· 114
3.2.1 ANSYS软件图形界面的交互操作 ···· 114

3.2.2 ANSYS 有限元求解过程
　　　　　与步骤 ································ 121
3.3 ANSYS 软件应用实例 ············ 126
　　3.3.1 简支梁变形分析 ············ 126
　　3.3.2 平面应力问题求解 ········ 129
　　3.3.3 ANSYS 薄板弯曲问题求解 ·· 133
　　3.3.4 轴对称问题求解 ············ 136
参考文献 ·· 139

第 4 章 车辆结构强度基础理论 ············ 140

4.1 疲劳研究的历史 ······················ 140
4.2 疲劳破坏的特点 ······················ 142
4.3 疲劳断口的形貌特征 ·············· 143
　　4.3.1 疲劳断口的宏观形貌特征 ···· 143
　　4.3.2 疲劳断裂源的判断 ········ 144
　　4.3.3 疲劳断口的微观形貌特征 ···· 144
4.4 金属疲劳性能 ·························· 148
　　4.4.1 材料的 S-N 曲线 ············ 149
　　4.4.2 P-S-N 曲线 ······················ 149
　　4.4.3 疲劳极限 ························ 150
　　4.4.4 影响疲劳强度的因素 ···· 150
4.5 疲劳累积损伤理论 ·················· 153

　　4.5.1 疲劳损伤累积的概念 ········ 153
　　4.5.2 线性累积损伤理论 ············ 154
4.6 强度设计理论基础 ·················· 155
　　4.6.1 静强度设计 ························ 155
　　4.6.2 抗疲劳设计 ························ 155
参考文献 ·· 161

第 5 章 高速动车组强度设计规范 ········ 162

5.1 高速动车组转向架焊接构架
　　强度设计规范 ·························· 162
　　5.1.1 UIC 规程 ···························· 162
　　5.1.2 JIS 技术条件 ······················ 164
5.2 动车组车体强度设计规范 ······ 165
　　5.2.1 欧洲标准 EN 12663 ·········· 165
　　5.2.2 日本标准 JIS E7106 ········· 169
5.3 转向架构架与车体强度
　　分析实例 ·································· 171
　　5.3.1 地铁动车转向架构架静
　　　　　强度与疲劳强度分析 ········ 171
　　5.3.2 电动客车车体静强度分析 ·· 175
参考文献 ·· 178

第 1 章 轨道车辆概述

铁路作为国家重要的基础设施、国民经济的大动脉和大众化的交通工具，在现代运输体系中发挥着至关重要的作用。与其他交通运输方式相比较，铁路具有显而易见的优势：

(1) 铁路运输具有安全正点的巨大优势，安全系数远高于公路。
(2) 铁路运输受气候影响非常小，一年四季可以不分昼夜地进行定期的、有规律的运转。
(3) 铁路运输速度越来越快，随着动车时代的到来，铁路有着"陆地航空"的美称。
(4) 铁路运输量巨大。铁路一列货物列车一般能运送 5000t 货物，一列旅客列车能搭乘旅客几千人，远远高于航空运输和汽车运输。
(5) 铁路运输能源消耗较低。铁路运输耗油约是汽车运输的 1/20。

轨道机车车辆与其他运输车辆的根本不同点在于，它必须在专门铺设的钢轨上运行。铁路运输中的这种特殊的轮轨关系是铁道机车车辆的最根本特征。

1.1 轨道车辆的分类及用途

轨道机车车辆一般有两种形式：传统的列车和动车组。根据是否带有动力，传统的列车可以分为机车与车辆；对于动车组，可以分为动车与拖车。

1.1.1 机车

由于铁路车辆大都不具备动力装置，需要把客车或货车连挂成车列，由机车牵引运行。在车站上，车辆的转线以及货场取送车辆等各项调车作业，也都要由机车完成。铁路机车大致以运用和牵引动力来分类。从运用上分，有客运机车、货运机车和调车机车。按牵引动力，机车可分为蒸汽机车、内燃机车和电力机车。截至 2014 年年底全路共配属机车 19606 台，其中内燃机车 8614 台，约占 43.9%；电力机车 10992 台，约占 56.1%。

目前我国机车发展的创新成果表现为：①从内燃机车牵引为主转变为电力机车为主，驱动方式从直流传动转变为交流传动。例如，交流传动和谐型机车已达到 7776 台，占机车总量的 39.7%，担当货物牵引总重的 65%，单机功率和单轴功率均处于世界领先水平。②时速 160 公里交流传动客运机车、30 吨轴重货运机车相继诞生(图 1-1(a)、(b))。

(a) HXD1D(160km/h 客运，2012.03 下线)

(b) 30 吨轴重货运机车

图 1-1 交流传动和谐型机车

1.1.2 货车

货车主要用以运送货物和为此服务的或原则上编组在货物列车中使用的车辆。由于货物类型千差万别，因此需要多种多样的货车来运送它们。按其用途不同，货车分为通用货车、专用货车和特种货车三大类（典型车型见图1-2）。敞车、平车及棚车属于通用货车，可以装的货物类型较多，在货车总数中占的比例较大；罐车、集装箱车、保温车等十余种车属于专用货车，只能运输一种或很少几种货物；救援车、检衡车、发电车、无缝钢轨运送车及除雪车等属于特种货车，可以满足特别用途。目前我国货车总保有87.2万辆，其中国铁货车71.6万辆，约占82.1%；企业自备货车15.6万辆，约占17.9%。国铁货车中，载重60t货车41.4万辆，约占57.8%；载重70t及以上货车30.1万辆，约占42%。

(a) C70型通用敞车

(b) P70、P70H通用棚车

(c) KM70型石渣漏斗车

(d) X系列集装箱车

(e) D38型钳夹式长大货车

图1-2　典型通用货车、专用货车和特种货车

(f) 救援车

(g) 检衡车

(h) 无缝钢轨运送车

(i) 除雪车

图 1-2　典型通用货车、专用货车和特种货车(续)

货车技术向重载和快运发展，以下技术实现了突破：
(1) 低动力作用转向架技术；
(2) 车体轻量化；
(3) 高强度车钩、锻造钩尾框及大容量缓冲器技术；
(4) 制动技术。

图 1-3 所示为几种新型货车及新型转向架。

图 1-3　新型货车及新型转向架

转K5型转向架

图 1-3　新型货车及新型转向架(续)

1.1.3　客车

客车的一般特点是两侧墙上有较多的带玻璃的车窗，两车厢连接处有供旅客通过的折棚装置和渡板，有运行品质较好的转向架，车身较长等。客车的主要用途是运送旅客或提供某种为旅客服务的功能。根据用途的不同，铁路客车主要包括硬座车、软座车、硬卧车、软卧车、行李车、餐车、邮政车、试验车等。此外，还有公务车、卫生车、医务车、维修车、文教车、特种车等。按运营的性质或范围可分为轻轨及地铁车辆、市郊客车、高速客车及普通客车。目前我国客车总保有 47531 辆，其中，国铁客车 45419 辆、地方及合资铁路公司客车 2112 辆。国铁客车中，时速 160km 客车 4196 辆，约占 9.2%；时速 140km 客车 4477 辆，约占 9.9%；时速 120km 客车 36350 辆，约占 80%。空调客车占国铁客车总量的 82.2%。图 1-4 为青藏高原旅客列车。

图 1-4　青藏高原旅客列车

1.1.4　动车组

传统的列车由机车和车辆组成，在运行时要反复进行列车和机车的编挂。动车组是由动力车和拖车或全部由若干动力车长期固定地连挂在一起组成的车组。动车组按牵引动力形式可分为动力分散式和动力集中式两大类,按转向架的形式又可以分为独立式和铰接式两种,如图 1-5～图 1-9 所示。

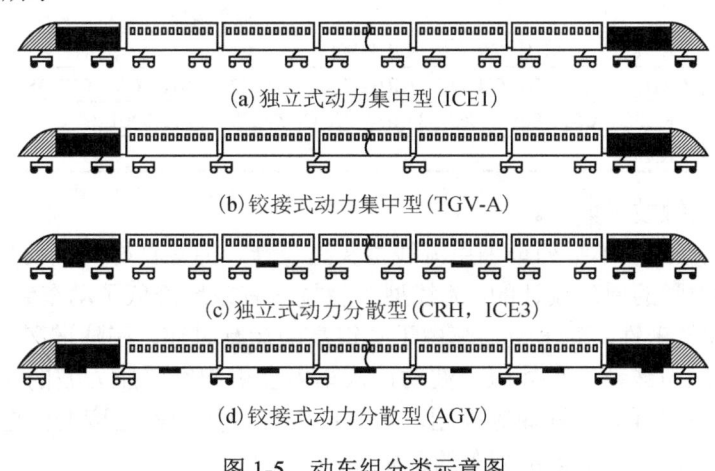

图 1-5 动车组分类示意图

● 动力轮对；○ 非动力轮对；■ 动力设备；▨ 司机室

图 1-6 日本 100 系高速列车(12M+4T)

图 1-7 日本 500 系全动列车

图 1-8 中国 CRH380AL 动车组(12M+4T)

图 1-9 中国 CRH380BL 动车组(8M+8T)

截至 2014 年年底,我国动车组总保有量 1530 标准组(1222 列),包含四种产品平台,17 种车型,其中 200～250 km/h 速度等级的 651 标准组(约占 42.5%),300～350 km/h 速度等级的 879 标准组(约占 57.5%)。四种平台及其动车组产品列表见表 1-1。

表 1-1　中国动车组研发平台及其产品

平台名称	生产车型
庞巴迪平台	CRH1A、CRH1B、CRH1E、CRH380D
四方平台	CRH2A、CRH2B、CRH2E、CRH2C1、CRH2C2、CRH380A、CRH380AL
长客/唐车平台	CRH3C、CRH380B、CRH380BL、CRH380 高寒、CEH380CL
长客平台	CRH5A

动车组九大关键技术如下。

(1) 流线型头型。动车组列车采用流线型头型设计，拥有良好的气动外形，而这种气动外形是根据空气动力学的原理设计的，流线型头型技术有效地降低了动车组的空气阻力和噪声。

(2) 密强度和气密性。动车组列车由于其很高的运行时速，在隧道和明线上交会时，均会引起车外较大的压力波动，车外压力波动传入车内会引起空气压力波的波动，从而冲击司乘人员的耳膜，易造成耳鸣、耳痛等问题，带来动车组内压力舒适度的问题。缓解车内压力波的主要技术措施便是提高动车组列车的密强度和气密性。

(3) 振动模态。在振动模态方面，如何在轻量化设计目标下，避免车辆产生共振，是高速车体设计面临的主要挑战之一。

(4) 高速转向架。高速转向架承担着导向、承载、减振、牵引和制动等功能，是决定高速列车运行安全和运行品质的核心。速度越高，来自轨道的激扰越大，如何保证在高速运行条件下转向架具有足够高的临界速度和结构安全性、优良的减振性能和低轮轨磨耗，是高速列车研发面临的艰巨挑战。

(5) 牵引系统。动车组列车牵引系统可以采用动力集中和动力分散两种形式。由于动力分散技术能使动车组轴重有效降低，减小其对于线路的破坏作用，因此绝大部分的动车组列车都采用动力分散的新技术。

(6) 制动系统。列车速度不断提高的同时，还必须能在规定距离和时间之内停车，依靠传统的摩擦制动方法已经不能解决高速列车的制动问题，必须采用动力制动+空气制动。电控制动技术四大优势：制动能力强、响应速度快，制动力分配的准确性和一致性好，故障导向安全，制动冲动小。

(7) 弓网受流。高速受电的特点：

① 接触网与受电弓的波动特性。高速列车的行驶速度较常速列车高得多，因而电弓沿接触导线移动速度的大大增加，这就是接触网与受电弓的波动特性发生变化，从而对受电产生影响。

② 高速列车在高速运行时所受的空气阻力较常速列车大得多，空气动态力也是影响高速受电的一个因素。

③ 受电弓从接触网大功率受电问题。高速列车所需的牵引较常速列车要大得多，若采用多弓受电必然会增加阻力和加大噪声，并引起接触网的波动干扰，因而受电弓的数量不能太多，这就需要解决受电弓从接触网大功率受电问题。

(8) 旅客界面。动车组列车旅客界面理念先进，其设计更多地体现了人性化与舒适性的协调统一。

(9) 列车智能化。动车组列车以全息化列车状态感知和动态数字化运行环境为基础、以信息智能处理为支撑，列车不仅首次实现了新兴的物联网技术、传感网技术在大型交通运输装备上的工程化应用,而且首次实现了物联网、传感网、列车控制网络、车载传输网络的多网融合,形成自检测、自诊断、自决策能力的智能化高速列车。

1.2 轨道车辆的基本组成

由于标准化的限制和大型生产流水线的需要,车辆的种类虽然多,构造却大同小异。近年来,随着社会的发展、科技的进步和需求的变化,铁路车辆的外形开始有了改变,尤其是客车车厢不再是清一色的老面孔。但是它们的基本构造并没有重大的改变,只是具体的零部件有了更科学、更先进的结构设计。一般来说,车辆的基本构造由车体、转向架、制动装置、车钩缓冲装置、车辆内部设备五大部分组成(图1-10)。

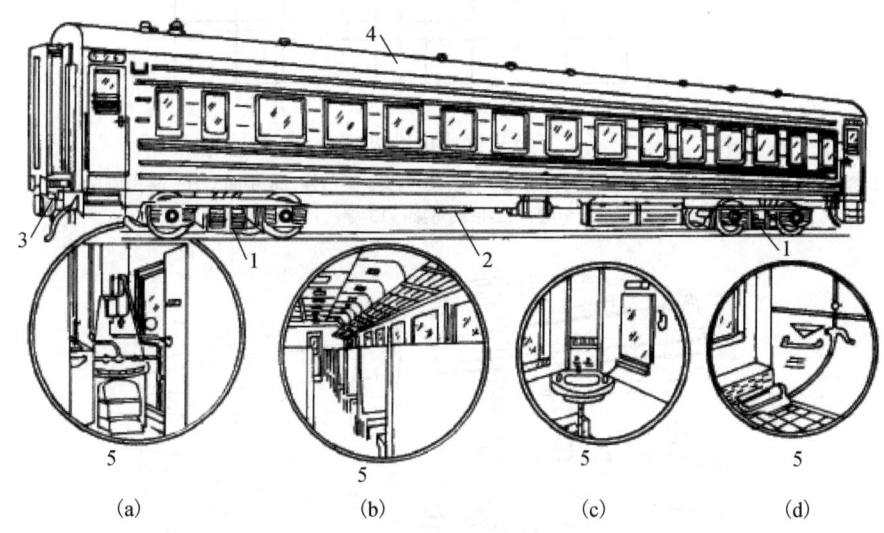

图 1-10 车辆组成
1-转向架;2-制动装置;3-车钩缓冲装置;4-车体;5-车辆内部设备

1.2.1 车体

车体是车辆上装载货物或乘客的部分,也是安装与连接车辆其他组成部分的基础。车体以钢结构或轻金属结构为主。

货车车体主要组成部分包括底架、侧壁(墙)、端壁(墙)、车顶等(图1-11)。车体的钢结构由许多纵向梁和横向梁(柱)组成,车体底架通过心盘或旁承支承在转向架上。车体钢结构承担自重、载重、整备重量及由于轮轨冲击和簧上振动而产生的垂直动载荷;列车起动、变速、上下坡道时,在车辆之间所产生的牵引和压缩冲击力等纵向载荷;以及风力、离心力、货物对侧壁的压力等侧向载荷。

客车车体为全金属焊接结构,由底架、侧墙、车顶和端墙四部分焊接而成(图1-12)。钢骨架外面焊有金属地板。侧墙板、车顶板和端墙板,形成一个上部带圆弧下部为矩形的封闭壳体,俗称薄壁筒形结构车体。壳体内面除用纵向杆件和横向梁、柱加强外,还采用墙板压筋方式来代替部分杆件,以增强结构的强度和刚度,形成整体承载的合理结构。客车车体必须具有良好的隔热性能。为使旅客上下车方便,客车两端设有通过台,并在通过台的外端设置折棚和渡板,防止风雨及寒气侵入。车体内除设置门窗、座椅及卧铺外,还需装设卫生设备、通风装置、给水设备、车电设备、取暖设备、播音装置及空气调节装置等。

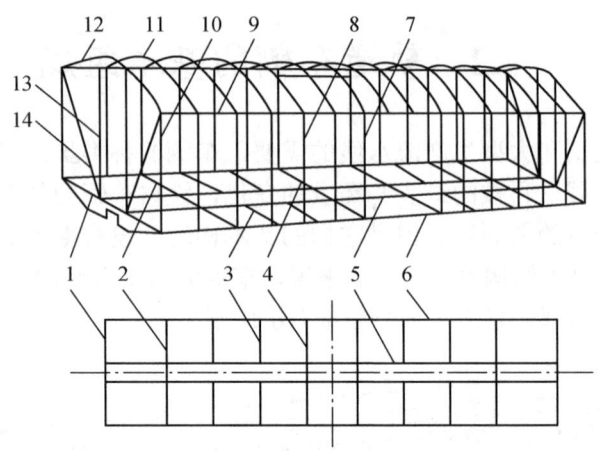

图 1-11　货车车体图

1-缓冲梁；2-枕梁；3-小枕梁；4-大枕梁；5-中梁；6-侧梁；7-门柱；8-中间立柱；9-上侧梁；10-角柱；11-车顶弯梁；12-顶端弯梁；13-端柱；14-端斜撑

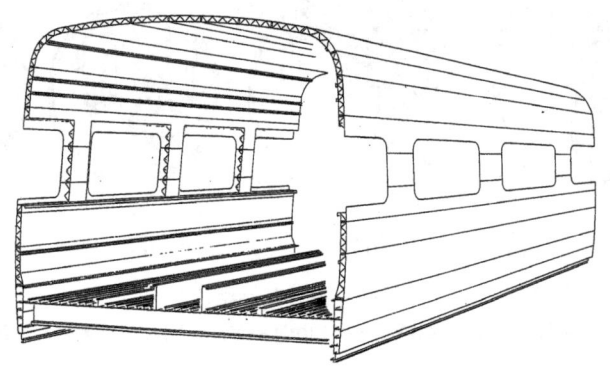

图 1-12　车体双壳结构

1.2.2　转向架

转向架是车辆在牵引动力作用下沿线路运行的部分。转向架的作用是保证车辆灵活、安全、平顺地沿钢轨运行和通过曲线；可靠地承受作用于车辆的各种力并传给钢轨；缓和车辆和钢轨的相互冲击,减少车辆振动,保证足够的运行平稳性和良好的运行质量；具有可靠的制动机构,使车辆具有良好的制动效果。铁路车辆发展的初期,载重量小,容积也不大,走行部很简单,一般采用二轴车的结构形式,车轴直接安装在车体下方,称为无转向架车辆。随着车辆载重量的增大,一般多采用转向架的结构形式。转向架是将两个及以上轮对通过专门的构件组成的一个整体部件。

转向架有多种类型,按轴数可分为二轴转向架、三轴转向架和多轴转向架；按弹簧悬挂方式可分为一系弹簧悬挂转向架和两系弹簧悬挂转向架；按用途可分为机车和动车转向架、客车转向架、货车转向架三种(图 1-13)。转向架的主要组成部件有轮对、轴箱装置、弹簧悬挂装置、基础制动装置、构架(或侧架)、摇枕等,在机车和动车转向架上还有驱动装置。

(a) 客车转向架(SW160 转向架)结构图　　(b) 客车转向架(CW200K 转向架)结构图

(c) 动车转向架(SKMB-200 型转向架)结构图　　(d) 动车转向架(CW400D 型转向架)结构图

(e) 机车转向架(DF11G 型转向架)结构图　　(f) 货车转向架(转 K2 型转向架)结构图

图 1-13　转向架结构示意图

1.2.3　制动装置

列车制动就是人为地制止列车的运动,包括使它减速、不加速或停止运行。为施行制动和缓解而安装在列车上的一整套设备,总称为列车"制动装置"。"制动"和"制动装置"俗称为"闸"。施行制动常简称为"上闸"或"下闸",施行缓解则简称为"松闸"。

列车制动装置包括机车制动装置和车辆制动装置(图 1-14 和图 1-15)。不同的是,机车除了具有像车辆一样使自己制动和缓解的设备,还具有操纵全列车制动作用的设备。

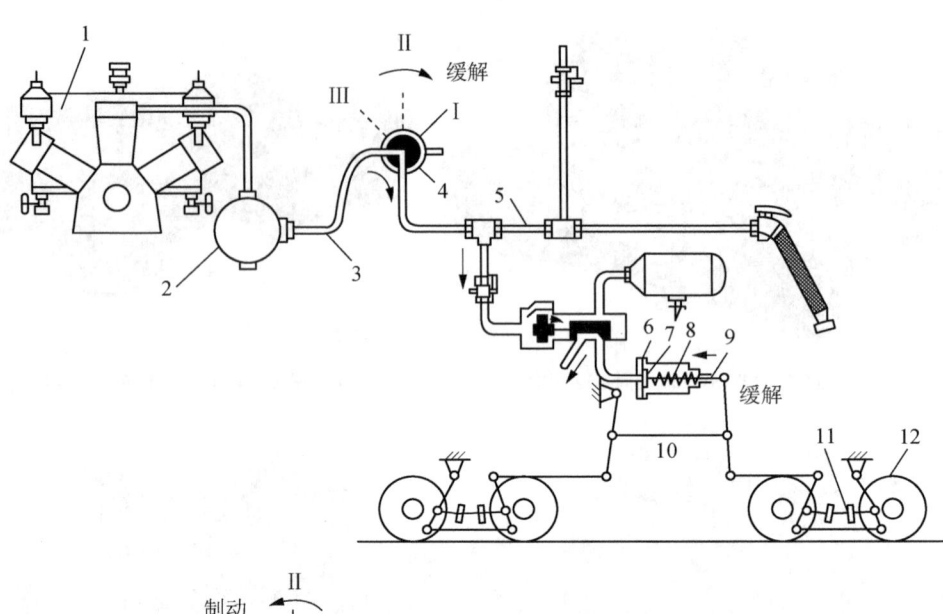
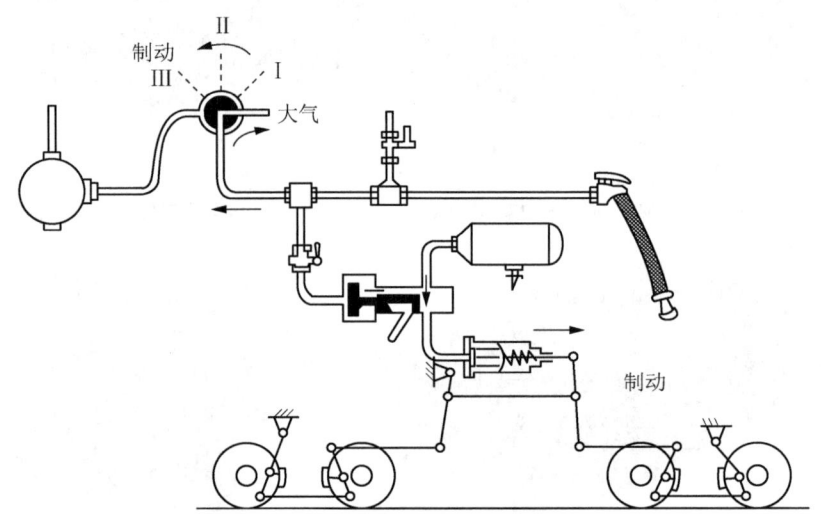

图 1-14 列车制动装置图

1-空气压缩机；2-总风缸；3-总风缸管；4-制动阀；5-制动主管；6-制动缸；7-制动缸鞲鞴；
8-制动缸缓解弹簧；9-制动缸鞲鞴杆；10-基础制动装置；11-闸瓦；12-车轮

图 1-15 基础制动装置图

1.2.4 车钩缓冲装置

车钩缓冲装置是用于使车辆与车辆、机车或动车相互连挂,传递牵引力、制动力并缓和纵向冲击力的车辆部件(图 1-16)。它由车钩、缓冲器、钩尾框、从板等组成一个整体,安装于车底架构端的牵引梁内。为了保证车辆连挂安全可靠和车钩缓冲装置安装的互换性,我国铁路机车车辆有关规程规定:车钩缓冲器装车后,其车钩钩舌的水平中心线距钢轨面在空车状态下的高度,客车为 880mm(允许+10mm,-5mm 误差),货车为 880mm(±10mm)。两相邻车辆的车钩水平中心线最大高度差不得大于 75mm。

图 1-16 CRH3 动车组的密接式车钩缓冲装置

1.2.5 车辆内部设备

车辆内部设备是一些能良好地为运输对象服务而设于车体内的固定附属装置。如客车上的电气、给水、取暖、通风、空调、座席、卧铺、行李架等装置(图 1-17);货车由于类型不同,内部设备也千差万别,如棚车中的拴马环、床托等分别为运送大牲畜及人员所设。

图 1-17 车辆内部座椅

参 考 文 献

刘志明. 2007. 动车组装备. 北京:中国铁道出版社
罗芝华. 2015. 铁道车辆工程. 长沙:中南大学出版社
裴颖,孙中正,陈彦芬. 1994. 高速重载铁路的发展动态. 铁道建筑技术,(2):12
钱立新. 2003. 国际铁路重载技术发展水平. 铁道运输与经济,5(8):58-59
钱立新. 2007. 世界铁路重载运输技术. 中国铁路,(6):49-53
王文静,金新灿,韩同样. 2007. 动车组转向架. 北京:北京交通大学出版社
严隽耄,傅茂海. 2011. 车辆工程. 3 版. 北京:中国铁道出版社

第2章　有限元方法基本原理及应用

2.1　绪　　论

2.1.1　概述

有限元分析的方法，由于其在理论上的完备性、实施上的方便性以及很好的通用性和有效性，受到工程技术界越来越广泛的重视。特别是由于商业化软件的普及以及计算机性能的快速提高，有限元分析方法不仅成为工程结构的重要分析手段，而且成为计算机辅助设计以及结构优化设计等领域的重要组成部分和技术支撑。

传统的力学分析方法主要依赖于解析方法，如材料力学及结构力学的分析方法，主要通过力学上的概念及数学上的推导来实现对问题的解答。这种方法概念明确、技巧性强，对于简单结构的求解以及大型复杂的定性判断有许多方便之处。但是，随着实际工程结构趋于多样化和复杂化，以及人们对结构分析的精确化要求越来越高，这种经典的解析分析方法越来越显得无能为力。

不同于经典材料力学与结构力学的分析方法，在结构分析领域，有限元法分析是基于数值分析的一种方法，它是固体力学、计算数学以及计算机技术等多学科综合的产物，也是对大型复杂工程结构进行力学性能分析的必要手段。在力学分析领域，有限元法、有限差分法、边界单元法等都属于数值分析方法。有限元法由于其物理概念清晰、数学逻辑严谨、处理问题灵活、适用范围广泛并具有足够高的计算精度，成为发展迅速、应用广泛的一种数值分析方法。

有限元方法的力学本质是对连续体进行有限单元的分割。一个实际工程结构与其有限元模型的例子如图2-1所示，另一个更为复杂的高速列车动车组头车的有限元模型如图2-2所示。这种对连续体实施的有限单元分割，从力学分析的角度看，是将复杂的无限自由度问题转化为有限单元、有限自由度的简单问题来处理；从数学求解的角度看，是将处理复杂连续场函数偏微分方程(组)的解析问题转化为求解有限参数代数方程组的问题。

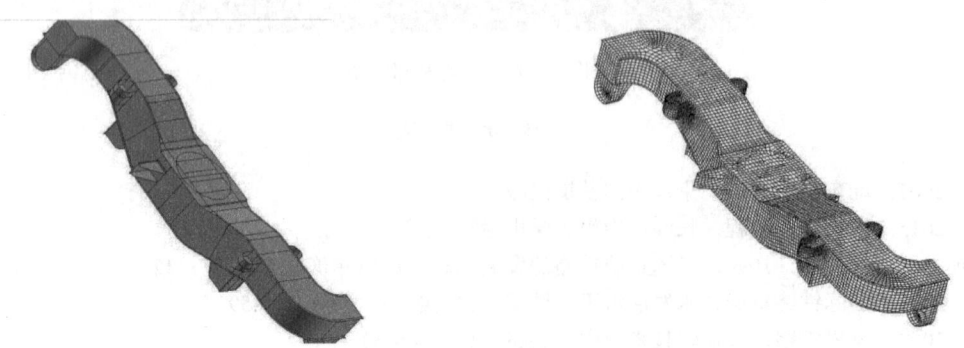

图2-1　三维结构及其有限元模型

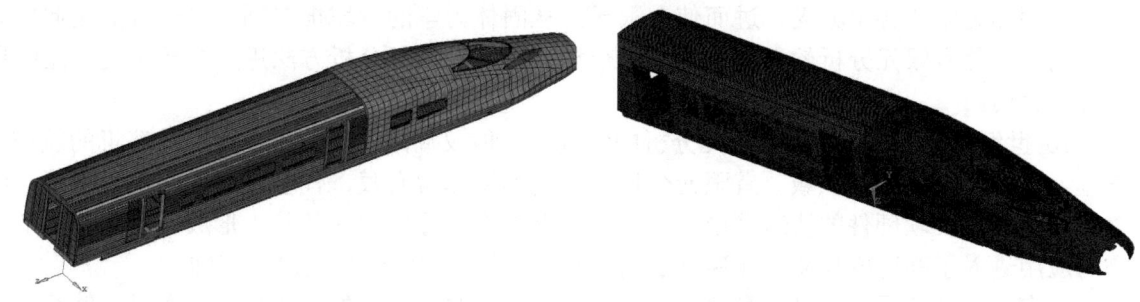

图 2-2　动车组头车车体结构及其有限元模型

有限元分析方法通常不能完全取代对新产品的试验，尤其是对于重要的新产品设计与开发。但是，作为结构设计分析的一种重要手段，有限元分析的方法在对新产品的性能评价、改进与优化、设计周期的减少、经济成本的降低等诸多方面都显示了越来越重要的作用。此外，有限元分析的方法也是对产品进行事故分析的一种重要手段。

有限元方法具有完整严格的理论体系。作为一门成熟的数值分析技术，有限元方法已逐渐扩展渗透到众多的学科领域，并形成了一种基于多学科、通用性强、快速有效的数值分析方法。目前，有限元分析的方法，作为科学研究与工程分析的一种重要工具，经常用于解决以下诸多领域中数值求解问题：结构强度分析；结构模态与振动分析；结构冲击分析；碰撞分析；流体分析；流固耦合分析；热传导分析；电磁场分析；金属成型分析等。

总之，有限元分析的方法以其低成本和高效益越来越受到工程界的普遍认同。并且，随着计算硬件设备的快速发展以及各种商业化分析软件接口技术的不断规范化和通用化，有限元分析的方法将显示出越来越广泛的应用前景。

2.1.2　有限元法发展简史

有限元法是求解连续场问题的一种数值分析方法。作为连续场问题的离散化求解，其最早基本思想的提出、原始概念的起源以及基本原理的形成，源于固体力学领域。从应用数学的角度看，有限元法的基本思想可以追溯到美国著名数学家 R. Courant 在 1943 年的工作。他首先尝试了采用最小位能原理与在一系列三角形区域上定义分片连续函数相结合的方法，对 St.Venant 扭转问题进行了数值求解。R. Courant 的这一工作被人们认为是对连续体问题进行有限元离散化处理的奠基性工作。

20 世纪 50 年代，随着航空业的快速发展，人们对飞机结构提出了更高的设计要求和更精确的分析计算要求，客观上为有限元方法的研究起到了很大的推动作用。一些数学家和结构工程师分别从不同的角度对这种方法进行更多的研究与成功的尝试。其中一些有代表性的工作包括：德国 J.H.Argyris 教授于 1954 年 10 月到 1955 年 5 月间在 *Aircraft Engineering* 上发表的关于能量原理与矩阵分析的系列论文，这些论文奠定了有限元法的理论基础；1956 年，美国 Boeing 航空公司的工程师 Turner 和 Clough 等根据钢架分析中的位移法原理，在飞机机翼上成功地进行了有限单元的划分，并提出了单元刚度矩阵的概念。直到 1960 年，Clough 才在进一步求解了弹性力学平面问题之后，第一次提出了"有限元法"的概念。

20 世纪 60 年代可以认为是有限元理论发展的黄金年代。与有限元法相关的各种变分及广义变分原理的推导与证明工作大部分在这个时期完成，理论研究从早期的位移法发展到了混合法和杂交法等。正是这一时期的研究工作，使得有限元法从最初的飞机结构分析很快发展到了固体力学的各个分支，进而使有限元法从固体力学的领域推广到了更一般的场问题。最早的专业化有限元分析软件也诞生在这个年代，为有限元分析方法进入实质性的应用阶段敞开了大门。

20世纪70年代前期，有限元分析的实施，一般仅局限于拥有昂贵大型计算机的航空、汽车、国防及核工业等领域。有限元分析的应用领域非常有限，代价也非常之高。之后，随着计算机技术及软硬件的快速发展，特别是早期有限元分析程序的基本形成，有限元法的实施与应用进入了高速成长期，并为有限元软件商业化时代的到来奠定了基础。

在有限元法的研究、推广和普及方面，国内的一些学者，如钱伟长、胡海昌、钱令希、冯康等都曾经作出过重要的贡献。我国从1977年开始面向中国科学院和高校等科研、教学单位进行有限元法的推广普及工作，为我国相关领域的科学研究起到了巨大的推动作用。20世纪80年代，我国科技人员对有限元分析的实施基本上是在当时的中型计算机上实现的。直到90年代初，个人计算机以及有限元软件逐渐进入国内，才真正实现了有限元分析在国内的全面普及。目前，有限元分析已经逐渐成为对工程结构进行力学性能分析的一种常规方法和手段。

2.1.3　有限元法的基本思想

有限元法最初被用来研究复杂的飞机结构中的应力，它是将弹性理论、计算数学和计算机软件有机地结合在一起的一种数值分析技术。有限元法把求解区域看作由许多小的在节点处互相连接的子域（单元）所构成，其模型给出基本方程的大单元近似解。由于单元可以被分割成各种形状和大小不同的尺寸，所以它能很好地适应复杂的几何形状、复杂的材料特性和复杂的边界条件，再加上它有成熟的大型软件系统支持，已成为一种非常受欢迎的、应用极广的数值计算方法。目前，它在许多学科领域和实际工程问题中得到广泛的应用，因此，在工科院校和工业界受到普遍的重视。

有限元的基本思想是"化整为零，积零为整"，即将连续的结构离散成有限个单元和节点，将连续体看作只在节点处相连接的一组单元的集合体；同时选定场函数的节点值作为基本未知量，并在每一单元中假设一近似插值函数以表示单元中场函数的分布规律；进而利用力学中的某些变分原理去建立用以求解节点未知量的有限元法方程，从而将一个连续域中的无限自由度问题化为离散域中的有限自由度问题。求解结束后，利用解得的节点值和设定的插值函数确定单元上以至整个集合体上的场函数。

如图2-3所示，为分析齿轮上一个齿内的应力分布,可分析图中一个平面截面内位移分布，作为近似解，可以先求出图中各三角形顶点的位移。这里的三角形就是单元，其顶点就是节点。

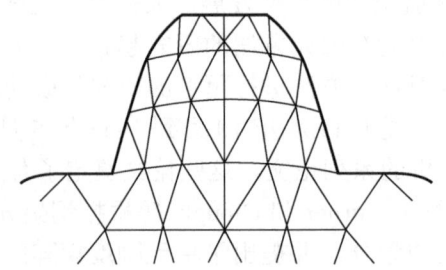

图2-3　齿轮的有限元模型

从物理角度理解：可把一个连续的齿形截面单元之间在节点处以铰链相连接，由单元组合而成的结构近似代替原连续结构，在一定的约束条件下，在给定的载荷作用下，就可以求出各节点的位移,进而求出应力。

从数学角度理解:把这个求解区域剖分成许多三角形子域,子域内的位移可用相应各节点的待定位移合理插值来表示。

2.1.4 有限元的基本概念

(1)单元。结构网格划分中的每一个小的块体称为一个单元(图 2-3)。常见的单元类型有线单元、三角形单元、四边形单元、四面体单元和六面体单元。由于单元是组成有限元模型的基础,因此,单元的类型对于有限元分析是至关重要的。

(2)节点。确定单元形状的点就叫节点(图 2-3)。例如,线单元只有两个节点,三角形单元有三个或者六个节点,四边形单元最少有四个节点等。

(3)载荷。工程结构所受到的外在施加的力称为载荷。包括集中载荷、面载荷以及体载荷等。在不同的学科中,载荷的含义也不尽相同。在电磁场分析中,载荷是指结构所受的电场和磁场作用。在温度场分析中,所受的载荷则是指温度本身。

(4)边界条件。边界条件就是指结构边界上所受到的外加约束。在有限元分析中,边界条件的确定是非常重要的因素,错误的边界条件使程序无法正常运行,施加正确的边界条件是获得正确的分析结果和较高的分析精度的重要条件。

2.1.5 有限元分析基本流程

下面以具体实例说明有限元分析的基本流程。

如图 2-4 所示,长度为 L,截面面积分别为 A_1、A_2 的变截面直杆,一端固定,另一端受大小为 P 的载荷,用有限元法计算杆端位移。

(1)结构离散。

将变截面直杆分成 2 段,如图 2-5 所示。

(2)单元分析。

对于任一单元 e,如图 2-6 所示,由材料力学可知

$$\Delta l = \frac{FL_e}{EA_e} = u_i - u_j \Rightarrow F = \frac{EA_e}{L_e}(u_i - u_j) = k_e(u_i - u_j)$$

$$\Rightarrow \begin{cases} F_i = k_e(u_i - u_j) \\ F_j = k_e(-u_i + u_j) \end{cases} \Rightarrow \begin{Bmatrix} F_i \\ F_j \end{Bmatrix} = \begin{bmatrix} k_e & -k_e \\ -k_e & k_e \end{bmatrix} \begin{Bmatrix} u_i \\ u_j \end{Bmatrix}$$

$$\Rightarrow \{F\}^{(e)} = [K]^{(e)}\{u\}^{(e)}$$

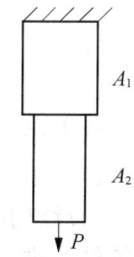

图 2-4 实例模型

(3)整体分析。

单位 1: $\begin{cases} F_1^1 = k_1(u_1^1 - u_2^1) \\ F_2^1 = k_1(-u_1^1 + u_2^1) \end{cases}$

单位 2: $\begin{cases} F_2^2 = k_2(u_2^2 - u_3^2) \\ F_3^2 = k_2(-u_2^2 + u_3^2) \end{cases}$

由节点处的静力平衡条件知

$$\sum\{\tilde{F}\}^{(e)} = \{P\} \Rightarrow \begin{cases} F_1^1 = P_1 \\ F_2^1 + F_2^2 = P_2 \Rightarrow \\ F_3^2 = P_3 \end{cases} \begin{cases} k_1(u_1^1 - u_2^1) = P_1 \\ k_1(-u_1^1 + u_2^1) + k_2(u_2^2 - u_3^2) = P_2 \\ k_2(-u_2^2 + u_3^2) = P_3 \end{cases}$$

由节点处的变形协调条件知

$$\{\tilde{\delta}\}^{(e)} = \{\delta\}$$

$$\Rightarrow \begin{cases} k_1(u_1 - u_2) = P_1 \\ k_1(-u_1 + u_2) + k_2(u_2 - u_3) = P_2 \\ k_2(-u_2 + u_3) = P_3 \end{cases} \Rightarrow \begin{cases} k_1 u_1 - k_1 u_2 = P_1 \\ -k_1 u_1 + (k_1 + k_2) u_2 - k_2 u_3 = P_2 \\ k_2 u_2 + k_2 u_3) = P_3 \end{cases}$$

$$\Rightarrow \begin{bmatrix} k_1 & -k_1 & 0 \\ -k_1 & k_1 + k_2 & -k_2 \\ 0 & -k_2 & k_2 \end{bmatrix} \begin{Bmatrix} u_1 \\ u_2 \\ u_3 \end{Bmatrix} = \begin{Bmatrix} P_1 \\ P_2 \\ P_3 \end{Bmatrix} \Rightarrow [K]\{u\} = \{P\}$$

(4) 约束处理。

$u_1 = 0$，u_2、u_3 未知。P_1 未知，$P_2 = 0$，$P_3 = P$。

$$\begin{bmatrix} k_1 & -k_1 & 0 \\ -k_1 & k_1 + k_2 & -k_2 \\ 0 & -k_2 & k_2 \end{bmatrix} \begin{Bmatrix} 0 \\ u_2 \\ u_3 \end{Bmatrix} = \begin{Bmatrix} P_1 \\ 0 \\ P \end{Bmatrix}$$

(5) 求解。

$$\begin{bmatrix} k_1 & -k_1 & 0 \\ -k_1 & k_1 + k_2 & -k_2 \\ 0 & -k_2 & k_2 \end{bmatrix} \begin{Bmatrix} 0 \\ u_2 \\ u_3 \end{Bmatrix} = \begin{Bmatrix} P_1 \\ 0 \\ P \end{Bmatrix}$$

得到：

$$u_2 = \frac{P}{k_1}$$

$$u_3 = \left(\frac{1}{k_1} + \frac{1}{k_2}\right) P$$

从上述实例中可以看出，有限元分析的基本流程为：

(1) 结构的离散化。所谓结构的离散化，是指对连续结构进行有限单元的分割处理，也称为单元的网格划分。这种分割的目的是实现对连续体内具有一定规则形状的单元进行分析，其结果是将实际上具有无限个自由度的连续体结构人为划分成由有限单元、有限节点组成的离散结构。

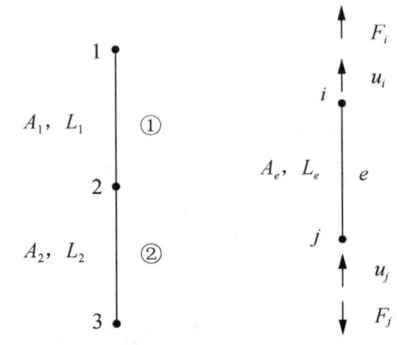

图 2-5 结构离散　图 2-6 单元分析

在一个离散结构中，各个单元是相对独立的，从而可能对各种独立的单元进行分析。而相邻单元之间的联系及载荷的传递则通过单元的节点来实现。

(2) 结构的单元分析。所谓结构的单元分析，是指对离散结构中不同类型的单元进行分析。这种单元分析的目的不仅仅是对单元位移函数、插值精度及收敛性的分析，更重要的是为了建立单元节点力与单元节点位移之间的关系，这种关系是进行结构整体分析的基础。从理论分析的角度，对不同类型单元进行分析的目的是一致的。但对于不同类型的单元，分析的方法与特点是不同的。这种分析十分重要，它不仅有助于加深对有限元分析本质的认识，而且有助于对不同类型单元插值函数特点及数值逼近直观性的理解。

(3) 结构的整体分析。所谓结构的整体分析，是指将离散结构中的所有单元在一定的条件下重新组合为一个整体。对结构进行整体分析的目的是形成可能实现求解的线性代数方程组。

(4) 结构的求解。在结构整体分析过程中所得到的线性代数方程组具有一定的特殊性，通常是不能够直接求解的。在对方程组进行求解之前，还必须引入结构的约束及载荷条件，经过适当的处理方可对这种线性代数方程组进行有效的求解。这种求解可以通过一些固定的算法来实现。

(5) 结果的输出。通常的有限元法是基于位移法原理形成的。因此，对结构方程组求解直接得到的是结构的基本未知量——节点位移。结构应力的计算结果则需要通过回代过程得到。因此，基于位移法原理形成的有限元分析法，其结构位移的求解精度要高于结构应力的求解精度。同时，单元应力的输出与节点应力的输出也会存在一定的差异。

2.1.6 有限元分析的实现

有限元分析的实施是通过分析软件实现的。虽然软件的选择多种多样，但基本分析步骤相仿。一般有限元分析流程与基本步骤如下所述。

1. 对研究对象的宏观分析

实际工程结构千差万别，在进行有限元分析前，首先要对研究对象进行整体的宏观分析和判断。其主要内容包括：

(1) 明确分析对象所执行的相关规范和必要的计算工况。由于不同的结构具有不同的工作环境、工作状态和重要性，不同行业对不同类型的结构物所制定的技术标准与规范也有所不同，这种技术标准与规范是结构分析必须满足的最基本要求。所谓计算工况，是指分析对象在实际运用中所受到的各种不同的载荷作用情况。

(2) 对研究对象进行宏观分析及建模准备。结构建模之前需要对研究对象的单元选择、载荷处理及约束处理等问题给予充分的考虑。例如，根据实际结构的构造情况来选择更为适当的单元类型；根据载荷的实际作用特点来确定载荷的作用类型；根据实际结构的支撑情况及位移特点来确定计算模型的约束处理方式。如果求解的问题规模很大，甚至还要考虑是否可以利用结构本身的对称性来减小计算规模、提高计算精度。这种宏观上的分析对计算的效果可能会产生较大的影响，同时对分析者的工程、力学背景及具有的分析经验也有较高的要求。

2. 前处理与结构建模

目前专用的有限元分析软件通常都具有较好的前处理功能，这使得结构建模工作更加便利。此外，尚有较为通用性的、基于完整 CAE 集成环境下的有限元分析软件。前者具有更为强大的有限元分析功能，能够覆盖更多的专业领域，大多面向更为专业化的有限元分析人员；后者通常属于系统化软件的一部分，具有较好的产品设计集成能力和良好的适用性，其前处理与结构建模可以通过实际的产品模型转化而来。

结构建模的工作过程要涉及单元类型的选择与定义、网格的划分与精度、结构的约束处理与作用载荷的施加等。结构建模的质量可能会对有限元分析的结果有直接的影响，需要涉及许多细节方面的考虑。因此，除了要求分析者具有较好的学科背景和实际经验，还要求分析者具有耐心细致的工作作风。

所谓网格生成，是指将连续体结构划分为离散的有限元网格的过程。一般而言，有限单元网格划分的数量与质量都会对计算结果的精确性产生一些影响。而且，网格数量还会影响问题的求解速度。因此，在有限单元网格划分的数量、质量、计算精度、求解速度等诸多方面，经常需要进行一些折中的考虑和选择，才能得到令人满意的结果。对于实际的工程问题而言，任何片面的追求都是不可取的。

有限单元网格的划分与创建可以采用完全自动的生成方式或某些手工的方式进行。手工的操作方式效率较低，但对于提高和改善有限单元网格划分的质量十分有效。为了同时提高有限元分析的计算精度和计算效率，网格的划分、局部的细化、网格的过度等问题都是在有限元网格创建过程中需要仔细考虑的问题。

3. 计算机求解

在使用计算软件时，计算机求解由程序自动设定，基本无需进行人为干涉。有限元求解在逻辑上分为三个主要部分：前置求解（Pro-Solver）、数学引擎（Mathematical-Engine）和后置求解（Post-Solver）。前置求解读取在前处理阶段创建的数学模型并形成模型的数学描述，所有在前处理阶段定义的参数都在这部分的分析中被调用。因此，一旦在前处理建模中出现意外错误或发生一些参数的遗漏等问题，程序将在前置求解阶段取消调用数学引擎并自动中止计算。只有当模型正确时，程序才会形成对计算模型进行刚度矩阵的求解，并通过调用数学引擎产生结构的位移计算结果。这个结果再通过后置求解来计算节点和单元的应变、应力等。所有这些结果信息将发送到一个结果文件中，并通过后处理过程进行指定的读取与描述。

4. 后处理与结果输出

通常的有限元分析软件都带有计算结果的后处理功能，以便对有限元计算结果进行查询、分析与整理。这种结果的输出和显示可以通过列表、等值云图、位移曲线等方式实现，如果分析中包含了频率分析，也可以以固有频率、变形等方式进行描述。对于具有动态性质的输出，甚至可以提供动画显示的功能。对于比较复杂的结构问题，还可以通过切开三维模型来查看结构内部的应力与位移分布。

有限元分析一般性的直观流程如图 2-7 所示。

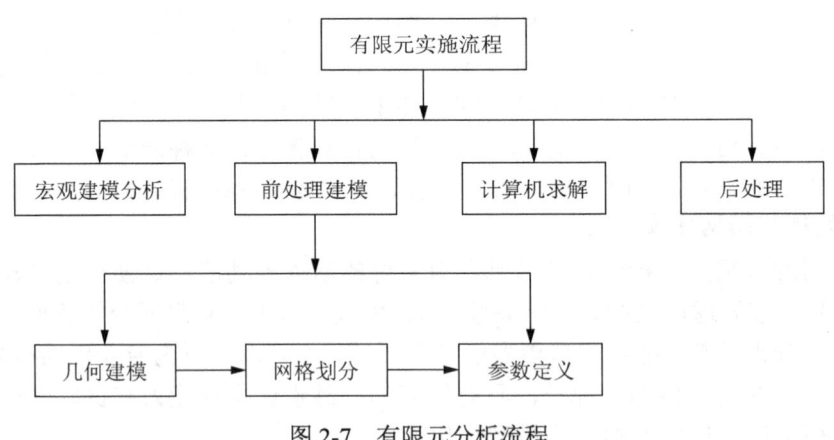

图 2-7 有限元分析流程

2.2 杆系结构的有限元分析

2.2.1 概述

实际结构总是非常复杂的，完全按照结构的实际情况进行力学分析是不可能的，也是不必要的。因此，对实际结构进行力学分析计算之前，必须合理加以简化，即抓住主要矛盾，略去次要矛盾，把复杂的实际结构抽象化为一个简单的理想模型，即力学模型。

在所有结构中，杆系结构是最简单的一类结构，也是工程上最常见的一类结构。平面桁架、平面刚架、连续梁、空间刚架、空间桁架等都属于此类结构，本节以此类结构为基础，介绍有限单元法的分析过程。

杆系结构的研究对象是由杆件单元通过各种方式连接起来的结构系统。所谓的杆件单元是指其几何构造上长度尺寸远大于截面尺寸（10∶1）的等截面直杆，通常也称为一维杆件单元。杆的受力是空间分布的。

杆系结构根据其杆件连接、支撑、承载及变形等特点基本可分为桁架、刚架、格栅（空间板架）、连续梁及混合结构等。工程中常见的轴、支柱、螺栓、加强肋、各类型钢等都属于杆件。即在节点处通过铆接、焊接或其他方法把若干个杆件连接起来，组成一个能共同承担外部载荷的结构。如石油工程中的井架、铁路桥梁结构、塔式起重机动臂、斗轮堆取料机的臂架（图2-8）等。

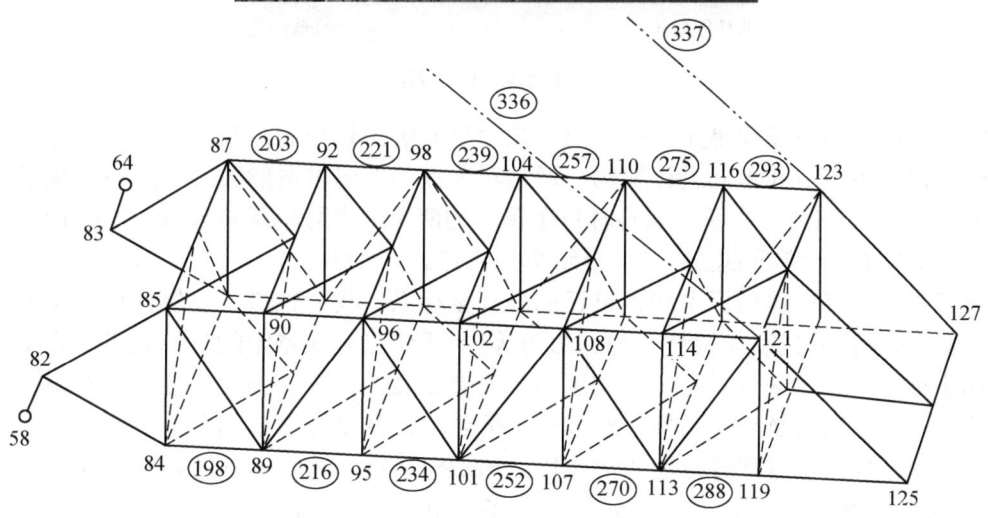

图 2-8　杆系结构——斗轮堆取料机动臂

2.2.2　有限元分析原理

有限元法对杆系结构离散，通常采用自然离散的形式，即把等截面的杆件作为单元。

当单元的两端为铰接，杆件内力只有轴力存在时，称为"杆单元"——"桁架"，和其他结构采用铰连接的杆称为桁杆。桁杆的连接处可以自由转动，因此这类结构只承受拉压作用，内部应力为拉压应力。影响应力的几何因素主要是截面面积，与截面形状无关。

当单元两端可以承受弯矩和剪力作用时称为"梁单元"——"刚架",和其他结构采用固定连接的杆称为梁。链的连接处不能自由转动,因此梁不仅能够承受拉压作用,而且能承受弯曲和扭转作用。这类杆件的内部应力状态比较复杂,应力大小和分布不仅与截面面积有关,而且与截面形状和方位有很大关系。

建立有限元模型时,这两类杆件结构可用相应的杆单元和梁单元进行离散。

杆结构有限元法分析问题的基本步骤:

第一步,对结构进行离散化,划分为有限个单元。根据杆系结构的特点,进行单元划分时通常取其自然的节点,包括各种支承点、集中力作用点、两杆的交接点、截面积发生突变的点等。但有两种情况需要注意:一种是弯曲的杆件系统,如图 2-9(a) 所示;另一种是截面积连续变化的杆件系统,如图 2-9(b) 所示。可以引入数学上的微分概念来对这两种情况进行单元划分。对于前者,可以采用以直代曲的思想,任何曲杆都可以看成是由若干直杆组成的;对于后者,可以采用等截面来代替变截面,将截面连续变化的杆件看成是由若干微小的等截面杆单元组成的。至于这两种情况下单元划分的数量,则需根据求解问题的精度和计算费用来决定,单元划分得越多,精度越高,但所需要的计算费用也越大。

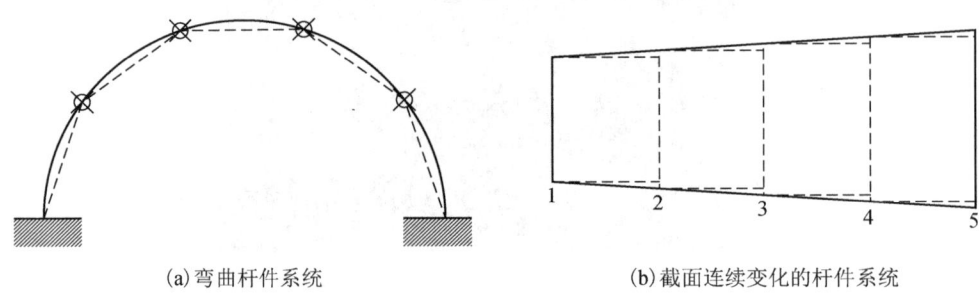

(a)弯曲杆件系统　　　　　　(b)截面连续变化的杆件系统

图 2-9　杆件系统

第二步,对各节点和单元进行编码。在对单元进行划分后,为了便于编程计算,必须按一定的规律对各节点和单元进行编码,通常对节点的编码以自然数 1、2、3…表示,而对单元采用(1)、(2)、(3)…表示,编码时每个单元的两个节点号码尽量连续(图 2-10)。对于任一单元,本书以 i 表示单元起点,以 j 表示单元终点。

第三步,建立整体坐标系和各单元的局部坐标系。我们知道,求解任何力学问题都必须建立坐标系,各种矢量(如位移、力、力矩等)的正负只有在特定的坐标系下才有意义,离开特定的坐标系,各种矢量只有方向的区别,没有正负的概念。因此,在进行有限元分析时,对于整个系统,我们必须建立整体坐标系,通常以 XOY 表示。在进行单元分析时,可以使用整体坐标系,但为了方便分析,通常要建立局部坐标系,常以 xoy 表示局部坐标系,并且局部坐标系的 x 轴正向通常是由单元的起点指向单元的终点,并用"→"标示在单元上(图 2-10(a))。应该注意的一点是,局部坐标系的 x 轴到 y 轴的转动方向应该与整体坐标系的 X 轴到 Y 轴的转动方向一致。

第四步,对已知参数进行准备和整理。对于各单元,需要准备的数据包括单元截面积 A、单元长度 l、单元弹性模量 E、单元剪切模量 G、单元惯性矩 I 等。

第五步,对节点位移进行编码。结构的节点位移有自由节点位移和约束节点位移,对于平面梁单元,每个节点的位移包括轴向位移 u、横向位移 v、转角位移 θ。对节点位移进行编码时,根据求解方法的不同通常有两种编码方法:一种是前处理法;另一种是后处理法。前处理法的思想是若节点某个位移分量为零，则其对应的位移编码以 0 表示，如图 2-10(a)所示，节点 1 为固定端，其位移编码为(0,0,0)，节点 2 为固定铰支座，其位移编码为(0,0,1)。后处理法的思想是按节点顺序，每个节点的 3 个位移分量按自然顺序编码，节点 1 位移编码为 (1,2,3)，如图 2-10(b)所示。

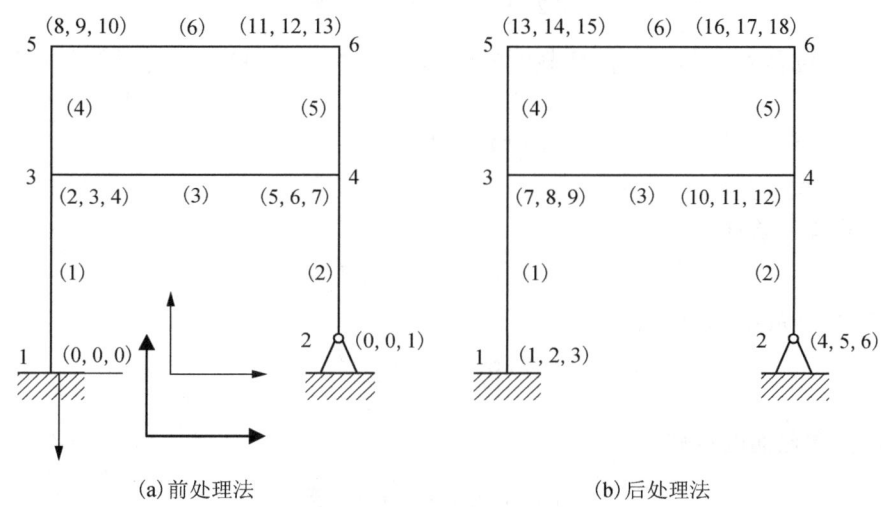

图 2-10 单元划分示意图

第六步，进行单元分析，形成单元刚度矩阵。通常运用虚位移原理(虚功原理)或最小势能原理来进行单元分析，并建立单元刚度矩阵 $[k]^{(e)}$ 和等效节点荷载矩阵 $\{F_E\}^{(e)}$。

第七步，进行整体分析，形成整体刚度矩阵。进行单元分析的最终目的是要对结构进行整体分析，因此必须由单元特性矩阵构成整体特性矩阵。需要注意的是，如果局部坐标系与整体坐标系不一致，则需进行坐标变换，将局部坐标系下的单元特性转换为整体坐标系下的单元特性。

第八步，引入边界条件。边界条件的引入可以使问题具有解的唯一性，否则问题就是不适定的。

第九步，求解方程组。计算结构的整体节点位移矩阵 $\{\delta\}$，并进一步计算各单元的应力分量及主应力、主应力方向。

第十步，对计算成果进行整理、分析，用表格、图线标示出所需的位移及应力。大型商业软件(如 ANSYS 等)一般都具有强大的后处理功能，能够由计算机自动绘制彩色云图，制作图线、表格甚至动画显示。

2.2.3 单元刚度矩阵

本章所讨论的杆单元均指等截面直杆单元。对于变截面杆和弯曲杆件，在进行单元划分时可以将其分为若干等截面杆单元。下面将讨论单元刚度矩阵的建立过程。

1. 拉压杆单元

仅承受轴向荷载作用的等截面直杆，称为拉压杆。如图 2-11 所示，设杆单元长度为 l，横截面面积为 A，单元材料的弹性模量为 E，在局部坐标系中杆端荷载分别为 $\overline{F_i}$ 和 $\overline{F_j}$，杆端位移分别为 $\overline{u_i}$ 和 $\overline{u_j}$，单元上的轴向分布荷载为 $q(x)$。下面介绍单元分析的步骤。

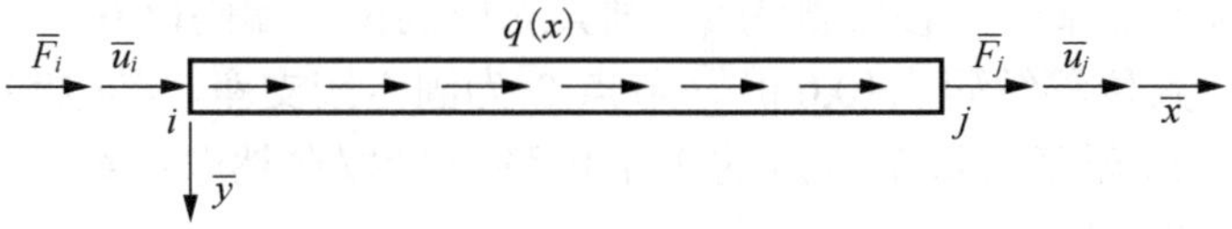

图 2-11 拉压杆单元示意图

(1) 用节点位移表示单元上任意截面的位移 u，对拉压杆单元，可以取其位移为一次多项式，即

$$u(x)=a+bx \tag{2-1}$$

式中，a、b 为待定系数。

将位移的边界条件

$$u(0)=\bar{u}_i, \quad u(l)=\bar{u}_j$$

代入式 (2-1) 可得系数 a、b 为

$$a=\bar{u}_i, \quad b=\frac{\bar{u}_j-\bar{u}_i}{l}$$

因此，任意截面的位移为

$$u(x)=\left(1-\frac{x}{l}\right)\bar{u}_i+\frac{x}{l}\bar{u}_j$$

用矩阵表示为

$$u=N_i\bar{u}_i+N_j\bar{u}_j=\begin{bmatrix}N_i & N_j\end{bmatrix}\begin{bmatrix}\bar{u}_i\\ \bar{u}_j\end{bmatrix}=[N]\{\delta\}^{(e)} \tag{2-2}$$

式中，$N_i=1-\dfrac{x}{l}$，$N_j=\dfrac{x}{l}$ 为形函数；$[N]=\begin{bmatrix}N_i & N_j\end{bmatrix}$ 称为形函数矩阵；$\{\delta\}^{(e)}=\begin{bmatrix}\bar{u}_i & \bar{u}_j\end{bmatrix}$ 为局部坐标系下的节点位移矩阵。

(2) 进行应力、应变分析。根据材料力学中应变的定义，有

$$\varepsilon=\frac{\mathrm{d}u}{\mathrm{d}x}=\frac{\mathrm{d}[N]}{\mathrm{d}x}\{\delta\}^{(e)}=\begin{bmatrix}-\dfrac{1}{l} & \dfrac{1}{l}\end{bmatrix}\{\delta\}^{(e)}=\begin{bmatrix}B_i & -B_j\end{bmatrix}\{\delta\}^{(e)}=[B]\{\delta\}^{(e)} \tag{2-3}$$

式中，$[B]=\begin{bmatrix}-\dfrac{1}{l} & \dfrac{1}{l}\end{bmatrix}$ 为应变矩阵。由胡克定律，其应力为

$$\sigma=E\varepsilon=E[B]\{\delta\}^{(e)} \tag{2-4}$$

(3) 求单元刚度矩阵。这里考虑利用虚位移原理求单元刚度矩阵，设杆端 i、j 分别产生虚位移 $\delta\bar{u}_i$、$\delta\bar{u}_j$，则由此引起的杆轴任意截面的虚位移为

$$\delta u=[N]\begin{bmatrix}\delta\bar{u}_i & \delta\bar{u}_j\end{bmatrix}^{\mathrm{T}}=[N]\delta\{\delta\}^{(e)}$$

对应的虚应变为

$$\delta\varepsilon=[B]\delta\{\delta\}^{(e)}$$

根据虚位移原理虚功方程，有

$$\delta W_{\text{外}} = \{F_d\}^{(e)\text{T}} \delta\{\delta\}^{(e)} + \int_0^l q(x)[N]\delta\{\delta\}^{(e)\text{T}} \mathrm{d}x = \delta W_{\text{变}}$$
$$= \int_0^l \sigma \delta \varepsilon A \mathrm{d}x \tag{2-5}$$
$$= \int_0^l \overline{\delta}^{(e)\text{T}} [B]^{\text{T}} EA[B]\delta\{\delta\}^{(e)\text{T}} \mathrm{d}x$$

将式(2-5)整理得

$$\left(\{\overline{F}_d\}^{(e)} + \int_0^l q(x)[N]^{\text{T}} \mathrm{d}x\right)^{\text{T}} \delta\{\overline{\delta}\}^{(e)} = \{\overline{\delta}\}^{(e)\text{T}} \int_0^l [B]^{\text{T}} EA[B] \mathrm{d}x \delta\{\overline{\delta}\}^{(e)} \tag{2-6}$$

式中，$\{\overline{F}_d\}^{(e)} = \begin{bmatrix} \overline{F}_i & \overline{F}_j \end{bmatrix}^{\text{T}}$ 为局部坐标系下单元节点载荷矩阵。设

$$\{\overline{F}_E\}^{(e)} = \int_0^l q(x)[N]^{\text{T}} \mathrm{d}x \tag{2-7}$$

$$[\overline{k}]^{(e)} = \int_0^l [B]^{\text{T}} EA[B] \mathrm{d}x \tag{2-8}$$

则可以得到拉压杆单元的单元刚度方程为

$$\{\overline{F}_d\}^{(e)} + \{\overline{F}_E\}^{(e)} = [\overline{k}]^{(e)} \{\overline{\delta}\}^{(e)} \tag{2-9}$$

式中，$[\overline{k}]^{(e)}$ 为局部坐标系下的单元刚度矩阵；$\{F_E\}^{(e)}$ 为局部坐标系下等效节点荷载矩阵。根据式(2-8)，可以进一步求得单元刚度矩阵为

$$[\overline{k}]^{(e)} = \frac{EA}{l} \begin{pmatrix} 1 & -1 \\ -1 & 1 \end{pmatrix} \tag{2-10}$$

同时，可以根据式(2-7)求出等效节点荷载矩阵。这里要指出的是，分布荷载 $q(x)$ 中可以包含集中荷载。

2. 扭转杆单元

受扭矩作用的等截面直杆单元与受轴力作用的拉压杆单元各方程的表达式非常类似，只需将各变量的物理意义和符号用扭转问题相应变量的物理意义和符号替换，如图2-12所示。

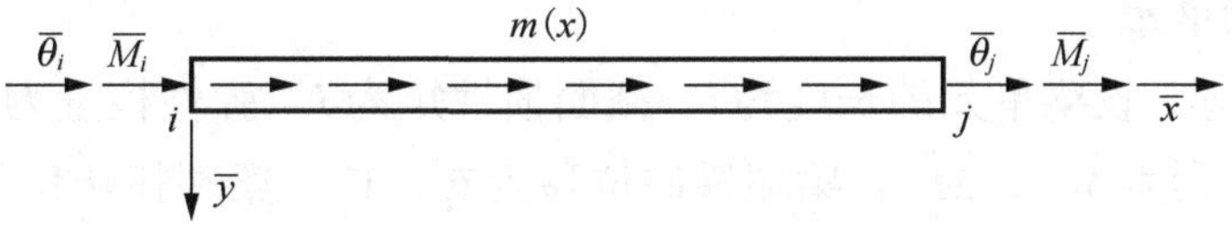

图 2-12　扭转杆单元示意图

设扭转杆单元的长度为 l，截面惯性矩为 I，剪切模量为 G，杆端扭矩分别为 $\overline{M}_i$、$\overline{M}_j$，杆端扭转角分别为 $\overline{\theta}_i$、$\overline{\theta}_j$，单元上的分布荷载集度为 $m(x)$，则任意截面的扭转角为

$$\theta = \left(1 - \frac{x}{l}\right)\overline{\theta}_i + \frac{x}{l}\overline{\theta}_j = [N]\{\overline{\delta}\}^{(e)} \tag{2-11}$$

式中，$\{\overline{\delta}\}^{(e)} = \begin{bmatrix} \overline{\theta}_i & \overline{\theta}_j \end{bmatrix}^{\text{T}}$ 为局部坐标系下扭转杆单元的节点位移矩阵。由材料力学可知，截面扭矩为

$$M = GI\frac{\mathrm{d}\theta}{\mathrm{d}x} = GI[B]\{\overline{\delta}\}^{(e)}$$

式中

$$[B] = \frac{\mathrm{d}[N]}{\mathrm{d}x} = \begin{bmatrix} -\dfrac{1}{l} & \dfrac{1}{l} \end{bmatrix}$$

利用最小势能原理来进行单元分析，杆单元的势能用泛函表示为

$$\begin{aligned}\Pi_p &= \frac{1}{2}\int_0^l \left(M^\mathrm{T} \frac{\mathrm{d}\theta}{\mathrm{d}x} \right) \mathrm{d}x - \int_0^l m(x)\theta \mathrm{d}x - \left\{ \overline{F}_d \right\}^{(e)\mathrm{T}} \left\{ \overline{\delta} \right\}^{(e)} \\ &= \frac{1}{2}\left\{ \overline{\delta} \right\}^{(e)\mathrm{T}} \int_0^l [B]^\mathrm{T} GI[B] \mathrm{d}x \left\{ \overline{\delta} \right\}^{(e)} - \left(\int_0^l m(x)[N]\mathrm{d}x + \left\{ \overline{F}_d \right\}^{(e)\mathrm{T}} \right) \left\{ \overline{\delta} \right\}^{(e)}\end{aligned} \quad (2\text{-}12)$$

式中，$\left\{ \overline{F}_d \right\}^{(e)} = \begin{bmatrix} \overline{M}_i & \overline{M}_j \end{bmatrix}^\mathrm{T}$ 为局部坐标系下扭转杆单元的节点荷载矩阵。由最小势能原理，取式(2-12)泛函的变分 $\delta \Pi_p = 0$，可得

$$\left\{ \overline{\delta} \right\}^{(e)\mathrm{T}} \int_0^l [B]^\mathrm{T} GI[B] \mathrm{d}x = \int_0^l m(x)[N]\mathrm{d}x + \left\{ \overline{F}_d \right\}^{(e)\mathrm{T}} \qquad (2\text{-}13\mathrm{a})$$

或者写为

$$\left(\int_0^l [B]^\mathrm{T} GI[B] \mathrm{d}x \right) \left\{ \overline{\delta} \right\}^{(e)} = \int_0^l m(x)[N]^\mathrm{T} \mathrm{d}x + \left\{ \overline{F}_d \right\}^{(e)} \qquad (2\text{-}13\mathrm{b})$$

设

$$\left[\overline{k} \right]^{(e)} = \int_0^l [B]^\mathrm{T} GI[B] \mathrm{d}x \qquad (2\text{-}14)$$

$$\left\{ \overline{F}_E \right\}^{(e)} = \int_0^l m(x)[N]^\mathrm{T} \mathrm{d}x \qquad (2\text{-}15)$$

可得扭转杆单元的单元刚度方程为

$$\left\{ \overline{F}_E \right\}^{(e)} + \left\{ \overline{F}_d \right\}^{(e)} = \left[\overline{k} \right]^{(e)} \left\{ \overline{\delta} \right\}^{(e)} \qquad (2\text{-}16)$$

可以看到，其形式与拉压杆单元的单元刚度方程完全一致。同样，由式(2-14)可以进一步求得其局部坐标系下的单元刚度矩阵为

$$\left[\overline{k} \right]^{(e)} = \frac{GI}{l} \begin{pmatrix} 1 & -1 \\ -1 & 1 \end{pmatrix} \qquad (2\text{-}17)$$

3. 纯弯曲梁单元

如图 2-13 所示，设梁单元的长度为 l，截面惯性矩为 I，弹性模量为 E，杆端剪力为 $\overline{F}_{yi}$、$\overline{F}_{yj}$，梁端弯矩分别为 $\overline{M}_i$、$\overline{M}_j$，梁端横向位移为 $\overline{v}_i$、$\overline{v}_j$，梁端扭转角分别为 $\overline{\theta}_i$、$\overline{\theta}_j$，在单元上分布有荷载集度为 $q(x)$ 的竖向分布荷载和集度为 $m(x)$ 的分布力偶，则节点位移矩阵和节点荷载矩阵分别为

$$\left\{ \overline{\delta} \right\}^{(e)} = \begin{bmatrix} \overline{v}_i & \overline{\theta}_i & \overline{v}_j & \overline{\theta}_j \end{bmatrix}^\mathrm{T}$$

$$\left\{ \overline{F}_d \right\}^{(e)} = \begin{bmatrix} \overline{F}_{yi} & \overline{M}_i & \overline{F}_{yj} & \overline{M}_j \end{bmatrix}^\mathrm{T}$$

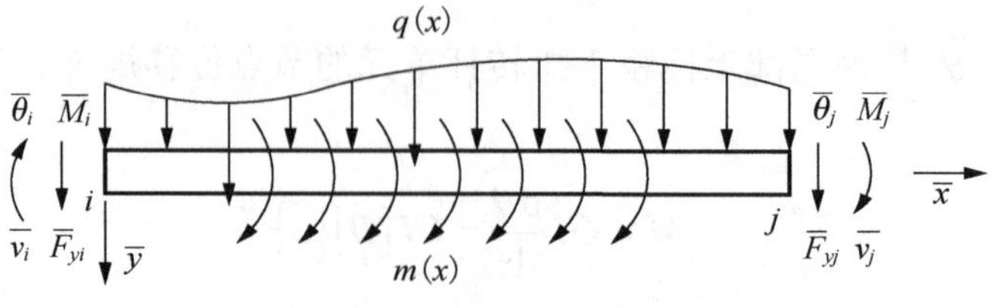

图 2-13 纯弯曲的杆单元示意图

取挠曲线方程为 x 的三次多项式,即单元上任意一点的挠度为
$$v = a + bx + cx^2 + dx^3 \tag{2-18}$$
根据单元的位移边界条件
$$x = 0 \text{ 时,} \quad v = \bar{v}_i, \quad \frac{\mathrm{d}v}{\mathrm{d}x} = \bar{\theta}_i$$
$$x = l \text{ 时,} \quad v = \bar{v}_j, \quad \frac{\mathrm{d}v}{\mathrm{d}x} = \bar{\theta}_j$$
可以得到式(2-18)中的待定系数:
$$\begin{cases} a = \bar{v}_i \\ b = \bar{v}_j \\ c = -\frac{1}{l^2}\bar{v}_i - \frac{2}{l^2}\bar{\theta}_i + \frac{3}{l^2}\bar{v}_j - \frac{1}{l}\bar{\theta}_j \\ d = -\frac{2}{l^3}\bar{v}_i + \frac{1}{l^2}\bar{\theta}_i - \frac{2}{l^3}\bar{v}_j - \frac{1}{l^2}\bar{\theta}_j \end{cases}$$

将系数 a、b、c、d 代入式(2-18),并将挠曲线方程用矩阵形式表示为

$$v = \begin{bmatrix} 1 & x & x^2 & x^3 \end{bmatrix} \begin{pmatrix} 1 & 0 & 0 & 0 \\ 0 & 1 & 0 & 0 \\ -\frac{3}{l^2} & -\frac{2}{l} & \frac{3}{l^2} & -\frac{1}{l} \\ \frac{2}{l^3} & \frac{1}{l^2} & -\frac{2}{l^3} & \frac{1}{l^2} \end{pmatrix} \begin{pmatrix} \bar{v}_i \\ \bar{\theta}_i \\ \bar{v}_j \\ \bar{\theta}_j \end{pmatrix} = [N]\{\bar{\delta}\}^{(e)} \tag{2-19}$$

式中,$[N] = \begin{bmatrix} N_1 & N_2 & N_3 & N_4 \end{bmatrix}$ 为形函数矩阵,其中

$$\begin{cases} N_1 = 1 - \frac{3x^2}{l^2} + \frac{2x^3}{l^3} \\ N_2 = x\left(1 - \frac{2x}{l} + \frac{x^2}{l^2}\right) \\ N_3 = \frac{3x^2}{l^2} - \frac{2x^3}{l^3} \\ N_4 = -\frac{x^2}{l} + \frac{x^3}{l^3} \end{cases} \tag{2-20}$$

为平面弯曲单元的形函数。

根据式(2-19)确定的单元位移场,可得单元上某一点的曲率为
$$\kappa = \frac{\mathrm{d}^2 v}{\mathrm{d}x^2} = \frac{\mathrm{d}^2 [N]}{\mathrm{d}x^2}\{\delta\}^{(e)} = [B]\{\delta\}^{(e)}$$
截面的弯矩为
$$M = EI\kappa = EI[B]\{\bar{\delta}\}^{(e)} = \{\bar{\delta}\}^{(e)\mathrm{T}}[B]^{\mathrm{T}} EI \tag{2-21}$$

式中,$[B] = \frac{\mathrm{d}^2 [N]}{\mathrm{d}x^2}$ 为平面弯曲梁单元的应变矩阵。

根据虚位移原理,有

$$\delta W_{\text{外}} = \left(\int_0^l q(x)[N]\mathrm{d}x + \int_0^l m(x)\frac{\mathrm{d}[N]}{\mathrm{d}x}\mathrm{d}x + \{\overline{F}_d\}^{(e)\mathrm{T}} \right)\delta\{\overline{\delta}\}^{(e)} = \delta W_{\text{变}}$$

$$= \{\overline{\delta}\}^{(e)\mathrm{T}} \int_0^l [B]^\mathrm{T} EI[B]\mathrm{d}x \delta\{\overline{\delta}\}^{(e)}$$

记

$$\{\overline{F}_E\}^{(e)} = \int_0^l q(x)[N]\mathrm{d}x + \int_0^l m(x)\frac{\mathrm{d}[N]}{\mathrm{d}x}\mathrm{d}x \tag{2-22}$$

$$[\overline{k}]^{(e)} = \int_0^l [B]^\mathrm{T} EI[B]\mathrm{d}x \tag{2-23}$$

则平面弯曲梁单元的单元刚度方程为

$$\{\overline{F}_d\}^{(e)} + \{\overline{F}_E\}^{(e)} = [\overline{k}]^{(e)}\{\overline{\delta}\}^{(e)} \tag{2-24}$$

其中的单元刚度矩阵可由式(2-23)求得

$$[\overline{k}]^{(e)} = \frac{EI}{l^3}\begin{bmatrix} 12 & 6l & -12 & 6l \\ 6l & 4l^2 & -6l & 2l^2 \\ -12 & -6l & 12 & -6l \\ 6l & 2l^2 & -6l & 4l^2 \end{bmatrix} \tag{2-25}$$

等效节点荷载可由式(2-22)求得。

4. 平面梁单元

梁单元的长度为 l，截面面积为 A，截面惯性矩为 I，弹性模量为 E，单元的 i、j 端各有三个力分别为 $\overline{F}_{xi}$、$\overline{F}_{yi}$、$\overline{M}_i$ 和 $\overline{F}_{xj}$、$\overline{F}_{yj}$、$\overline{M}_j$，其对应的位移为 $\overline{u}_i$、$\overline{v}_i$、$\overline{\theta}_i$ 和 $\overline{u}_j$、$\overline{v}_j$、$\overline{\theta}_j$。建立如图 2-14 所示的局部坐标系，各物理量的正向如图中所标。则节点位移矩阵和节点荷载矩阵分别为

$$\{\overline{\delta}\}^{(e)} = \begin{bmatrix} \overline{u}_i & \overline{v}_i & \overline{\theta}_i & \overline{u}_j & \overline{v}_j & \overline{\theta}_j \end{bmatrix}^\mathrm{T} \tag{2-26}$$

$$\{\overline{F}\}^{(e)} = \begin{bmatrix} \overline{F}_{xi} & \overline{F}_{yi} & \overline{M}_i & \overline{F}_{xj} & \overline{F}_{yj} & \overline{M}_j \end{bmatrix}^\mathrm{T} \tag{2-27}$$

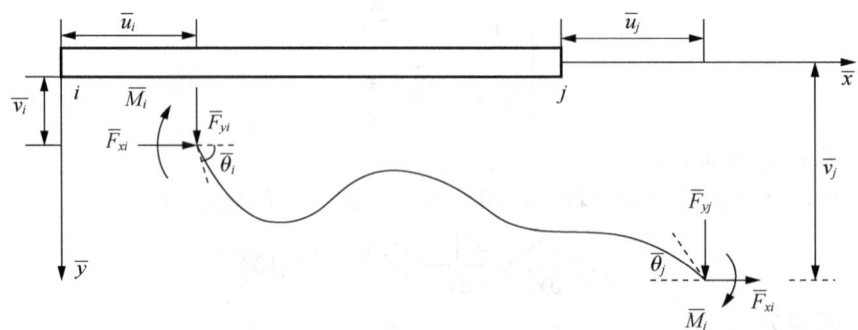

图 2-14 平面杆单元示意图

设单元上没有荷载作用，首先考虑轴向力的作用，由于杆端轴力 $\overline{F}_{xi}$、$\overline{F}_{xj}$ 只引起杆端轴向位移 $\overline{u}_i$、$\overline{u}_j$，根据拉压杆单元的单元刚度方程式(2-9)，有

$$\overline{F}_{xi} = \frac{EA}{l}\overline{u}_i - \frac{EA}{l}\overline{u}_j$$

$$\overline{F}_{xj} = -\frac{EA}{l}\overline{u}_i + \frac{EA}{l}\overline{u}_j$$

其次，杆端弯矩 $\overline{M}_i$、$\overline{M}_j$ 和杆端剪力 $\overline{F}_{yi}$、$\overline{F}_{yj}$ 只与杆端的转角位移 $\overline{\theta}_i$、$\overline{\theta}_j$ 和杆端的横向位移 $\overline{v}_i$、$\overline{v}_j$ 有关系。根据纯弯曲杆单元的单元刚度方程(2-24)(注意：由于不考虑单元上的荷载作用，故式(2-24)中的等效节点荷载 $\overline{F}_E^{(e)}$ 等于零)可得

$$\overline{F}_{yi} = \frac{12EI}{l^3}\overline{v}_i + \frac{6EI}{l^2}\overline{\theta}_i - \frac{12EI}{l^3}\overline{v}_j + \frac{6EI}{l^2}\overline{\theta}_j$$

$$\overline{F}_{yj} = -\frac{12EI}{l^3}\overline{v}_i - \frac{6EI}{l^2}\overline{\theta}_i + \frac{12EI}{l^3}\overline{v}_j - \frac{6EI}{l^2}\overline{\theta}_j$$

$$\overline{M}_i = \frac{6EI}{l^2}\overline{v}_i + \frac{4EI}{l}\overline{\theta}_i - \frac{6EI}{l^2}\overline{v}_j + \frac{2EI}{l}\overline{\theta}_j$$

$$\overline{M}_j = \frac{6EI}{l^2}\overline{v}_i + \frac{2EI}{l}\overline{\theta}_i - \frac{6EI}{l^2}\overline{v}_j + \frac{4EI}{l}\overline{\theta}_j$$

这样，上述表达式合并在一起，写成矩阵形式如下：

$$\begin{bmatrix} \overline{F}_{xi} \\ \overline{F}_{yi} \\ \overline{M}_i \\ \overline{F}_{xj} \\ \overline{F}_{yj} \\ \overline{M}_j \end{bmatrix} = \begin{bmatrix} \frac{EA}{l} & 0 & 0 & -\frac{EA}{l} & 0 & 0 \\ 0 & \frac{12EI}{l^3} & \frac{6EI}{l^2} & 0 & -\frac{12EI}{l^3} & \frac{6EI}{l^2} \\ 0 & \frac{6EI}{l^2} & \frac{4EI}{l} & 0 & -\frac{6EI}{l^2} & \frac{2EI}{l} \\ -\frac{EA}{l} & 0 & 0 & \frac{EA}{l} & 0 & 0 \\ 0 & -\frac{12EI}{l^3} & -\frac{6EI}{l^2} & 0 & \frac{12EI}{l^3} & -\frac{6EI}{l^2} \\ 0 & \frac{6EI}{l^2} & \frac{2EI}{l} & 0 & -\frac{6EI}{l^2} & \frac{4EI}{l} \end{bmatrix} \begin{bmatrix} \overline{u}_i \\ \overline{v}_i \\ \overline{\theta}_i \\ \overline{u}_j \\ \overline{v}_j \\ \overline{\theta}_j \end{bmatrix} \quad (2\text{-}28)$$

可以将式(2-28)简写为

$$\{\overline{F}\}^{(e)} = [\overline{k}]^{(e)}\{\overline{\delta}\}^{(e)} \quad (2\text{-}29)$$

其单元刚度矩阵为

$$[\overline{k}]^{(e)} = \begin{bmatrix} \frac{EA}{l} & 0 & 0 & -\frac{EA}{l} & 0 & 0 \\ 0 & \frac{12EI}{l^3} & \frac{6EI}{l^2} & 0 & -\frac{12EI}{l^3} & \frac{6EI}{l^2} \\ 0 & \frac{6EI}{l^2} & \frac{4EI}{l} & 0 & -\frac{6EI}{l^2} & \frac{2EI}{l} \\ -\frac{EA}{l} & 0 & 0 & \frac{EA}{l} & 0 & 0 \\ 0 & -\frac{12EI}{l^3} & -\frac{6EI}{l^2} & 0 & \frac{12EI}{l^3} & -\frac{6EI}{l^2} \\ 0 & \frac{6EI}{l^2} & \frac{2EI}{l} & 0 & -\frac{6EI}{l^2} & \frac{4EI}{l} \end{bmatrix} \quad (2\text{-}30)$$

5. 单元刚度矩阵的性质

从前面的分析可以看出，单元刚度矩阵具有如下的性质：

(1) 单元刚度矩阵 $\left[\bar{k}\right]^{(e)}$ 为对称矩阵，其元素 $k_{ij} = k_{ji}$ $(i \neq j)$。

(2) 单元刚度矩阵 $\left[\bar{k}\right]^{(e)}$ 中的每个元素代表单位杆端位移引起的杆端力。其中任意元素 k_{ij} 的物理意义是，当第 j 个杆端位移分量等于 1（其余位移分量等于 0）时，所引起的第 i 个杆端力的分量值。

(3) 一般单元的单元刚度矩阵 $\left[\bar{k}\right]^{(e)}$ 是奇异矩阵，其元素组成的行列式等于零，即 $\left|\bar{k}^{(e)}\right| = 0$。根据奇异矩阵的性质，$\left[\bar{k}\right]^{(e)}$ 没有逆矩阵。也就是说，如果给定杆端位移 $\{\bar{\delta}\}^{(e)}$，根据式(2-29)可以求出杆端力 $\{\bar{F}\}^{(e)}$ 的唯一解，但反过来，如果已知杆端力 $\{\bar{F}\}^{(e)}$，则不能根据 $\{\bar{\delta}\}^{(e)} = \left(\left[\bar{k}\right]^{(e)}\right)^{-1} \{\bar{F}_d\}^{(e)}$ 来确定杆端位移 $\{\bar{\delta}\}^{(e)}$ 的唯一解。因为即使在杆端力已知的情况下，由于单元两端无任何约束，因此除了杆端自身变形，还可以发生任意的刚体位移。举例来说，如果物体处于静止状态，可以说其处于平衡状态，但反过来，如果物体处于平衡状态，则不能说其一定处于静止状态。

(4) 单元刚度矩阵 $\left[\bar{k}\right]^{(e)}$ 具有分块的性质，即可以用子矩阵表示 $\{\bar{\delta}\}^{(e)}$。在式(2-28)、式(2-30)中，用虚线把 $\left[\bar{k}\right]^{(e)}$ 分为四个子矩阵，把 $\{\bar{F}\}^{(e)}$ 和 $\{\bar{\delta}\}^{(e)}$ 各分为两个子矩阵，因此，式(2-29)又可以写为

$$\begin{bmatrix} \bar{F}_i^{(e)} \\ \bar{F}_j^{(e)} \end{bmatrix} = \begin{bmatrix} \bar{k}_{ii}^{(e)} & \bar{k}_{ij}^{(e)} \\ \bar{k}_{ji}^{(e)} & \bar{k}_{jj}^{(e)} \end{bmatrix} \begin{bmatrix} \bar{\delta}_i^{(e)} \\ \bar{\delta}_j^{(e)} \end{bmatrix} \tag{2-31}$$

式中，

$$\{\bar{F}_i\}^{(e)} = \begin{bmatrix} \bar{F}_{xi} & \bar{F}_{yi} & \bar{M}_i \end{bmatrix}^T \quad \text{或} \quad \{\bar{F}_i\}^{(e)} = \begin{bmatrix} \bar{F}_{xi} & \bar{F}_{yi} & \bar{F}_{zi} & \bar{M}_{xi} & \bar{M}_{yi} & \bar{M}_{zi} \end{bmatrix}^T$$

$$\{\bar{F}_j\}^{(e)} = \begin{bmatrix} \bar{F}_{xj} & \bar{F}_{yj} & \bar{M}_j \end{bmatrix}^T \quad \text{或} \quad \{\bar{F}_j\}^{(e)} = \begin{bmatrix} \bar{F}_{xj} & \bar{F}_{yj} & \bar{F}_{zj} & \bar{M}_{xj} & \bar{M}_{yj} & \bar{M}_{zj} \end{bmatrix}^T$$

$$\{\bar{\delta}_i\}^{(e)} = \begin{bmatrix} \bar{u}_i & \bar{v}_i & \bar{\theta}_i \end{bmatrix}^T \quad \text{或} \quad \{\bar{\delta}_i\}^{(e)} = \begin{bmatrix} \bar{u}_i & \bar{v}_i & \bar{w}_i & \bar{\theta}_{xi} & \bar{\theta}_{yi} & \bar{\theta}_{zi} \end{bmatrix}^T$$

$$\{\bar{\delta}_j\}^{(e)} = \begin{bmatrix} \bar{u}_j & \bar{v}_j & \bar{\theta}_j \end{bmatrix}^T \quad \text{或} \quad \{\bar{\delta}_j\}^{(e)} = \begin{bmatrix} \bar{u}_j & \bar{v}_j & \bar{w}_j & \bar{\theta}_{xj} & \bar{\theta}_{yj} & \bar{\theta}_{zj} \end{bmatrix}^T$$

用子矩阵形式表示单元刚度矩阵和单元刚度方程，可以使其表达的物理意义更加明显。在单元刚度矩阵 $\left[\bar{k}\right]^{(e)}$ 中，其任意子矩阵 $\left[\bar{k}_{rs}\right]^{(e)}$ 表示杆端力 $\{\bar{F}_r\}^{(e)}$ 和杆端位移 $\{\bar{\delta}_s\}^{(e)}$ 之间的关系。

2.2.4 结构刚度矩阵

2.2.3 小节就杆件单元进行了分析，得到了杆单元的单元刚度方程和单元刚度矩阵。但有限元分析的目的不是对孤立的单元进行分析，而是希望通过对单个单元进行分析，进而找到对整个结构进行分析的方法。因此，单元分析完成以后，必须将所有单元再组合成一个整体，

考虑结构的整体性能。

所谓结构的整体分析就是将离散后的所有单元通过节点连接成原来的结构进行分析,即将所有单元的单元刚度方程集成为整体刚度方程,并引入恰当的边界条件后求解整体刚度方程,得到节点位移,进而计算其内力分布。

1. 坐标变换矩阵

一般情况下,单元分析均是在局部坐标系中进行的,对于一个结构,整体坐标系一般只有一个;而局部坐标系有很多个,一个单元就有一个局部坐标。并且局部坐标系每一个单元的规定都是相同的,这样,同类型单元刚度矩阵相同。对于某一单元,如果其局部坐标系与整个结构的整体坐标系不一致,则单元分析的物理量必须通过坐标转换首先变换到整体坐标系中,然后再进行整体分析,如图 2-15 所示。

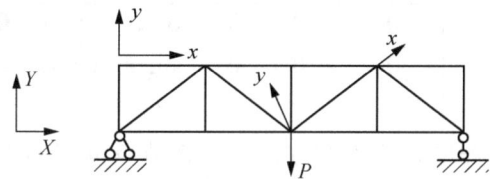

图 2-15 桁架结构分析

这里介绍一下求坐标变换矩阵的方法。图 2-16(a)表示单元的杆端力在局部坐标系 xoy 中的方向,图 2-16(b)表示杆端力在整体坐标系 XOY 中的方向。

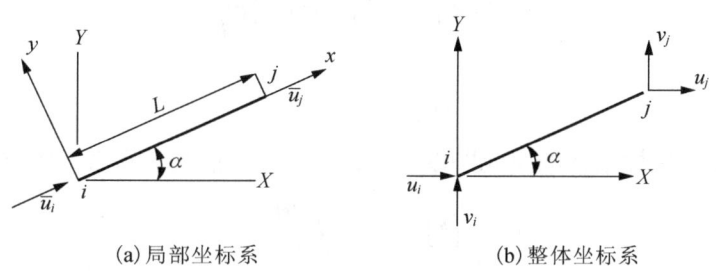

(a) 局部坐标系 (b) 整体坐标系

图 2-16 坐标变换

局部坐标系中的节点位移为

$$\{\overline{\delta}\}^{(e)} = [\overline{u}_1 \quad \overline{u}_2]^T \tag{2-32}$$

整体坐标系中的节点位移为

$$\{\delta\}^{(e)} = [u_1 \quad v_1 \quad u_2 \quad v_2]^T \tag{2-33}$$

如图 2-16 所示,在节点 i,整体坐标系下的节点位移 u_i 和 v_i 合成的结果应完全等效于局部坐标系中的 $\overline{u}_i$;在节点 j,节点位移 u_j 和 v_j 合成的结果应完全等效于局部坐标系中的 $\overline{u}_j$,即存在以下的等价变换关系:

$$\begin{cases} \overline{u}_i = u_i \cos\alpha + v_i \sin\alpha \\ \overline{u}_j = u_j \cos\alpha + v_j \sin\alpha \end{cases} \tag{2-34}$$

将式(2-34)表示成矩阵形式:

$$\{\bar{\delta}\}^{(e)} = \begin{Bmatrix} \bar{u}_i \\ \bar{u}_j \end{Bmatrix} = \begin{bmatrix} \cos\alpha & \sin\alpha & 0 & 0 \\ 0 & 0 & \cos\alpha & \sin\alpha \end{bmatrix} \begin{bmatrix} u_i \\ v_i \\ u_j \\ v_j \end{bmatrix} = T\{\delta\}^{(e)} \quad (2\text{-}35)$$

式中，T 为坐标变换矩阵，即

$$T = \begin{bmatrix} \cos\alpha & \sin\alpha & 0 & 0 \\ 0 & 0 & \cos\alpha & \sin\alpha \end{bmatrix}$$

或

$$T = \begin{bmatrix} \cos\alpha & \sin\alpha & 0 & 0 & 0 & 0 \\ -\sin\alpha & \cos\alpha & 0 & 0 & 0 & 0 \\ 0 & 0 & 1 & 0 & 0 & 0 \\ \hline 0 & 0 & 0 & \cos\alpha & \sin\alpha & 0 \\ 0 & 0 & 0 & -\sin\alpha & \cos\alpha & 0 \\ 0 & 0 & 0 & 0 & 0 & 1 \end{bmatrix} \quad (2\text{-}36)$$

为推导整体坐标系下杆单元的刚度方程，可将节点位移的坐标变换关系式(2-35)代入原来基于局部坐标系的单元刚度方程式(2-29)中，有

$$\{\bar{F}\}^{(e)} = [\bar{k}]^{(e)}\{\bar{\delta}\}^{(e)} = [\bar{k}]^{(e)} T\{\delta\}^{(e)} \quad (2\text{-}37)$$

在式(2-37)的两端前乘 T^{T}，有

$$T^{\mathrm{T}} [\bar{k}]^{(e)} T\{\delta\}^{(e)} = T^{\mathrm{T}}\{\bar{F}\}^{(e)} \quad (2\text{-}38)$$

写成

$$[k]^{(e)}\{\delta\}^{(e)} = \{F\}^{(e)}$$

式中，$[k]^{(e)}$ 为整体坐标系下的单元刚度矩阵；$\{F\}^{(e)}$ 为整体坐标系下的节点力列阵，即

$$[k]^{(e)} = T^{\mathrm{T}} [\bar{k}]^{(e)} T \quad (2\text{-}39)$$

$$\{F\}^{(e)} = T^{\mathrm{T}}\{\bar{F}\}^{(e)} \quad (2\text{-}40)$$

对于轴力单元，在整体坐标系下的杆端力矩阵和杆端位移矩阵分别为

$$\{F\}^{(e)} = \begin{bmatrix} F_{xi} & F_{yi} & F_{xj} & F_{yj} \end{bmatrix}^{\mathrm{T}}$$

$$\{\delta\}^{(e)} = \begin{bmatrix} u_i & v_i & u_j & v_j \end{bmatrix}^{\mathrm{T}}$$

对于如图 2-16 所示的杆单元，将式(2-36)和式(2-10)代入式(2-39)中，给出整体坐标系下平面杆单元的刚度矩阵为

$$[k]^{(e)} = \frac{EA}{l} \begin{bmatrix} \cos^2\alpha & \cos\alpha\sin\alpha & -\cos^2\alpha & -\cos\alpha\sin\alpha \\ \cos\alpha\sin\alpha & \sin^2\alpha & -\cos\alpha\sin\alpha & -\sin^2\alpha \\ -\cos^2\alpha & -\cos\alpha\sin\alpha & \cos^2\alpha & \cos\alpha\sin\alpha \\ -\cos\alpha\sin\alpha & -\sin^2\alpha & \cos\alpha\sin\alpha & \sin^2\alpha \end{bmatrix} \quad (2\text{-}41)$$

处理实际问题时，可以在整体坐标系下进行各个单元的组装。

2. 杆系结构整体分析

对杆系结构进行单元分析，仅仅是有限元分析中的第一步。我们的目的是要对整个结构

进行分析，研究结构的整体性能。因此，在对结构的各单元分析完成后，必须将单元分析的结果进行整合，对结构进行整体分析。由单元刚度矩阵形成整体刚度矩阵，建立刚度方程后再引入支承条件，进而求解节点位移。如图 2-17 所示为平面杆件单元。

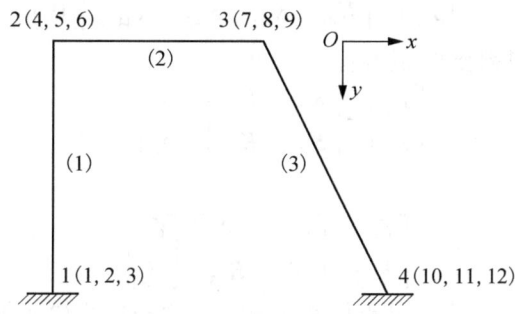

图 2-17　平面杆件单元

节点位移矩阵为

$$\{\delta\} = [\delta_1 \quad \delta_2 \quad \delta_3 \quad \delta_4]^T$$
$$= [u_1 \quad v_1 \quad \theta_1 \quad u_2 \quad v_2 \quad \theta_2 \quad u_3 \quad v_3 \quad \theta_3 \quad u_4 \quad v_4 \quad \theta_4]^T$$

节点载荷矩阵为

$$\{F\} = [F_1 \quad F_2 \quad F_3 \quad F_4]^T$$
$$= [F_{1x} \quad F_{1y} \quad M_1 \quad F_{2x} \quad F_{2y} \quad M_2 \quad F_{3x} \quad F_{3y} \quad M_3 \quad F_{4x} \quad F_{4y} \quad M_4]^T$$

求出各单元刚度方程后，根据平衡条件和位移连续条件，可以建立整个结构的位移法方程：

$$\begin{bmatrix} F_1 \\ F_2 \\ F_3 \\ F_4 \end{bmatrix} = \begin{bmatrix} k_{ii}^{(1)} & k_{ij}^{(1)} & 0 & 0 \\ k_{ji}^{(1)} & k_{jj}^{(1)} + k_{ii}^{(2)} & k_{ij}^{(2)} & 0 \\ 0 & k_{ji}^{(2)} & k_{jj}^{(2)} + k_{ii}^{(3)} & k_{ij}^{(3)} \\ 0 & 0 & k_{ji}^{(3)} & k_{jj}^{(3)} \end{bmatrix} \begin{bmatrix} \delta_1 \\ \delta_2 \\ \delta_3 \\ \delta_4 \end{bmatrix}$$

或简写成

$$\{F\} = [K]\{\delta\} \tag{2-42}$$

式中，$[K]$ 为结构的整体刚度矩阵，有

$$[K] = \begin{bmatrix} K_{11} & K_{12} & K_{13} & K_{14} \\ K_{21} & K_{22} & K_{23} & K_{24} \\ K_{31} & K_{32} & K_{33} & K_{34} \\ K_{41} & K_{42} & K_{43} & K_{44} \end{bmatrix} \tag{2-43}$$

但应该注意到，在建立方程(2-42)的过程中，假设所有节点都有位移。因此整个结构在外力作用下，除了发生弹性变形，还可能发生刚体平动位移，这样各节点位移不能唯一确定。这说明式(2-43)为奇异矩阵，不能求逆矩阵，即根据式(2-42)可得到无穷多个解。实际上，在图 2-17 所示的刚架结构中，节点 1 和节点 4 均为固定端，其三个位移分量均为 0，即有

$$u_1 = v_1 = \theta_1 = u_4 = v_4 = \theta_4$$

这样，将此边界条件引入方程(2-42)中，对整体刚度方程进行修改，可得

$$\begin{bmatrix} F_1 \\ F_2 \\ F_3 \\ F_4 \end{bmatrix} = \begin{bmatrix} K_{11} & K_{12} & K_{13} & K_{14} \\ K_{21} & K_{22} & K_{23} & K_{24} \\ K_{31} & K_{32} & K_{33} & K_{34} \\ K_{41} & K_{42} & K_{43} & K_{44} \end{bmatrix} \begin{bmatrix} 0 \\ \delta_2 \\ \delta_3 \\ 0 \end{bmatrix}$$

对其进行化简,可以得到两组方程:

$$\begin{bmatrix} F_2 \\ F_3 \end{bmatrix} = \begin{bmatrix} K_{22} & K_{23} \\ K_{32} & K_{33} \end{bmatrix} \begin{bmatrix} \delta_2 \\ \delta_3 \end{bmatrix} \tag{2-44}$$

和

$$\begin{bmatrix} F_1 \\ F_4 \end{bmatrix} = \begin{bmatrix} K_{12} & 0 \\ 0 & K_{43} \end{bmatrix} \begin{bmatrix} \delta_2 \\ \delta_3 \end{bmatrix} \tag{2-45}$$

这样,利用式(2-44)可以求得节点位移 δ_2 和 δ_3,再根据式(2-45)可以求得支座反力 F_1 和 F_4。

上述是针对特定的结构进行讨论的,实际上对于一般杆件结构,均可以按上述步骤进行分析。不管结构具有多少个节点位移分量,经过顺序调整,总可以将其分为两组,一组包含所有未知节点位移分量 δ_f,另一组包含所有已知节点位移分量 δ_r,对应的节点力分量也可以分别表示为 F_f 和 F_r,即

$$\{\delta\} = \begin{bmatrix} \delta_f \\ \delta_r \end{bmatrix}, \quad \{F\} = \begin{bmatrix} F_f \\ F_r \end{bmatrix}$$

与此相对应,整体刚度矩阵 $[K]$ 也可以重新排列,分为 4 个子块。这样整体刚度方程可以重新写为

$$\begin{bmatrix} F_f \\ F_r \end{bmatrix} = \begin{bmatrix} K_{ff} & K_{fr} \\ K_{rf} & K_{rr} \end{bmatrix} \begin{bmatrix} \delta_f \\ \delta_r \end{bmatrix}$$

展开为

$$F_f = K_{ff}\delta_f + K_{fr}\delta_r$$
$$F_r = K_{rf}\delta_f + K_{rr}\delta_r$$

已知 F_f 和 δ_r 时,可以计算出 δ_f 和支座反力 F_r。

3. 结构整体刚度矩阵的性质

结构整体刚度矩阵具有如下性质:

(1)对称性。结构整体刚度矩阵是由单元整体刚度集装得到的,而整体单元刚度矩阵是由局部单元刚度矩阵经过坐标变换 $[k]^{(e)} = T^{\mathrm{T}}[\bar{k}]^{(e)}T$ 得到的。由于局部单元刚度矩阵是对称的,所以整体刚度矩阵也必然是对称的。

(2)奇异性。由自由式单元刚度矩阵用后处理法集装成的整体刚度矩阵具有奇异性。这是因为:①自由式单元刚度矩阵本身是奇异的;②结构是无任何约束的。因此在给定的外载荷作用下,刚体将产生运动,不能得到节点位移的唯一解。(即 $[k]^{-1}$ 不存在。)

(3)稀疏带状性。结构刚度矩阵式为一个稀疏矩阵,它的绝大多数元素是零,当合理编码时只在刚度矩阵主对角线两侧一窄的带状区域内存在非零元素。这是因为,结构中的任一节点 i 通过单元只与其邻近的少数节点相关联,与 i 节点无单元相连的其他节点由集成规则可知,其元素必然是零。

2.2.5 约束处理

由于在整体分析时，没有考虑结构的具体支承情况，因此，结构刚度方程组中的整体刚度矩阵[k]在数学上具有奇异性，即其逆矩阵不存在，也就是说，由此方程不能求得位移的唯一解。这一现象在力学意义上是由于在引入支承条件之前，结构还是一个没有支承的悬空结构。所谓约束处理正是用结构的实际支承条件对结构刚度方程组进行处理，在数学意义上消除整体刚度矩阵[k]的奇异性，在力学意义上消除结构的悬空性，使结构刚度方程组有唯一解的处理过程。常用的处理方法有消行消列法、置大数法和置一法。

1. 铰接节点

在杆系结构中，除了刚性节点，通常会遇到一些杆件通过铰接节点与其他杆件联结，如图 2-18 所示的杆件系统，有 4 根杆件汇交于 D 点，其中 BD 杆在 D 端通过铰支座与其他杆件铰接，其余 3 根杆为刚性接触。对于这样的铰接节点，具有如下的性质：

(1)铰接节点上各杆具有相同的线位移，但截面的转角位移不相同。

(2)节点上具有铰接，杆端不承受弯矩作用。如图 2-18 所示结构中，BD 杆在 D 端的杆端弯矩为 0，只有 CD、ED、GD 杆在节点 D 上与外弯矩保持平衡。对于这样的节点，在对其进行单元划分时，通常考虑在 D 处设置 2 个节点。

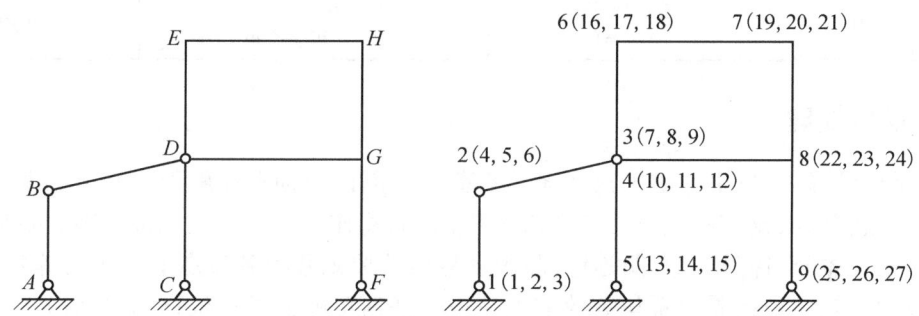

图 2-18 铰接节点的处理示意图

2. 弹性支承点

在实际工程中，有时会遇到弹性支承的情况(图 2-19)，一般将弹性支座看作在结构约束点处沿约束方向的一个弹簧，弹簧的刚度系数为 k，k 在数值上等于使弹簧支座沿约束方向产生单位位移时所需施加的力。

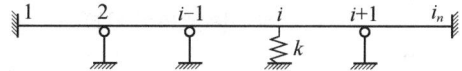

图 2-19 弹性支承点的处理示意图

设结构的第 i 个节点位移分量 δ_i 为弹性支座约束，弹簧的刚度系数为 k，则结构产生 δ_i 位移时所引起的支座反力为

$$F_R = -k\delta_i$$

这里的负号表示支座反力方向与约束点位移方向始终相反。F_R 作用在受约束的节点上，它是节点外力的一部分，由整体刚度方程可知，第 i 个平衡方程应为

$$K_{i1}\delta_1 + K_{i2}\delta_2 + \cdots + K_{ii}\delta_i + \cdots + K_{in}\delta_n = F_i - F_R$$

式中，F_i 为原有的第 i 个节点上的荷载分量。将 F_R 代入此方程，进行整理可得

$$K_{i1}\delta_1 + K_{i2}\delta_2 + \cdots + (K_{ii}+k)\delta_i + \cdots + K_{in}\delta_n = F_i \tag{2-46}$$

这样就引入了弹性支承的约束条件。根据以上的分析，引入弹性支承的具体做法可以归结为：先解除弹性支承点约束，给一个节点号，形成总刚度矩阵；然后在总刚度矩阵中将第 i 行的主元素 K_{ii} 加上弹性支承的刚度系数 k，此时第 i 行变为

$$K_{i1} \quad K_{i2} \quad K_{i3} \quad \cdots \quad (K_{ii}+k) \quad \cdots \quad K_{in}$$

以上处理方法既适用于以线位移为弹性约束的情况，同样也适用于以角位移为弹性约束的情况。如果结构有多个弹性支座，可同时引入弹性约束条件，即只需将相应的主对角线元素加上相应的弹簧刚度系数就可以了。

表 2-1 总结了边界条件的处理方法。

表 2-1 边界条件的处理

$y_A = 0$	$y_A = 0$ $\theta_A = 0$	$y_A = \Delta$ Δ——弹簧变形	$y_{AL} = y_{AR}$

2.2.6 载荷处理

在有限元法的分析中，由于只考虑节点荷载，因此必须把作用于单元上的非节点荷载移植到单元节点上。根据有限元方法的离散思想，需要将作用于单元上的外荷载（包括集中荷载、面分布荷载、体分布荷载、力偶等）按照虚功等效的原则移植到节点上，成为等效节点荷载。这里的虚功等效，是指原力系与等效节点荷载在任何可能的微小位移（虚位移）上所做的虚功相等。

实际上，在前面的分析中已经介绍了求等效节点荷载的方法。通常，可以这样来考虑：

第一步，在局部坐标系下求单元 e 的固端力 $F_f^{(e)}$。对于某个单元 e，假定单元的两端均固定，然后根据静力平衡求得固定端的反力。表 2-2 列出了几种非节点荷载作用的单元固端力的计算公式。

表 2-2 平面刚架单元固端力

载荷类型		单元固端力	
		始端 i	终端 j
等效原理 $W^{(e)} = \int_l \overline{p}(x) \cdot v(x) \mathrm{d}x$ $= \left[\int_l \overline{p}(x) \cdot N(x) \mathrm{d}x\right]$ $= [R_A \quad M_A \quad R_B \quad M_B] q^{(e)}$			
1	$\overline{F}_{fx}^{(e)}$	0	0
	$\overline{F}_{fy}^{(e)}$	$R_A = -P/2$	$R_B = -P/2$
	$\overline{M}_f^{(e)}$	$M_A = -PL/8$	$M_B = PL/8$

续表

	载荷类型		单元固端力	
			始端 i	终端 j
2	(梁AB，集中载荷P在距A端a、距B端b处，总长L)	$\overline{F}_{fx}^{(e)}$	0	0
		$\overline{F}_{fy}^{(e)}$	$R_A = -(Pb^2/L^3)(3a+b)$	$R_B = -(Pa^2/L^3)(3b+a)$
		$\overline{M}_{f}^{(e)}$	$M_A = -Pab^2/L^2$	$M_B = Pa^2b/L^2$
3	(梁AB，均布载荷p_0，总长L)	$\overline{F}_{fx}^{(e)}$	0	0
		$\overline{F}_{fy}^{(e)}$	$R_A = -p_0 L/2$	$R_B = -p_0 L/2$
		$\overline{M}_{f}^{(e)}$	$M_A = -p_0 L^2/12$	$M_B = p_0 L^2/12$
4	(梁AB，三角形分布载荷，最大值p_0在B端)	$\overline{F}_{fx}^{(e)}$	0	0
		$\overline{F}_{fy}^{(e)}$	$R_A = -3p_0 L/20$	$R_A = -7p_0 L/20$
		$\overline{M}_{f}^{(e)}$	$M_A = -p_0 L^2/30$	$M_B = p_0 L^2/20$
5	(梁AB，局部均布载荷p_0作用在长度a上)	$\overline{F}_{fx}^{(e)}$	0	0
		$\overline{F}_{fy}^{(e)}$	$R_A = -\dfrac{p_0 a}{2L^3}(a^3 - 2a^2 L + 2L^3)$	$R_B = -\dfrac{p_0 a^3}{2L^3}(2L - a)$
		$\overline{M}_{f}^{(e)}$	$M_A = -\dfrac{p_0 a^2}{12L^2}(3a^2 - 8aL + 6L^2)$	$M_B = \dfrac{p_0 a^3}{12L^2}(4L - 3a)$
6	(梁AB，三角形分布载荷最大值p_0在跨中)	$\overline{F}_{fx}^{(e)}$	0	0
		$\overline{F}_{fy}^{(e)}$	$R_A = -p_0 L/4$	$R_B = -p_0 L/4$
		$\overline{M}_{f}^{(e)}$	$M_A = -5p_0 L^2/96$	$M_B = 5p_0 L^2/96$
7	(梁AB，集中力偶M_0作用)	$\overline{F}_{fx}^{(e)}$	0	0
		$\overline{F}_{fy}^{(e)}$	$R_A = -6M_0 ab/L^3$	$R_B = 6M_0 ab/L^3$
		$\overline{M}_{f}^{(e)}$	$M_A = -(M_0 b/L^2)(3a-L)$	$M_B = -(M_0 a/L^2)(3b-L)$

第二步，根据单元固端力求单元 e 的等效节点荷载 $F_E^{(e)}$。根据局部坐标系与整体坐标系单元杆端力的变换式，固端力在两种坐标系下的变换形式可以写成

$$F_f^{(e)} = T^T \overline{F}_f^{(e)}$$

因此，整体坐标系下的等效节点荷载矩阵 $F_E^{(e)}$ 可以由式(2-47)计算：

$$F_E^{(e)} = -T^T \overline{F}_f^{(e)} \tag{2-47}$$

2.2.7 杆系结构有限元分析简例

1. 问题描述

如图 2-20 所示，一个长 10m 的方形截面梁，截面边长 5mm，两端简支，受中点集中载荷为 100N，材料的弹性模量为 3.0×10^{11}Pa，试用有限元法进行分析。

2. 求解

(1) 结构离散。将整个梁离散成长度相等的两个单元,如图 2-21 所示。

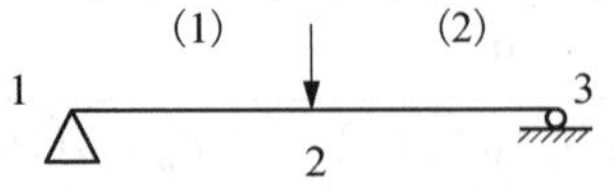

图 2-20　杆系结构例题

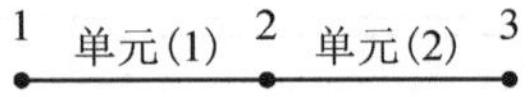

图 2-21　单元离散

(2) 单元分析。由理论分析可知,单元分析最后就是确定单元刚度矩阵。为简化分析,不考虑轴向力。将单元的性能参数 $L=5\text{m}$,$E=3.0\times10^{11}\text{Pa}$,$J_z=5.2\times10^{-7}\text{m}^4$ 代入单元刚度矩阵可得

$$[\bar{K}]^{(1)}=[\bar{K}]^{(2)}=\begin{bmatrix} 14976 & 37440 & -14976 & 37440 \\ 37440 & 124800 & -37440 & 62400 \\ -14976 & -14976 & 14976 & -37440 \\ 37440 & 62400 & -37440 & 124800 \end{bmatrix}$$

(3) 整体分析。整体分析就是确定结构的整体刚度矩阵,而整体刚度矩阵是由结构坐标系下的单元刚度矩阵扩阶后相加得到的。由于两单元的结构坐标系与单元坐标系相同,因此,经过坐标变换后的单元刚度矩阵不变。利用整体分析时得出的组集原则可得

$$[K]=\begin{bmatrix} 14976 & 37440 & -14976 & 37440 & 0 & 0 \\ 37440 & 124800 & -37440 & 62400 & 0 & 0 \\ -17976 & -37440 & 14976+14976 & -37440+37440 & -14976 & 37440 \\ 37440 & 62400 & -37440+37440 & 124800+124800 & -37440 & 62400 \\ 0 & 0 & -14976 & -37440 & 14976 & -37440 \\ 0 & 0 & 37440 & 62400 & -37440 & 124800 \end{bmatrix}$$

$$=\begin{bmatrix} 14976 & 37440 & -14976 & 37440 & 0 & 0 \\ 37440 & 124800 & -37440 & 62400 & 0 & 0 \\ -14976 & -37440 & 29952 & 0 & -14976 & 37440 \\ 37440 & 62400 & 0 & 249600 & -37440 & 62400 \\ 0 & 0 & -14976 & -37440 & 14976 & -37440 \\ 0 & 0 & 37440 & 62400 & -37440 & 124800 \end{bmatrix}$$

(4) 载荷处理。由于该结构不存在跨间载荷,因此不必进行载荷移置。各节点的载荷为

$$\{P\}=[P_{y1}\ \ 0\ \ -100\ \ 0\ \ P_{y3}\ \ 0]^{\text{T}}$$

(5) 约束处理。根据该结构的实际约束情况可知,各节点的位移约束为

$$\{\delta\}=[0\ \ \theta_1\ \ v_2\ \ \theta_2\ \ 0\ \ \theta_3]^{\text{T}}$$

由消行消列法对整体刚度方程组进行如下处理

$$\begin{bmatrix} 14976 & 37440 & -14976 & 37440 & 0 & 0 \\ 37440 & 124800 & -37440 & 62400 & 0 & 0 \\ -14976 & -37440 & 29952 & 0 & -14976 & 37440 \\ 37440 & 62400 & 0 & 249600 & -37440 & 62400 \\ 0 & 0 & -14976 & -37440 & 14976 & -37440 \\ 0 & 0 & 37440 & 62400 & -37440 & 124800 \end{bmatrix}\begin{Bmatrix} 0 \\ \theta_1 \\ v_2 \\ \theta_2 \\ 0 \\ \theta_3 \end{Bmatrix}=\begin{Bmatrix} P_{y1} \\ 0 \\ -100 \\ 0 \\ P_{y3} \\ 0 \end{Bmatrix}$$

整理得

$$\begin{bmatrix} 124800 & -37440 & 62400 & 0 \\ -37440 & 29952 & 0 & 37440 \\ 62400 & 0 & 249600 & 62400 \\ 0 & 37440 & 62400 & 124800 \end{bmatrix} \begin{Bmatrix} \theta_1 \\ v_2 \\ \theta_2 \\ \theta_3 \end{Bmatrix} = \begin{Bmatrix} 0 \\ 0 \\ -100 \\ 0 \end{Bmatrix}$$

(6)求解。求解上述方程组得

$$\begin{cases} \theta_1 = -0.0040064 \\ v_2 = -0.013355 \\ \theta_2 = 0.0000000 \\ \theta_3 = 0.0040064 \end{cases}$$

2.3 平面问题弹性力学基础

2.3.1 基本概念

弹性体力学，通常简称为弹性力学，又称为弹性理论，是固体力学的一个分支，研究弹性体由于受外力作用、边界约束或温度改变等而发生的应力、形变和位移。

弹性力学中经常用到的基本概念有外力、应力、形变和位移。这些概念，虽然在材料力学和结构力学里都已经用过，但在这里仍有详细说明的必要。

1. 外力

作用于物体的外力可以分为体积力和表面力，两者分别简称为体力和面力。

所谓体力，是分布在物体体积内的力，如重力、惯性力和离心力等。物体内各点受力的状况，一般是不相同的。为了度量该物体在各点所受体力的大小和方向，可以在物体的一点取出包围该点的一个小体积 ΔV，若在体积 ΔV 上作用的力为 ΔF，则在体积 ΔV 作用力的平均集度为 $\Delta F / \Delta V$。如果介质（材料）是连续的，则体积 ΔV 便可以以任意的方式缩小到该点。与此同时，比值 $\Delta F / \Delta V$ 将趋于一个极限值 F，即

$$F = \lim_{\Delta V \to 0} \frac{\Delta F}{\Delta V}$$

F 称为物体该点的体力集度（简称体力），显然它是一个矢量（也可称为体力矢量），并且是该点位置坐标的函数。它在直角坐标 x、y、z 方向上的分量分别记为 F_x、F_y、F_z。在任意坐标系下沿坐标轴方向的分量记为 F_α（α 为坐标轴），体力的量纲是 $[力][长度]^{-3}$。

面力是分布在物体表面上的力，如接触力、流体压力等。为了描述在物体表面一点的面力情况，在一点取出包含该点在内的一小块面积 ΔS，若在 ΔS 点作用的力为 ΔF，则当小面积 ΔS 以任意方式收缩到该点时，比值 $\Delta F/\Delta S$ 将趋于一个极限值 P_n（图 2-22），即

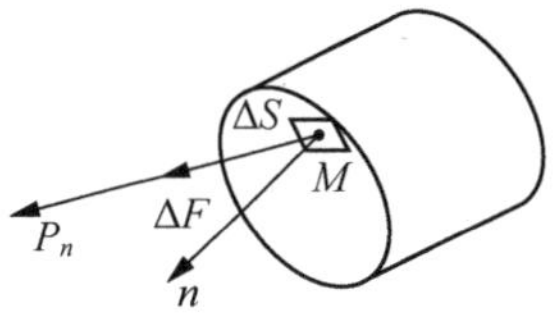

图 2-22 面力

$$P_n = \lim_{\Delta S \to 0} \frac{\Delta F}{\Delta S}$$

P_n 称为物体该点的面力集度（简称面力），显然它是一个矢量（称为面力矢量），并且是该点位置坐标的函数。它在直角坐标 x、y、z 方向上的分量分别记为 P_x、P_y、P_z，面力的量

纲是[力][长度]$^{-2}$。

坐标系选定之后，外力（体力及面力）的分量均以沿坐标轴正向者为正，沿坐标轴负向者为负的方式定义。

2. 内力

内力是物体各部分之间的相互作用力。按牛顿第三定律，物体中的内力是作用力与反作用力，在物体内部它们是自相平衡的，在物体的边界上它们与面力平衡。为了认识物体内任一点处的内力，必须用一个通过该点的平面（或称截面）将物体假想地"切开"，使内力暴露出来，如图 2-23 所示。如果作用在包含某一点的微小面 ΔA 上的内力为 ΔF，则比值 $\Delta F/\Delta A$ 表示该点处内力的平均集度。将面 ΔA 收缩到该点，则 $\Delta F/\Delta A$ 将趋于一个极限值 P，即

$$P = \lim_{\Delta A \to 0} \frac{\Delta F}{\Delta A}$$

P 称为该点的应力矢量，它在截面外法线方向上的投影称为正应力，记为 σ_N，在截面内的投影称为剪应力（或切应力），记为 τ_N，下标 N 表示截面的外法线方向。

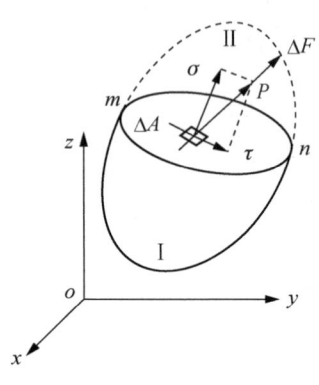

图 2-23 一点的应力矢量

为了更清楚地标明应力分量的指向，对于正应力分量，作用面的外法线方向与应力分量的指向是同一个坐标轴的方向，所以对正应力只用一个下标即可，如 σ_x、σ_y、σ_z；对于剪应力分量通常用两个下标表示，例如，在直角坐标系中，剪应力 τ_{xy} 的两个下标中，x 表示剪应力作用截面的外法线方向沿 x 轴，y 表示剪应力沿着 y 轴。通常规定外法线方向沿坐标轴正向的截面为正面；反之，沿坐标轴反向的截面为负面。正面上的正应力与正的剪应力分量应沿坐标轴的正向，负面上的正应力与正的剪应力分量应沿坐标轴的负向；反之，应力分量规定为负。按照这样的规定，在一点处切出一微小正六面体，它的各面与直角坐标系的各坐标面平行时，六面体上正的正应力、剪应力及它们的标记符号不计应力随位置的微小变化（图 2-24），应该注意这里应力分量正负号的规定与材料力学中的规定不完全相同。

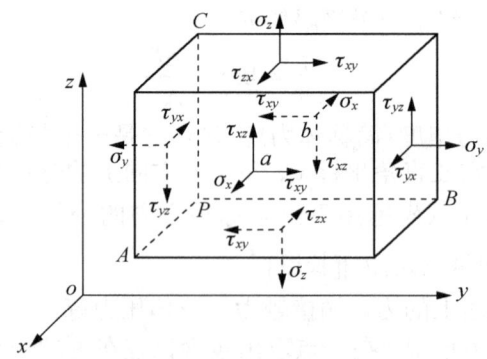

图 2-24 一点的应力状态

正应力分量均以拉为正，压为负，这是相同的；但剪应力则不同。如图 2-24 中的剪应力 τ_{yz} 与 τ_{zy}，按材料力学正负号的规定，一个是正，另一个则是负；而按弹性力学的规定它们全是正。又如剪应力互等关系，按着弹性力学剪应力正负号的规定，在直角坐标系中将是

$$\tau_{xy} = \tau_{yx}, \quad \tau_{yz} = \tau_{zy}, \quad \tau_{zx} = \tau_{xz}$$

而按材料力学规定的正负号写出时，则是

$$\tau_{xy} = -\tau_{yx}, \quad \tau_{yz} = -\tau_{zy}, \quad \tau_{zx} = -\tau_{xz}$$

3. 应变

应变是物体形状与体积的变化，也称形变。形变产生的原因是物体各点在外力作用下发生了移动，这个移动称为位移，由于各点位移量与位移方向的"不协调"，因而使各点间的相对位置发生变化。物体内相互靠近的两点间的微小线段称为线元，由线元围成的微小平面或曲面称为面元，而由面元围成的微小体积称为体元。物体的形变集中体现在线元、面元与体元的变化上。从物体中任一点出发的线元总可以沿坐标轴方向分解成三个子线元。当物体各点之间发生"不协调"位移时，各子线元长度出现了伸长（或缩短）。子线元的相对伸缩量即子线元的伸缩量 $\Delta \mathrm{d}l$ 与子线元长度 $\mathrm{d}l$ 之比，当 $\mathrm{d}l$ 趋于零时，极限值

$$\varepsilon = \lim_{\mathrm{d}l \to 0} \frac{\Delta \mathrm{d}l}{\mathrm{d}l}$$

称为相应子线元方向上线元的正应变，而各子线元间夹角的变化称为剪应变。正应变与剪应变统称应变，一般用希腊字母 ε 表示。为了明确应变所对应的子线元方向，通常在字母 ε 下加两个下标 α、β，分别表示两个子线元的方向，即写成 $\varepsilon_{\alpha\beta}$，当 $\alpha = \beta$ 时表示正应变，$\varepsilon_{\alpha\alpha}$ 简写成 ε_α；当 $\alpha \neq \beta$ 时表示剪应变，它等于两子线元间角度改变量的一半（以弧度计之），并且以角度减小为正，增大为负。工程上常取剪应变为子线元间角度的改变，并把剪应变记为 $\gamma_{\alpha\beta}$，所以对于剪应变来说，$\gamma_{\alpha\beta} = 2\varepsilon_{\alpha\beta}$。例如，用直角坐标系描述应变，则 α、β 代表 x、y、z，于是正应变为 ε_x、ε_y、ε_z，剪应变为 $\gamma_{xy} = \gamma_{yx}$、$\gamma_{yz} = \gamma_{zy}$、$\gamma_{zx} = \gamma_{xz}$；用柱坐标描述应变，则 α、β 代表 ρ（径向坐标）、φ（环向坐标）、z（轴向坐标），于是正应变为 ε_ρ、ε_φ、ε_z；剪应变为 $\gamma_{\rho\varphi} = \gamma_{\varphi\rho}$、$\gamma_{\varphi z} = \gamma_{z\varphi}$、$\gamma_{z\rho} = \gamma_{\rho z}$；用球坐标描述应变，则 α、β 代表 R（径向坐标）、θ（径向坐标）、φ（纬向坐标），于是正应变为 ε_R、ε_θ、ε_φ，剪应变为 $\gamma_{R\theta} = \gamma_{\theta R}$、$\gamma_{\theta\varphi} = \gamma_{\varphi\theta}$、$\gamma_{\varphi R} = \gamma_{R\varphi}$。

应变（无论是正应变，还是剪应变）都是量纲为一的量，它们是物体中点坐标的函数。显然应变与物体中点的位移有直接联系。位移是一个矢量，记为 D（或 u），它沿坐标轴方向的分量，记为 u_α。例如，对直角坐标系，α 代表 x、y、z，于是 u_α 记为 $u_x = u$，$u_y = \omega$，$u_z = v$，即为一点分别沿 x、y、z 方向的位移；对柱坐标，α 代表 ρ、φ、z，于是 u_α 即为 u_ρ、u_φ、u_z；对球坐标，α 代表 R、θ、φ，于是 u_α 即为 u_R、u_θ、u_φ。位移的量纲是[长度]。

2.3.2 平面应力问题与平面应变问题

任何一个弹性体都是空间物体，一般的外力都是空间力系。因此，严格来说，任何一个实际的弹性力学问题都是空间问题。但是，如果所考察的弹性体具有某种特殊的形状，并且承受的是某种特殊的外力和约束，就可以把空间问题简化为近似的平面问题。这样处理，分析和计算的工作量将大为减少，且所得的成果仍然可以满足工程上对精度的要求。

第一种平面问题是平面应力问题。设有很薄的等厚度薄板，如图 2-25 所示，只在板边上受有平行于板面并且不沿厚度变化的面力或约束，同时，体力也平行于板面并且不沿厚度变化。如图 2-26 中所示吊钩、挡圈，就属于此类问题。

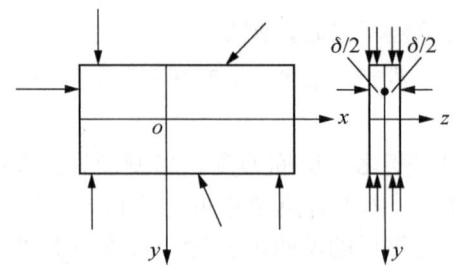

图 2-25 等厚度薄板

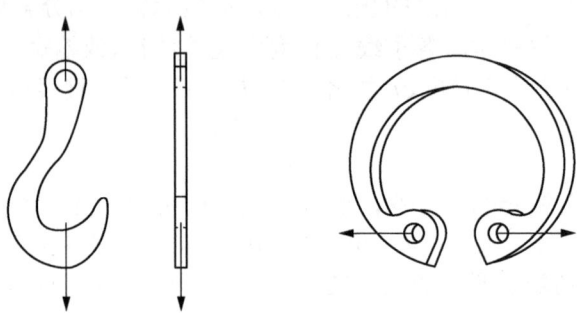

图 2-26 平面应力问题举例

设薄板的厚度为 δ。以薄板的中面为 xy 面，以垂直于中面的任一直线为 z 轴。因为在板面上 $\left(z=\pm\dfrac{\delta}{2}\right)$，所以有

$$(\sigma_z)_{z=\pm\frac{\delta}{2}}=0, \quad (\tau_{zx})_{z=\pm\frac{\delta}{2}}=0, \quad (\tau_{zy})_{z=\pm\frac{\delta}{2}}=0$$

由于板很薄，外力又不沿厚度变化，应力沿着板的厚度又是连续分布的，因此，可以认为在整个薄板的所有点都有

$$\sigma_z=0, \quad \tau_{zx}=0, \quad \tau_{zy}=0$$

注意到切应力互等性，因此 $\tau_{xz}=0$，$\tau_{yz}=0$。这样，只剩下平行于 xy 面的三个平面应力分量，即 σ_x、σ_y、$\tau_{xy}=\tau_{yx}$，所以这种问题称为平面应力问题。同时，因为板很薄，作用于板上的外力和约束都不沿厚度变化，这三个应力分量以及相应的形变分量，都可以认为是不沿厚度变化的。这就是说，它们只是 x 和 y 的函数，不随 z 而变化。

第二种问题是平面应变问题。与上相反，设有很长的柱形体，它的横截面不沿长度变化，如图 2-27 所示，在柱面上受有平行于横截面且不沿长度变化的面力或约束，同时，体力也平行于横截面而且不沿长度变化（内在因素和外来作用都不沿长度变化）。

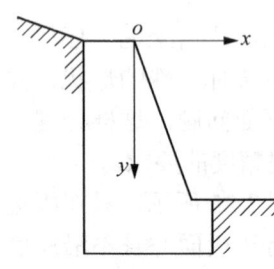

图 2-27 等截面柱形体

假想该柱体为无限长，以任一截面为 xy 面，任一纵线为 z 轴，则所有一切应力分量都平行于 xy 面，所以这种问题称为平面位移问题。由对称条件可知，$\tau_{zx}=0$，$\tau_{zy}=0$。根据切应力的互等性，又可以断定 $\tau_{xz}=0$，$\tau_{yz}=0$。由胡克定律，相应的切应变 $\gamma_{zx}=\gamma_{zy}=0$。又由于 z 方向的位移 w 处处为零，就有 $\varepsilon_z=0$。因此，只剩下平行于 xy 面的三个形变分量，即 ε_x、ε_y、γ_{xy}，所以这种问题在习惯上称为平面应变问题。由于 z

方向的伸缩被阻止，所以 σ_z 一般并不等于零。

有些问题，如挡土墙和很长的管道和隧洞问题等，是很接近于平面应变问题的（图 2-28）。虽然由于这些结构不是无限长的，而且在两端面上的条件也与中间截面的情况不同，并不符合无限长柱形体的条件，但是实践证明，对于离开两端较远之处，按平面应变问题进行分析计算，得出的结果在工程上是可用的。

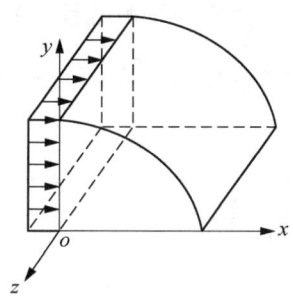 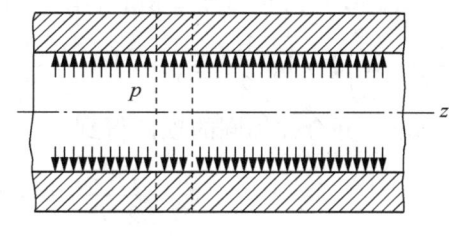

图 2-28 平面应变问题举例

2.3.3 平面问题的平衡微分方程

在弹性力学里分析问题，要考虑静力学、几何学和物理学三方面条件，分别建立三套方程。首先考虑平面问题的静力学方面，在弹性体内任一点取出一个微分体，根据平衡条件来导出应力分量与体力分量之间的关系式，也就是平面问题的平衡微分方程。

从薄板或柱形体取出一个微小的正平行六面体，它在 x 和 y 方向的尺寸分别为 dx 和 dy，见图 2-29。为了计算简便，它在 z 方向的尺寸取为一个单位长度。

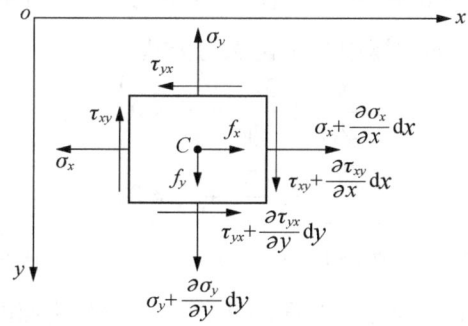

图 2-29 平面问题的平衡微分方程建立

一般而言，应力分量是位置坐标 x 和 y 的函数，因此，作用于左右两对面或上下两对面的应力分量不完全相同，具有微小的差量。例如，设作用于左面的正应力是 σ_x，则作用于右面的正应力，由于 x 坐标的改变，将是

$$\sigma_x + \frac{\partial \sigma_x}{\partial x}dx + \frac{1}{2}\frac{\partial^2 \sigma_x}{\partial x^2}dx^2 + \cdots$$

略去二阶以及二阶以上的微量后便是 $\sigma_x + \frac{\partial \sigma_x}{\partial x}dx$（若 σ_x 是常量，则 $\frac{\partial \sigma_x}{\partial x}=0$，左右两面的正应力将都是 σ_x）。同样，设左面的切应力是 τ_{xy}，则右面的切应力将是 $\tau_{xy} + \frac{\partial \tau_{xy}}{\partial x}dx$；设上面

的正应力及切应力分别为 σ_y 及 τ_{yx}，则下面的正应力和切应力分别为 $\sigma_y + \dfrac{\partial \sigma_y}{\partial y}\mathrm{d}y$ 及 $\tau_{yx} + \dfrac{\partial \tau_{yx}}{\partial y}\mathrm{d}y$。因为六面体是微小的，所以它在各面上所受的应力可以认为均匀分布在对应面的中心。同理，六面体所受的体力，也可以认为均匀分布在它的体积中心。

首先以通过中心 C 并平行于 z 轴的直线为矩轴，列出力矩的平衡方程 $\Sigma M_C = 0$：

$$\left(\tau_{xy} + \frac{\partial \tau_{xy}}{\partial x}\mathrm{d}x\right)\mathrm{d}y \times 1 \times \frac{\mathrm{d}x}{2} + \tau_{xy}\mathrm{d}y \times 1 \times \frac{\mathrm{d}x}{2} - \left(\tau_{yx} + \frac{\partial \tau_{yx}}{\partial y}\mathrm{d}y\right)\mathrm{d}x \times 1 \times \frac{\mathrm{d}y}{2} - \tau_{yx}\mathrm{d}x \times 1 \times \frac{\mathrm{d}y}{2} = 0$$

将上式除以 $\mathrm{d}x\mathrm{d}y$，并合并相同的项，得到

$$\tau_{xy} + \frac{1}{2}\frac{\partial \tau_{xy}}{\partial x}\mathrm{d}x = \tau_{yx} + \frac{1}{2}\frac{\partial \tau_{yx}}{\partial y}\mathrm{d}y$$

略去微量不计(即令 $\mathrm{d}x$、$\mathrm{d}y$ 都趋于零)，得出

$$\tau_{xy} = \tau_{yx} \tag{2-48}$$

这不过是再一次证明了切应力互等性。

其次，以 x 轴为投影轴，列出投影的平衡方程 $\Sigma F_x = 0$：

$$\left(\sigma_x + \frac{\partial \sigma_x}{\partial x}\mathrm{d}x\right)\mathrm{d}y \times 1 - \sigma_x \mathrm{d}y \times 1 + \left(\tau_{yx} + \frac{\partial \tau_{yx}}{\partial y}\mathrm{d}y\right)\mathrm{d}x \times 1 - \tau_{yx}\mathrm{d}x \times 1 + f_x \mathrm{d}x\mathrm{d}y \times 1 = 0$$

约减以后，两边除以 $\mathrm{d}x\mathrm{d}y$，得

$$\frac{\partial \sigma_x}{\partial x} + \frac{\partial \tau_{yx}}{\partial y} + f_x = 0$$

同样，由平衡方程 $\Sigma F_y = 0$ 可得一个相似的微分方程。于是得出平面问题中应力分量与体力分量之间的关系式，即平面问题中的平衡微分方程

$$\left. \begin{aligned} \frac{\partial \sigma_x}{\partial x} + \frac{\partial \tau_{yx}}{\partial y} + f_x = 0 \\ \frac{\partial \sigma_y}{\partial y} + \frac{\partial \tau_{xy}}{\partial x} + f_y = 0 \end{aligned} \right\} \tag{2-49}$$

式(2-48)微分方程中包含 3 个未知函数 σ_x，σ_y，$\tau_{xy} = \tau_{yx}$，因此，决定应力分量的问题是超静定的，还必须考虑几何学和物理学方面的条件，才能解决问题。这里还应注意，平衡微分方程表示的是区域内任一点的微分体的平衡条件，从而保证任一有限大部分和整个区域是满足平衡条件的。因此，这样考虑的静力学条件是严格和精确的。

对于平面应变问题来说，在如图 2-29 所示的六面体上，一般还有作用于前后两面的正应力 σ_z，但它们完全不影响方程(2-48)和方程(2-49)的建立，所以该方程对于两种平面问题都适用。

2.3.4 平面问题的几何方程

现在来考虑平面问题的几何学方面，导出微分线段上的形变分量与位移分量之间的关系式，也就是平面问题中的几何方程。

经过弹性体内的任意一点 P，沿 x 轴和 y 轴的正方向取两个微小长度的线段 $PA = \mathrm{d}x$ 和 $PB = \mathrm{d}y$，如图 2-30 所示。假定弹性体受力以后，P、A、B 三点分别移动到 P'、A'、B'。

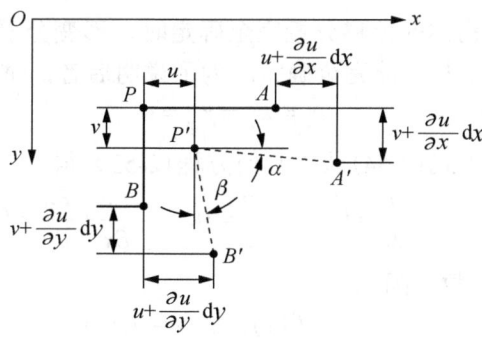

图 2-30 平面问题中的几何方程建立

首先来求出线段 PA 和 PB 的线应变，即 ε_x 和 ε_y，用位移分量来表示。设 P 点在 x 方向的位移是 u，则 A 点在 x 方向的位移，由于 x 坐标的改变，将是

$$u + \frac{\partial u}{\partial x}dx$$

可见线段 PA 的线应变是

$$\varepsilon_x = \frac{\left(u + \frac{\partial u}{\partial x}dx\right) - u}{dx} = \frac{\partial u}{\partial x} \tag{2-50}$$

由于位移微小，这里略去 y 方向的位移 v 所引起的 PA 的伸缩。同样可见，线段 PB 的线应变是

$$\varepsilon_y = \frac{\partial v}{\partial y} \tag{2-51}$$

现在来求出线段 PA 和 PB 之间的直角的改变，也就是切应变 γ_{xy}，用位移分量表示。如图 2-30 所示，这个切应变是由两部分组成的：一部分是由 y 方向的位移 v 引起的，即 x 方向的线段 PA 的转角 α；另一部分是由 x 方向的位移 u 引起的，即 y 方向的线段 PB 的转角 β。

设 P 点在一方向的位移分量是 v，则 A 点在 y 方向的位移分量将是 $v + \frac{\partial v}{\partial x}dx$。

因此，线段 PA 的转角是

$$\alpha = \frac{\left(v + \frac{\partial v}{\partial x}dx\right) - v}{dx} = \frac{\partial v}{\partial x}$$

同样可得线段 PB 的转角是

$$\beta = \frac{\partial u}{\partial y}$$

于是可见，PA 与 PB 之间的直角的改变（以减小时为正），也就是切应变 γ_{xy}，为

$$\gamma_{xy} = \alpha + \beta = \frac{\partial v}{\partial x} + \frac{\partial u}{\partial y} \tag{2-52}$$

综合式(2-50)、式(2-51)和式(2-52)，就是平面问题中的几何方程：

$$\varepsilon_x = \frac{\partial u}{\partial x}, \qquad \varepsilon_y = \frac{\partial v}{\partial y}, \qquad \gamma_{xy} = \frac{\partial v}{\partial x} + \frac{\partial u}{\partial y} \tag{2-53}$$

和平衡微分方程一样，式(2-53)所述几何方程对两种平面问题同样适用。

由几何方程可见，当物体的位移分量完全确定时，形变分量即完全确定。反之，当形变分量完全确定时，位移分量却不能完全确定。为了说明后者，试令形变分量等于零，即

$$\varepsilon_x = \varepsilon_y = \gamma_{xy} = 0 \tag{2-54}$$

而求出相应的位移分量。将式(2-54)代入几何方程(2-53)得

$$\frac{\partial u}{\partial x} = 0, \quad \frac{\partial v}{\partial y} = 0, \quad \frac{\partial v}{\partial x} + \frac{\partial u}{\partial y} = 0 \tag{2-55}$$

u、v 分别是 x、y 的函数，因此

$$u = f_1(y), \quad v = f_2(x) \tag{2-56}$$

式中，f_1 和 f_2 是任意函数。代入式(2-55)第三式，得

$$-\frac{\mathrm{d}f_1(y)}{\mathrm{d}y} = \frac{\mathrm{d}f_2(x)}{\mathrm{d}x}$$

这一方程的左边是 y 的函数，只随 y 而变；而右边是 x 的函数，只随 x 而变。因此，只可能两边都等于同一常数 w。于是得

$$\frac{\mathrm{d}f_1(y)}{\mathrm{d}y} = -w, \quad \frac{\mathrm{d}f_2(x)}{\mathrm{d}x} = w$$

积分以后得

$$u = u_0 - wy, \quad v = v_0 + wx \tag{2-57}$$

式中，u_0 和 v_0 为任意常数。将式(2-57)代入式(2-56)，得位移分量

$$u = u_0 - wy, \quad v = v_0 + wx$$

此外的位移，是"形变分量"时的位移，也就是所谓"与形变无关的位移"，因此，必然是刚体位移。实际上，u_0 和 v_0 分别为物体沿 x 轴及 y 轴方向的刚体平移，而 w 为物体绕 z 轴的刚体转动。

既然物体在形变为零时可以有刚体位移，可见，当物体发生一定的形变时，由于约束条件的不同，它可能具有不同的刚体位移，因而它的位移并不是完全确定的。在平面问题中，常数 u_0、v_0、w 的任意性就反映位移的不确定性，为了完全确定位移，必须有三个适当的刚体约束条件来确定这三个常数。

2.3.5 平面问题的物理方程

现在来考虑平面问题的物理学方面，导出形变分量与应力分量之间的关系式，也就是平面问题中的物理方程。

在理想弹性体中，形变分量与应力分量之间的关系极其简单，已在材料力学中根据胡克定律导出如下：

$$\left. \begin{array}{l} \varepsilon_x = \dfrac{1}{E}[\sigma_x - \mu(\sigma_y + \sigma_z)] \\[4pt] \varepsilon_y = \dfrac{1}{E}[\sigma_y - \mu(\sigma_z + \sigma_x)] \\[4pt] \varepsilon_z = \dfrac{1}{E}[\sigma_z - \mu(\sigma_x + \sigma_y)] \\[4pt] \gamma_{yz} = \dfrac{1}{G}\tau_{yz}, \quad \gamma_{zx} = \dfrac{1}{G}\tau_{zx}, \quad \gamma_{xy} = \dfrac{1}{G}\tau_{xy} \end{array} \right\} \tag{2-58}$$

式中，E 是弹性模量或杨氏模量；μ 是泊松比；G 是剪切模量。它们有如下关系：

$$G = \frac{E}{2(1+\mu)} \tag{2-59}$$

这些弹性常数不随应力或形变的大小而变，不随位置坐标而变，也不随方向而变，因为我们假定考虑的物体是完全弹性的、均匀的，而且是各向同性的。

在平面应力问题中，有 $\sigma_z = 0$。将式(2-58)中的前两式删去 σ_z，并将式(2-59)代入式(2-58)的第六式，得

$$\left.\begin{aligned}\varepsilon_x &= \frac{1}{E}(\sigma_x - \mu\sigma_y) \\ \varepsilon_y &= \frac{1}{E}(\sigma_y - \mu\sigma_x) \\ \gamma_{xy} &= \frac{2(1+\mu)}{E}\tau_{xy}\end{aligned}\right\} \tag{2-60}$$

这就是平面应力问题的物理方程。而式(2-58)中的第三式变为

$$\varepsilon_z = -\frac{\mu}{E}(\sigma_x + \sigma_y) \tag{2-61}$$

ε_z 可以直接由 σ_x 和 σ_y 得出，因而不作为独立的未知函数。由 ε_z 可以求得薄板厚度的改变。又由式(2-58)中的第四式及第五式可见，因为在平面应力问题中 $\tau_{zx} = 0$，$\tau_{zy} = 0$，所以 $\gamma_{yz} = \gamma_{zx} = 0$。

在平面应变问题中，因为物体的所有点都不沿 z 方向移动，即 $w=0$，所以 $\varepsilon_z = 0$，于是式(2-58)中的第三式变为

$$\sigma_z = \mu(\sigma_x + \sigma_y) \tag{2-62}$$

σ_z 同样不能看成独立未知函数。将式(2-62)代入式(2-58)的前两式，并结合第三式，得

$$\left.\begin{aligned}\varepsilon_x &= \frac{1-\mu^2}{E}\left(\sigma_x - \frac{\mu}{1-\mu}\sigma_y\right) \\ \varepsilon_y &= \frac{1-\mu^2}{E}\left(\sigma_y - \frac{\mu}{1-\mu}\sigma_x\right) \\ \gamma_{xy} &= \frac{2(1+\mu)}{E}\tau_{xy}\end{aligned}\right\} \tag{2-63}$$

这就是平面应变的物理方程。此外，因为在平面应变问题中 $\tau_{yz} = 0$，$\tau_{zx} = 0$，所以也就有 $\gamma_{yz} = \gamma_{zx} = 0$。

由此可见，这两个平面问题的物理方程是不一样的。假如我们将平面应力问题的物理方程(2-60)中的 E 换为 $\frac{E}{1-\mu^2}$，将 μ 换为 $\frac{\mu}{1-\mu}$，就得到平面应变问题的物理方程(2-63)，其中第三式也不例外，因为

$$\frac{2\left(1+\frac{\mu}{1-\mu}\right)}{\frac{E}{1-\mu^2}} = \frac{2(1+\mu)}{E}$$

若反过来求应力，有

$$\left.\begin{array}{l}\sigma_x = \dfrac{(1-\mu)E}{(1+\mu)(1-2\mu)}\left(\varepsilon_x + \dfrac{\mu}{1-\mu}\varepsilon_y\right) \\ \sigma_y = \dfrac{(1-\mu)E}{(1+\mu)(1-2\mu)}\left(\varepsilon_y + \dfrac{\mu}{1-\mu}\varepsilon_x\right) \\ \tau_{xy} = \dfrac{E}{2(1+\mu)}\gamma_{xy}\end{array}\right\}$$

2.3.6 平面问题的边界条件

边界条件是位移与应力在弹性体边界上应满足的条件，可分为三类：位移边界条件、应力边界条件和混合边界条件。

1. 位移边界条件

在这样的边界点上，要求位移与边界上给定的约束位移相等，即

$$u = \overline{u}, \quad v = \overline{v} \tag{2-64}$$

式中，u 和 v 是位移的边界值，对于完全固定边界 $\overline{u} = \overline{v} = 0$ 有

$$u = 0, \quad v = 0$$

2. 应力边界条件

在边界点上，要求内力与边界上施加的外载荷相平衡。如图 2-31 所示在边界上取一个微元体 PAB，它的斜边 AB 为弹性体的边界，其上作用着外加面力，沿 x 方向和 y 方向的分量分别为 $\overline{p}_x$ 和 $\overline{p}_y$，两个直角边 PA 和 PB 分别平行于 x 轴和 y 轴，由力的平衡条件得

$$\overline{p}_x = l\sigma_x + m\tau_{xy}, \quad \overline{p}_y = m\sigma_y + l\tau_{xy} \tag{2-65}$$

式中，l 和 m 是边界法线的方向余弦。式(2-65)就是平面问题的应力边界条件。

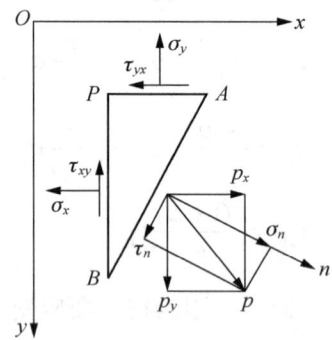

图 2-31 应力边界条件的建立

当边界与坐标轴垂直时，应力边界条件可以简化。若边界垂直于 x 轴，这时 $l=\pm1$，$m=0$，则式(2-65)可简化为

$$(\sigma_x)_s = \overline{p}_x(y), \quad (\tau_{xy})_s = \overline{p}_y(y) \quad （当 l=1 时）$$

$$(\sigma_x)_s = -\overline{p}_x(y), \quad (\tau_{xy})_s = -\overline{p}_y(y) \quad （当 l=-1 时）$$

若边界垂直于 y 轴，这时式(2-55)简化为

$$(\sigma_y)_s = \overline{p}_y(x), \quad (\tau_{xy})_s = \overline{p}_x(x) \quad （当 m=1 时）$$

$$(\sigma_y)_s = -\bar{p}_y(x), \quad (\tau_{xy})_s = -\bar{p}_x(x) \quad (当 m = -1 时)$$

3. 混合边界条件

若物体的一部分边界具有已知位移，因而具有位移边界条件，如式(2-64)所示；另一部分具有已知表面力，因而具有应力边界条件，如式(2-65)所示，称为混合边界条件。

如图 2-32 所示，若边界某点在 x 方向有位移约束 $\bar{u}$，在 y 方向有内力约束 $\bar{p}_y$，则边界上该点的边界条件为

$$\begin{cases} u = \bar{u} \\ m\sigma_y + l\tau_{xy} = \bar{p}_y \end{cases}$$

上述三种边界条件中，不论哪一种，在边界的每一点处我们都应写出两个式子，这是由方程组的阶次决定的。一般来说，对于一个 n 阶方程组，边界上的每一点都应给出 $n/2$ 个边界条件，即边界条件的个数为方程组总阶次的一半。所谓方程组的阶次，是方程组中独立方程阶次的总和。方程的阶次为方程中最高导数的次数。弹性力学平面问题是由 8 个方程构成的方程组。平衡方程两个各一阶，因此为二阶；几何方程三个，为三阶，但三个几何方程有一个相容关系，因此几何方程的总阶数为二阶；物理方程不含导数关系，因此阶次为零。于是弹性力学平面问题基本方程组的总阶次为 2+2+0=4 阶，每个边界点应提 2 个边界条件。

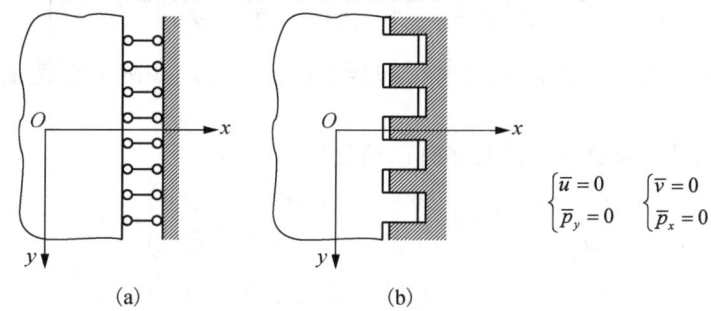

图 2-32 混合边界条件的建立

2.3.7 平面问题的基本解法

前面已经建立了弹性力学平面问题的基本方程和边界条件，即平衡微分方程、几何方程、物理方程，以及边界上的位移边界条件和应力边界条件。求解弹性力学平面问题，即求解 3 个应力分量、3 个形变分量以及 2 个位移分量的未知函数，这些函数在区域内必须满足基本方程，在边界上必须满足边界条件。由于未知函数及应满足的方程数目较多，问题是难以求解的。为此，通常采用类似于代数方程中的消元法进行求解。

按位移求解的方法，又称为位移法。它是以位移分量为基本未知函数，从方程和边界条件中消去应力分量和形变分量，导出只含位移分量的方程和相应的边界条件，并由此解出位移分量，然后再求出形变分量和应力分量。此解法类似于结构力学中的位移法。

按应力求解的方法，又称应力法。它是以应力分量为基本未知函数，从方程和边界条件中消去位移分量和形变分量，导出只含应力分量的方程和边界条件，并由此解出应力分量，然后再求出形变分量和位移分量。此解法类似于结构力学中的力法。

1. 按位移求解平面问题

现在来导出按位移求解平面问题的方程和边界条件。为此，取位移分量 u 和 v 为基本未

知函数。

为了从方程和边界条件中消去形变分量和应力分量,需将它们用基本未知函数——位移分量来表示。首先,几何方程(2-53)就是用位移分量表示形变分量的表达式。其次,对于平面应力问题,从物理方程(2-58)中求出应力分量,并用位移分量表示:

$$\left.\begin{array}{l}\sigma_x = \dfrac{E}{1-\mu^2}\left(\dfrac{\partial u}{\partial x} + \mu\dfrac{\partial v}{\partial y}\right) \\ \sigma_y = \dfrac{E}{1-\mu^2}\left(\dfrac{\partial v}{\partial y} + \mu\dfrac{\partial u}{\partial x}\right) \\ \tau_{xy} = \dfrac{E}{2(1+\mu)}\left(\dfrac{\partial v}{\partial x} + \dfrac{\partial u}{\partial y}\right)\end{array}\right\} \quad (2\text{-}66)$$

下面来导出求解位移分量的方程和边界条件。在区域内还有两个平衡微分方程(2-49),将其中的应力分量用式(2-66)代入,即得

$$\left.\begin{array}{l}\dfrac{E}{1-\mu^2}\left(\dfrac{\partial^2 u}{\partial x^2} + \dfrac{1-\mu}{2}\dfrac{\partial^2 u}{\partial y^2} + \dfrac{1+\mu}{2}\dfrac{\partial^2 v}{\partial x \partial y}\right) + f_x = 0 \\ \dfrac{E}{1-\mu^2}\left(\dfrac{\partial^2 v}{\partial y^2} + \dfrac{1-\mu}{2}\dfrac{\partial^2 v}{\partial x^2} + \dfrac{1+\mu}{2}\dfrac{\partial^2 u}{\partial x \partial y}\right) + f_y = 0\end{array}\right\} \quad (2\text{-}67)$$

这是按位移求解平面应力问题时所用的基本微分方程,实际上它就是用位移表示的平衡微分方程。

另一方面,将式(2-66)代入式(2-65),简化以后,得

$$\left.\begin{array}{l}\dfrac{E}{1-\mu^2}\left(l\left(\dfrac{\partial u}{\partial x} + \mu\dfrac{\partial v}{\partial y}\right) + m\dfrac{1-\mu}{2}\left(\dfrac{\partial u}{\partial y} + \dfrac{\partial v}{\partial x}\right)\right) = \overline{p}_x \\ \dfrac{E}{1-\mu^2}\left(m\left(\dfrac{\partial v}{\partial y} + \mu\dfrac{\partial u}{\partial x}\right) + l\dfrac{1-\mu}{2}\left(\dfrac{\partial v}{\partial x} + \dfrac{\partial u}{\partial y}\right)\right) = \overline{p}_y\end{array}\right\} \quad (2\text{-}68)$$

这是用位移表示的应力边界条件,也就是按位移求解平面应力问题时所用的应力边界条件。位移边界条件仍然如式(2-64)所示。

总结起来,当按位移求解平面应力问题时,要使得位移分量在区域内满足微分方程(2-67),并在边界上满足位移边界条件式(2-64)或应力边界条件式(2-68)。求出位移分量以后,即可用几何方程(2-53)求得形变分量,再用式(2-58)求得应力分量。

平面应变问题与平面应力问题相比,除了物理方程不同,其他的方程与边界条件都相同。只要将上述各方程和边界条件中的 E 换为 $\dfrac{E}{1-\mu^2}$,μ 换成 $\dfrac{\mu}{1-\mu}$,就可以得出平面应变问题按位移求解的方程和边界条件。同样,如果已求得平面应力问题的解答,只需将 E、μ 作同样的转换,就可以得出对应的平面应变问题的解答。

位移法能适应各种边界条件问题的求解。其缺点是,在利用比较复杂的方程(2-67)和边界条件式(2-68)等具体求解位移函数时,往往遇到很大的困难,因此已得出的函数解答很少。但是,位移法仍然是弹性力学的一种基本解法,它在弹性力学的各种近似数值解法中有着广泛的应用。

为了说明位移法的应用,下面举一个简单的例题:如图 2-33(a)所示的杆件,长度为 l,

在 y 方向的上端为固定端，而下端为自由端，受自重力 $f_x=0$，$f_y=\rho g$（ρ 是杆的密度，g 是重力加速度）的作用。试用位移法求解此问题。

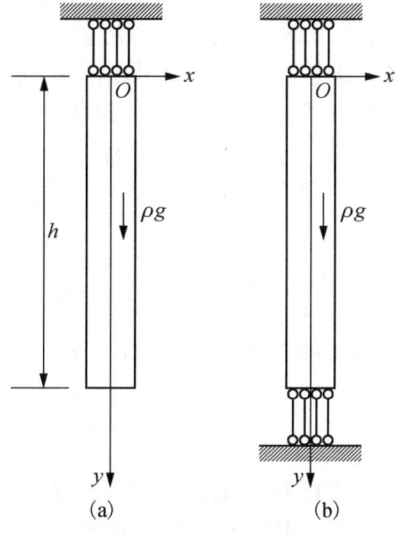

图 2-33 位移法求解例题

为了简化，将问题作为一维问题来处理，即令 $u=0$，$v=v(y)$，泊松比 $\mu=0$。这样式(2-67)的第二式变为

$$\frac{\mathrm{d}^2 v}{\mathrm{d} y^2} = -\frac{\rho g}{E}$$

由此式解出

$$v = -\frac{\rho g}{2E} y^2 + Ay + B \tag{2-69}$$

上下边的边界条件分别要求

$$(v)_{y=0} = 0 \tag{2-70}$$

$$(v)_{y=h} = 0 \tag{2-71}$$

将式(2-69)代入式(2-70)得 $B=0$，将式(2-69)（取 $B=0$）代入式(2-66)的第二式，再代入式(2-71)，即得

$$A = \frac{\rho g}{2E} h$$

由此得出解答

$$v = \frac{\rho g}{2E}(hy - y^2)$$

$$\sigma_y = \frac{E}{1-\mu^2}\left(\frac{\partial v}{\partial y} + \mu \frac{\partial u}{\partial x}\right) = \frac{E}{1-\mu^2} \frac{\rho g}{2E}(h - 2y)$$

对于如图 2-33(b) 所示的问题，读者可以类似地求出其解答。

2. 按应力求解平面问题（相容方程）

按应力求解平面问题时，应力分量 σ_x、σ_y、τ_{xy} 取为基本未知函数。其他未知函数中形变分量可以简单地用应力分量表示，即物理方程(2-60)或式(2-63)。

为了用应力分量表示位移分量，需将物理方程代入几何方程(2-53)，然后通过积分等运算求出位移分量。因此，用应力分量表示位移分量的表达式较为复杂，且其中包含了待定的积分项。从而使位移边界条件式(2-64)用应力分量表示的式子十分复杂，且很难求解。所以在按应力求解函数解答时，通常只求解全部为应力边界条件的问题。

现在同样应用消元法，来导出按应力求解平面问题的方程。平衡微分方程中应力分量有3个，而方程只有两个，还不足以求出应力分量。因此，需要从几何方程和物理方程中消去位移分量和形变分量，导出只含应力分量的补充方程。

由于位移分量只在几何方程中存在，可以先从几何方程中消去位移分量。考察几何方程(2-53)，即

$$\varepsilon_x = \frac{\partial u}{\partial x}, \quad \varepsilon_y = \frac{\partial v}{\partial y}, \quad \gamma_{xy} = \frac{\partial v}{\partial x} + \frac{\partial u}{\partial y}$$

将 ε_x 对 y 的二阶导数和 ε_y 对 x 的二阶导数相加，得

$$\frac{\partial^2 \varepsilon_x}{\partial y^2} + \frac{\partial^2 \varepsilon_y}{\partial x^2} = \frac{\partial^2 \gamma_{xy}}{\partial x \partial y} \tag{2-72}$$

这个关系式称为变形协调方程或相容方程。式(2-72)表示，在连续性假定下，物体的变形是满足几何方程的，并由此可以导出相容方程。也就是说，连续体的形变分量 ε_x、ε_y、γ_{xy} 不是独立的，而是相关的，它们之间必须满足相容方程，否则，由三个几何方程中的任何两个求出的位移分量，将与第三个几何方程不能相容，也就是互相矛盾。不满足相容方程的形变分量，不是物体中实际存在的，也求不出对应的位移分量。

例如，试取显然不满足相容方程(2-72)的形变分量

$$\varepsilon_x = 0, \quad \varepsilon_y = 0, \quad \gamma_{xy} = Cxy \tag{2-73}$$

则由几何方程(2-53)的前两式得

$$\frac{\partial v}{\partial x} = 0, \quad \frac{\partial v}{\partial y} = 0$$

从而得

$$u = f_1(y), \quad v = f_1(x) \tag{2-74}$$

另一方面，将式(2-73)中的第三式代入几何方程(2-53)中的第三式，又得出

$$\frac{\partial v}{\partial x} + \frac{\partial v}{\partial y} = Cxy \tag{2-75}$$

显然，式(2-74)和式(2-75)不能相容，也就是互相矛盾。

现在，利用物理方程将相容方程中的形变分量消去，使相容方程中只包含应力分量(基本未知函数)。

对于平面应力的情况，将物理方程(2-60)代入式(2-72)，得

$$\frac{\partial^2}{\partial y^2}(\sigma_x - \mu\sigma_y) + \frac{\partial^2}{\partial x^2}(\sigma_y - \mu\sigma_x) = 2(1+\mu)\frac{\partial^2 \tau_{xy}}{\partial x \partial y} \tag{2-76}$$

利用平衡微分方程，可以简化式(2-76)，使它只包含正应力而不包含切应力。为此，将平衡微分方程(2-49)写成

$$\frac{\partial \tau_{yx}}{\partial y} = -\frac{\partial \sigma_x}{\partial x} - f_x, \quad \frac{\partial \tau_{xy}}{\partial x} = -\frac{\partial \sigma_y}{\partial y} - f_y$$

将两式分别对 x 和 y 求导，然后相加，并注意 $\tau_{xy}=\tau_{yx}$，得

$$2\frac{\partial^2 \tau_{xy}}{\partial x \partial y} = -\frac{\partial^2 \sigma_x}{\partial x^2} - \frac{\partial^2 \sigma_y}{\partial y^2} - \frac{\partial f_x}{\partial x} - \frac{\partial f_y}{\partial y}$$

代入式(2-76)，简化以后得到用应力表示的相容方程

$$\frac{\partial^2}{\partial y^2}(\sigma_x - \mu\sigma_y) + \frac{\partial^2}{\partial x^2}(\sigma_y - \mu\sigma_x) = 2(1+\mu)\frac{\partial^2 \tau_{xy}}{\partial x \partial y} \tag{2-77}$$

归纳起来，当按应力求解平面问题时，应力分量 σ_x、σ_x 和 τ_{xy} 必须满足下列条件：①在区域内的平衡微分方程(2-49)；②在区域内的相容方程(2-77)；③在边界上的应力边界条件式(2-65)，其中假设只求解全部为应力边界条件的问题。

对于单连体(只有一个连续边界条件的物体)，上述条件就是确定应力的全部条件。对于多连体(具有两个或两个以上的连续边界的物体，如有孔口的物体)，还须满足多连体中的位移单值条件。因为对于多连体的情况，应力分量的表达式中常常有待定的项，需要利用"位移必须为单值"这样的位移单值条件，才能完全确定应力分量。

2.4　平面问题的有限元分析

在2.2节中，我们讨论了线性单元(杆单元、梁单元以及由多条线单元相连构成的桁架和钢架等)，描述这类单元的位置仅需要沿单元长度方向的局部坐标 x 即可(因此称为一维单元或线性单元)。本节重点介绍二维单元，二维单元(平面单元)是在 x-y 平面内由3个或更多节点形成的单元，见图2-34。常用的平面单元包括3节点三角形单元(常应变三角形(CST)单元)、6节点三角形单元(线性应变三角形(LST)单元)、4节点四边形单元(Q4)以及8节点三角形单元(Q8)，见图2-35。

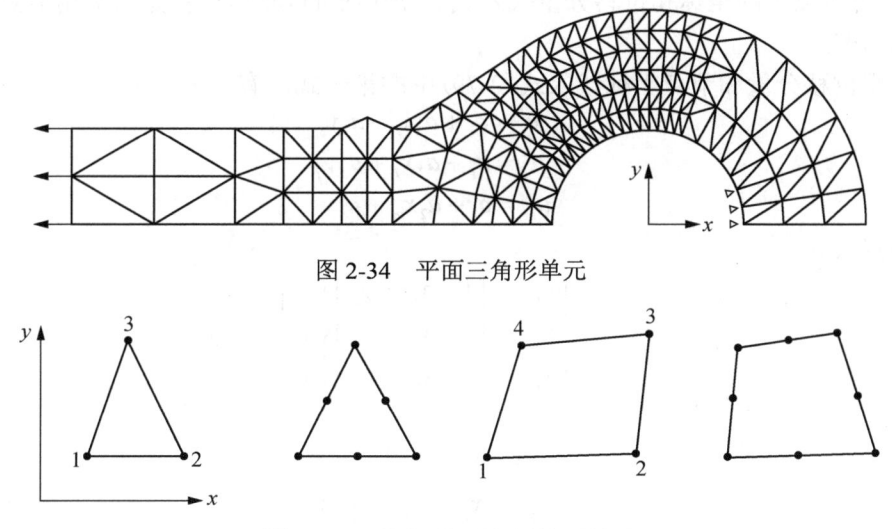

图2-34　平面三角形单元

图2-35　平面三角形与四边形单元

2.4.1　常应变三角形单元(CST)

1. 单元位移函数

根据有限元法的基本思路，将弹性体离散成有限个单元体的组合，以节点的位移作为未

知量。弹性体内实际的位移分布可以用单元内的位移分布函数来分块近似地表示。单元内的位移变化可以假定由一个函数来表示，这个函数称为单元位移函数或单元位移模式。对于弹性力学平面问题，单元位移函数可以用多项式表示：

$$\left.\begin{aligned} u = a_1 + a_2 x + a_3 y + a_4 x^2 + a_5 xy + a_6 y^2 + \cdots \\ v = b_1 + b_2 x + b_3 y + b_4 x^2 + b_5 xy + b_6 y^2 + \cdots \end{aligned}\right\} \tag{2-78}$$

多项式中包含的项数越多，就越接近实际的位移分布，越精确。具体取几项，由单元形式来确定。即以节点位移来确定位移函数中的待定系数。

如图 2-36 所示的 3 节点三角形单元，节点 I、J、M 的坐标分别为 (x_i, y_i)、(x_j, y_j)、(x_m, y_m)，节点位移分别为 u_i、v_i、u_j、v_j、u_m、v_m。六个节点位移只能确定六个多项式的系数，所以 3 节点三角形单元的位移函数如下：

$$\left.\begin{aligned} u = a_1 + a_2 x + a_3 y \\ v = a_4 + a_5 x + a_6 y \end{aligned}\right\} \tag{2-79}$$

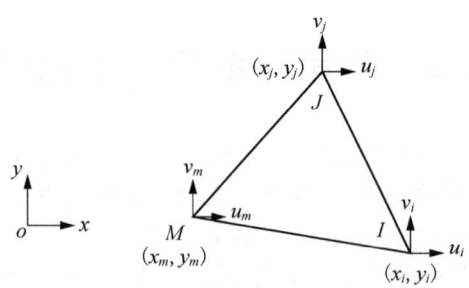

图 2-36　3 节点三角形单元

将 3 个节点上的坐标和位移分量代入式(2-79)就可以将六个待定系数用节点坐标和位移分量表示出来。

将水平位移分量和节点坐标代入式(2-79)中的第一式，有

$$u_i = a_1 + a_2 x_i + a_3 y_i$$
$$u_j = a_1 + a_2 x_j + a_3 y_j$$
$$u_m = a_1 + a_2 x_m + a_3 y_m$$

写成矩阵形式为

$$\begin{Bmatrix} u_i \\ u_j \\ u_m \end{Bmatrix} = \begin{bmatrix} 1 & x_i & y_i \\ 1 & x_j & y_j \\ 1 & x_m & y_m \end{bmatrix} \begin{Bmatrix} a_1 \\ a_2 \\ a_3 \end{Bmatrix} \tag{2-80}$$

令

$$\begin{bmatrix} 1 & x_i & y_i \\ 1 & x_j & y_j \\ 1 & x_m & y_m \end{bmatrix} = [T]$$

则有

$$\begin{Bmatrix} a_1 \\ a_2 \\ a_3 \end{Bmatrix} = [T]^{-1} \begin{Bmatrix} u_i \\ u_j \\ u_m \end{Bmatrix} \tag{2-81}$$

式中，$[T]^{-1} = \dfrac{[T]^*}{|T|}$，$|T| = 2A$，$A$ 为三角形单元的面积。

$[T]$的伴随矩阵为

$$[T]^* = \begin{bmatrix} x_j y_m - x_m y_j & y_j - y_m & x_m - x_j \\ x_m y_i - x_i y_m & y_m - y_i & x_i - x_m \\ x_i y_j - x_j y_i & y_i - y_j & x_j - x_i \end{bmatrix}^{\mathrm{T}} \tag{2-82}$$

令

$$[T]^* = \begin{bmatrix} a_i & b_i & c_i \\ a_j & b_j & c_j \\ a_m & b_m & c_m \end{bmatrix}^{\mathrm{T}} = \begin{bmatrix} a_i & a_j & a_m \\ b_i & b_j & b_m \\ c_i & c_j & c_m \end{bmatrix} \tag{2-83}$$

则

$$\begin{Bmatrix} a_1 \\ a_2 \\ a_3 \end{Bmatrix} = \frac{1}{2A} \begin{bmatrix} a_i & a_j & a_m \\ b_i & b_j & b_m \\ c_i & c_j & c_m \end{bmatrix} \begin{Bmatrix} u_i \\ u_j \\ u_m \end{Bmatrix} \tag{2-84}$$

同样，将垂直位移分量与节点坐标代入式(2-79)中的第二式，可得

$$\begin{Bmatrix} a_4 \\ a_5 \\ a_6 \end{Bmatrix} = \frac{1}{2A} \begin{bmatrix} a_i & a_j & a_m \\ b_i & b_j & b_m \\ c_i & c_j & c_m \end{bmatrix} \begin{Bmatrix} v_i \\ v_j \\ v_m \end{Bmatrix} \tag{2-85}$$

将式(2-84)和式(2-85)代回式(2-79)，整理后可得

$$u = \frac{1}{2A}[(a_i + b_i x + c_i y)u_i + (a_j + b_j x + c_j y)u_j + (a_m + b_m x + c_m y)u_m]$$

$$v = \frac{1}{2A}[(a_i + b_i x + c_i y)v_i + (a_j + b_j x + c_j y)v_j + (a_m + b_m x + c_m y)v_m]$$

令 $N_i = \dfrac{1}{2A}(a_i + b_i x + c_i y)$（下标 i、j、m 轮换），可得

$$\begin{Bmatrix} u \\ v \end{Bmatrix} = \begin{bmatrix} N_i & 0 & N_j & 0 & N_m & 0 \\ 0 & N_i & 0 & N_j & 0 & N_m \end{bmatrix} \begin{Bmatrix} u_i \\ v_i \\ u_j \\ v_j \\ u_m \\ v_m \end{Bmatrix} \tag{2-86}$$

单元内的位移记为

$$\{\varphi\} = \begin{Bmatrix} u \\ v \end{Bmatrix}$$

单元的节点位移记为
$$\{\delta\}^{(e)} = \begin{Bmatrix} \delta_i \\ \delta_j \\ \delta_m \end{Bmatrix} = \begin{Bmatrix} u_i \\ v_i \\ u_j \\ v_j \\ u_m \\ v_m \end{Bmatrix}$$

单元内的位移函数可以简写成
$$\{f\} = [N]\{\delta\}^{(e)} \tag{2-87}$$

式中，$[N]$ 称为形函数矩阵；N_i 称为形函数。

选择单元位移函数应满足以下条件：

(1) 反映单元的刚体位移与常量应变。

(2) 相邻单元在公共边界上的位移连续，即单元之间不能重叠，也不能脱离。

由式(2-79)可以将单元位移表示成以下的形式：

$$u = a_1 + a_2 x - \frac{a_5 - a_3}{2} y + \frac{a_5 + a_3}{2} y$$

$$v = a_4 + a_6 y + \frac{a_5 - a_3}{2} x + \frac{a_5 + a_3}{2} x$$

常数项 a_1 和 a_4 反映了刚体位移和常量应变。

单元位移函数是线性插值函数，因此单元边界上各点的位移可以由两个节点的位移完全确定。两个单元的边界共用两个节点，所以边界上的位移连续。

形函数 N_i 具有以下性质：

(1) 在单元节点上形函数的值为 1 或 0。

(2) 在单元中的任意一点上，三个形函数之和等于 1。

用 $|T|$ 来计算三角形面积时，要注意单元节点的排列顺序，当三个节点 i、j、m 取逆时针顺序时，$A = \frac{1}{2}|T| > 0$；当三个节点 i、j、m 取顺时针顺序时，$A = \frac{1}{2}|T| < 0$。

例题 2-1：如图 2-37 所示的等腰三角形单元，求其形函数矩阵 $[N]$。

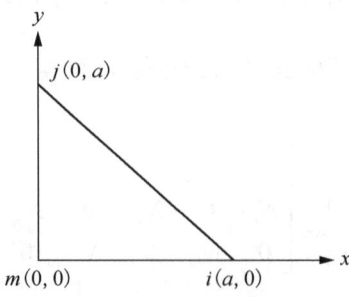

图 2-37 等腰三角形单元

解：由
$$a_i = x_j y_m - x_m y_j$$
$$b_i = y_j - y_m$$
$$c_i = x_m - x_j$$

在公式中轮换下标可以计算得

$a_i = x_j y_m - x_m y_j = 0 \times 0 - 0 \times a = 0$, $b_i = y_j - y_m = a - 0 = a$

$c_i = x_m - x_j = 0 - 0$

$a_j = x_m y_i - x_i y_m = 0 \times 0 - a \times 0 = 0$, $b_j = y_m - y_i = 0 - 0 = 0$

$c_j = x_i - x_m = a - 0 = a$

$a_m = x_i y_j - x_j y_i = a \times a - 0 \times 0 = a^2$, $b_m = y_i - y_j = 0 - a = -a$

$c_m = x_j - x_i = 0 - a = -a$

三角形积为
$$A = \frac{a^2}{2}$$

形函数为
$$N_i = \frac{1}{2A}(a_i + b_i x + c_i y) = \frac{1}{a^2}(0 + ax + 0) = \frac{x}{a}$$
$$N_j = \frac{1}{2A}(a_j + b_j x + c_j y) = \frac{1}{a^2}(0 + 0 + ay) = \frac{y}{a}$$
$$N_m = \frac{1}{2A}(a_m + b_m x + c_m y) = \frac{1}{a^2}(a^2 - ax - ay) = 1 - \frac{x}{a} - \frac{y}{a}$$

形函数矩阵为
$$[N] = \begin{bmatrix} \frac{x}{a} & 0 & \frac{y}{a} & 0 & 1 - \frac{x}{a} - \frac{y}{a} & 0 \\ 0 & \frac{x}{a} & 0 & \frac{y}{a} & 0 & 1 - \frac{x}{a} - \frac{y}{a} \end{bmatrix}$$

三角形面积的计算公式可得
$$A = \frac{1}{2} \begin{vmatrix} 1 & x_i & y_i \\ 1 & x_j & y_j \\ 1 & x_m & y_m \end{vmatrix} = \frac{1}{2} \begin{vmatrix} 1 & a & 0 \\ 1 & 0 & a \\ 1 & 0 & 0 \end{vmatrix} = \frac{1}{2} a^2$$

如果把三个节点按顺时针方向排列,即 $i(a, 0)$,$j(0, 0)$,$m(0, a)$,则
$$A = \frac{1}{2} \begin{vmatrix} 1 & x_i & y_i \\ 1 & x_j & y_j \\ 1 & x_m & y_m \end{vmatrix} = \frac{1}{2} \begin{vmatrix} 1 & a & 0 \\ 1 & 0 & 0 \\ 1 & 0 & a \end{vmatrix} = -\frac{1}{2} a^2$$

2. 等效节点载荷

有限元法的求解对象是单元的组合体,因此作用在弹性体上的外力,需要移置到相应的节点上成为节点载荷。载荷移置要满足静力等效原则。静力等效是指原载荷与节点载荷在任意虚位移上做的虚功相等。

单元的虚位移可以用节点的虚位移 $\{\delta^*\}^{(e)}$ 表示为 $\{f^*\} = [N]\{\delta^*\}^{(e)}$。

令节点载荷为

$$\{R\}^{(e)} = \begin{Bmatrix} X_i \\ Y_i \\ X_j \\ Y_j \\ X_m \\ Y_m \end{Bmatrix}$$

1) 集中力的移置

如图 2-38 所示，单元内任意一点作用的集中力为 $\{P\} = \begin{Bmatrix} P_x \\ P_y \end{Bmatrix}$。

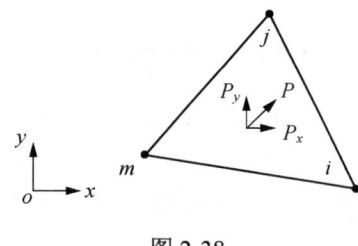

图 2-38

由虚功相等可得

$$\left(\{\delta^*\}^{(e)}\right)^T \{R\}^{(e)} = \left(\{\delta^*\}^{(e)}\right)^T [N]^T \{P\}$$

由于虚位移是任意的，则

$$\{R\}^{(e)} = [N]^T \{P\} \tag{2-88}$$

例题 2-2：在均质、等厚的三角形单元 ijm 的任意一点 $p(x_p, y_p)$ 上作用有集中载荷 $\{P\} = \begin{Bmatrix} P_x \\ P_y \end{Bmatrix}$，则节点载荷为

$$\begin{Bmatrix} X_i \\ Y_i \\ X_j \\ Y_j \\ X_m \\ Y_m \end{Bmatrix} = \begin{bmatrix} N_i & 0 \\ 0 & N_i \\ N_j & 0 \\ 0 & N_j \\ N_m & 0 \\ 0 & N_m \end{bmatrix}_{(x_p, y_p)} \cdot \begin{Bmatrix} P_x \\ P_y \end{Bmatrix}$$

2) 体力的移置

令单元所受的均匀分布体力为 $\{q\} = \begin{Bmatrix} q_x \\ q_y \end{Bmatrix}$。

由虚功相等可得

$$\left(\{\delta^*\}^{(e)}\right)^T \{R\}^{(e)} = \iint \left(\{\delta^*\}^{(e)}\right)^T [N]^T \{q\} t \mathrm{d}x\mathrm{d}y$$

$$\{R\}^{(e)} = \iint [N]^T \{q\} t \mathrm{d}x\mathrm{d}y \tag{2-89}$$

例题 2-3：设有均质、等厚的三角形单元 ijm，受到沿 y 方向的重力载荷 q_y 的作用。求均布体力移置到各节点的载荷。

$$\begin{Bmatrix} X_i \\ Y_i \\ X_j \\ Y_j \\ X_m \\ Y_m \end{Bmatrix} = \iint \begin{bmatrix} N_i & 0 \\ 0 & N_i \\ N_j & 0 \\ 0 & N_j \\ N_m & 0 \\ 0 & N_m \end{bmatrix} \begin{Bmatrix} 0 \\ q_y \end{Bmatrix} t \mathrm{d}x \mathrm{d}y$$

$$X_i = 0, \quad X_j = 0, \quad X_m = 0$$

$$Y_i = \iint N_i q_y t \mathrm{d}x \mathrm{d}y = q_y t \iint N_i \mathrm{d}x \mathrm{d}y$$

$$\iint N_i \mathrm{d}x \mathrm{d}y = \iint \frac{1}{2A}(a_i + b_i x + c_i y) \mathrm{d}x \mathrm{d}y$$

$$= \frac{1}{2A}[a_i A + b_i A x_c + c_i A y_c] = A \frac{1}{2A}(a_i + b_i x_c + c_i y_c) = \frac{1}{3}A$$

$$Y_i = \frac{1}{3} q_y A t$$

同理，
$$Y_j = \frac{1}{3} q_y A t, \quad Y_m = \frac{1}{3} q_y A t$$

3）分布面力的移置

设在单元的边上分布有面力 $\{\overline{P}\} = [\overline{X}, \overline{Y}]^\mathrm{T}$，同样可以得到节点载荷

$$\{R\}^{(e)} = \int_s [N]^\mathrm{T} \{\overline{P}\} t \mathrm{d}s \tag{2-90}$$

例题 2-4：在均质、等厚的三角形单元 ijm 的 ij 边上作用有沿 x 方向按三角形分布的载荷 q_x，求移置后的节点载荷。

$$\begin{Bmatrix} X_i \\ Y_i \\ X_j \\ Y_j \\ X_m \\ Y_m \end{Bmatrix} = \int_s \begin{bmatrix} N_i & 0 \\ 0 & N_i \\ N_j & 0 \\ 0 & N_j \\ N_m & 0 \\ 0 & N_m \end{bmatrix} \begin{Bmatrix} q_x \\ 0 \end{Bmatrix} t \mathrm{d}x \mathrm{d}y$$

取局部坐标 s，在 i 点 $s=0$，在 j 点 $s=1$，L 为 ij 边的长度。在 ij 边上，以局部坐标表示的插值函数为

$$N_i = 1 - \frac{s}{L}, \quad N_j = \frac{s}{L}, \quad N_m = 0$$

载荷为
$$q_x = q \frac{s}{L}$$

$$X_i = \int_0^L \left(1 - \frac{s}{L}\right) q \frac{s}{L} t \mathrm{d}s = qt \left(\frac{s^2}{2L} - \frac{s^3}{3L^2}\right)\bigg|_0^L = \frac{1}{6} qtL$$

$$X_j = \int_0^L \frac{s}{L} q \frac{s}{L} t \mathrm{d}s = qt \frac{s^3}{3L^2}\bigg|_0^L = \frac{1}{3} qtL$$

3. 单元刚度矩阵

根据单元的位移函数

$$\begin{Bmatrix} u \\ v \end{Bmatrix} = \begin{bmatrix} N_i & 0 & N_j & 0 & N_m & 0 \\ 0 & N_i & 0 & N_j & 0 & N_m \end{bmatrix} \begin{Bmatrix} u_i \\ v_i \\ u_j \\ v_j \\ u_m \\ v_m \end{Bmatrix}$$

由几何方程可以得到单元的应变表达式

$$\{\varepsilon\} = \begin{Bmatrix} \dfrac{\partial u}{\partial x} \\ \dfrac{\partial v}{\partial y} \\ \dfrac{\partial u}{\partial y} + \dfrac{\partial v}{\partial x} \end{Bmatrix} = \dfrac{1}{2A} \begin{bmatrix} b_i & 0 & b_j & 0 & b_m & 0 \\ 0 & c_i & 0 & c_j & 0 & c_m \\ c_i & b_i & c_j & b_j & c_m & b_m \end{bmatrix} \begin{Bmatrix} u_i \\ v_i \\ u_j \\ v_j \\ u_m \\ v_m \end{Bmatrix} \tag{2-91}$$

记为 $\{\varepsilon\} = [B]\{\delta\}^{(e)}$，其中 $[B]$ 称为几何矩阵。

$[B]$ 可以表示为分块矩阵的形式 $[B] = \begin{bmatrix} B_i & B_j & B_m \end{bmatrix}$

$$[B_i] = \dfrac{1}{2A} \begin{bmatrix} b_i & 0 \\ 0 & c_i \\ c_i & b_i \end{bmatrix} \tag{2-92}$$

由物理方程，可以得到单元的应力表达式

$$\{\sigma\} = [D]\{\varepsilon\} = [D][B]\{\delta\}^{(e)} \tag{2-93}$$

式中，$[D]$ 称为弹性矩阵，对于平面应力问题，

$$[D] = \dfrac{E}{(1-\mu^2)} \begin{bmatrix} 1 & \mu & 0 \\ \mu & 1 & 0 \\ 0 & 0 & \dfrac{1-\mu}{2} \end{bmatrix}$$

定义 $[S] = [D][B]$ 为应力矩阵。

将应力矩阵分块表示为

$$[S] = \begin{bmatrix} S_i & S_j & S_m \end{bmatrix}$$

$$[S_i] = [D][B_i] = \dfrac{E}{2A(1-\mu^2)} \begin{bmatrix} b_i & \mu c_i \\ \mu b_i & c_i \\ \dfrac{1-\mu}{2} c_i & \dfrac{1-\mu}{2} b_i \end{bmatrix} \tag{2-94}$$

应用虚功原理可以建立单元节点位移与节点力的关系矩阵——单元刚度矩阵。

虚功原理：在外力作用下处于平衡状态的弹性体，如果发生了虚位移，则所有外力在虚位移上做的虚功等于内应力在虚应变上做的虚功。

单元的节点力记为 $\{F\}^{(e)} = \begin{bmatrix} U_i & V_i & U_j & V_j & U_m & V_m \end{bmatrix}^{\mathrm{T}}$

单元的虚应变为 $\{\varepsilon^*\} = [B]\{\delta^*\}^{(e)}$

单元的外力虚功为 $\left(\{\delta^*\}^{(e)}\right)^{\mathrm{T}}\{F\}^{(e)}$

单元的内力虚功为 $\iint\{\varepsilon^*\}^{\mathrm{T}}\{\sigma\}t\mathrm{d}x\mathrm{d}y$

由虚功原理可得

$$\left(\{\delta^*\}^{(e)}\right)^{\mathrm{T}}\{F\}^{(e)} = \iint\{\varepsilon^*\}^{\mathrm{T}}\{\sigma\}t\mathrm{d}x\mathrm{d}y$$

$$\{\varepsilon^*\}^{\mathrm{T}} = \left([B]\{\delta^*\}^{(e)}\right)^{\mathrm{T}} = \left(\{\delta^*\}^{(e)}\right)^{\mathrm{T}}[B]^{\mathrm{T}}$$

$$\{\sigma\} = [S]\{\delta\}^{(e)} = [D][B]\{\delta\}^{(e)}$$

$$\left(\{\delta^*\}^{(e)}\right)^{\mathrm{T}}\{F\}^{(e)} = \left(\{\delta^*\}^{(e)}\right)^{\mathrm{T}}\iint[B]^{\mathrm{T}}[D][B]t\mathrm{d}x\mathrm{d}y\{\delta\}^{(e)}$$

$$\{F\}^{(e)} = \iint[B]^{\mathrm{T}}[D][B]t\mathrm{d}x\mathrm{d}y\{\delta\}^{(e)}$$

定义 $[K]^{(e)} = \iint[B]^{\mathrm{T}}[D][B]t\mathrm{d}x\mathrm{d}y$ 为单元刚度矩阵。

在3节点等厚三角形单元中 $[B]$ 和 $[D]$ 的分量均为常量,则单元刚度矩阵可以表示为

$$[K]^{(e)} = [B]^{\mathrm{T}}[D][B]tA$$

单元刚度矩阵表示为分块矩阵

$$[K]^{(e)} = \begin{bmatrix} [K_{ii}] & [K_{ij}] & [K_{im}] \\ [K_{ji}] & [K_{jj}] & [K_{jm}] \\ [K_{mi}] & [K_{mj}] & [K_{mm}] \end{bmatrix}$$

$$[K_{rs}] = [B_r]^{\mathrm{T}}[D][B_s] \tag{2-95}$$

$$[K_{rs}] = \begin{bmatrix} K_{rx,sx} & K_{rx,sy} \\ K_{ry,sx} & K_{ry,sy} \end{bmatrix} \tag{2-96}$$

1)单元刚度矩阵的物理意义

假设单元的节点位移为 $\{\delta\}^{(e)} = [1\ 0\ 0\ 0\ 0\ 0]^{\mathrm{T}}$,由 $\{F\}^{(e)} = [K]^{(e)}\{\delta\}^{(e)}$,得到节点力如下:

$$\begin{Bmatrix} U_i \\ V_i \\ U_j \\ V_j \\ U_m \\ V_m \end{Bmatrix} = \begin{Bmatrix} K_{ix,ix} \\ K_{iy,ix} \\ K_{jx,ix} \\ K_{jy,ix} \\ K_{mx,ix} \\ K_{my,ix} \end{Bmatrix} \tag{2-97}$$

式中,$K_{ix,ix}$ 表示 i 节点在水平方向产生单位位移时,在节点 i 的水平方向上需要施加的节点力;$K_{iy,ix}$ 表示 i 节点在水平方向产生单位位移时,在节点 i 的垂直方向上需要施加的节点力。

选择不同的单元节点位移,可以得到单元刚度矩阵中每个元素的物理含义:

$K_{rx,sx}$ 表示 s 节点在水平方向产生单位位移时,在节点 r 的水平方向上需要施加的节点力;

$K_{ry,sx}$ 表示 s 节点在水平方向产生单位位移时,在节点 r 的垂直方向上需要施加的节点力;

$K_{rx,sy}$ 表示 s 节点在垂直方向产生单位位移时，在节点 r 的水平方向上需要施加的节点力；

$K_{ry,sy}$ 表示 s 节点在垂直方向产生单位位移时，在节点 r 的垂直方向上需要施加的节点力。

因此单元刚度矩阵中每个元素都可以理解为刚度系数，即在节点产生单位位移时需要施加的力。

2) 单元刚度矩阵的性质

(1) 对称性。

利用分块矩阵的性质进行证明如下：

$$[K_{rs}] = [B_r]^T[D][B_s]$$

$$[K_{sr}] = [B_s]^T[D][B_r]$$

$$[K_{sr}]^T = ([B_s]^T[D][B_r])^T = [B_r]^T[D]^T[B_s] = [B_r]^T[D][B_s] = [K_{rs}]$$

即

$$[K]^{(e)} = ([K]^{(e)})^T$$

(2) 奇异性。

即单元刚度矩阵的行列式为零，$|K|^{(e)} = 0$。

假定单元产生了 x 方向的刚体移动，$\{\delta\}^{(e)} = [1\ 0\ 1\ 0\ 1\ 0]^T$，此时对应的单元节点力为零。

$$\begin{Bmatrix}0\\0\\0\\0\\0\\0\end{Bmatrix} = [K]^{(e)} \begin{Bmatrix}1\\0\\1\\0\\1\\0\end{Bmatrix}$$

可以得到，在单元刚度矩阵中 1、3、5 列中对应行的系数相加为零，由行列式的性质可知，$|K|^{(e)} = 0$。

同样，如果假定单元产生了 y 方向上的刚体位移 $\{\delta\}^{(e)} = [0\ 1\ 0\ 1\ 0\ 1]^T$，可以得到，在单元刚度矩阵中 2、4、6 列中对应行的系数相加为零。

4. 整体分析

得到了单元刚度矩阵后，要将单元组成一个整体结构，并根据节点载荷平衡的原则进行分析，即整体分析。

整体分析包括以下 4 个步骤：

(1) 建立整体刚度矩阵；

(2) 根据支承条件修改整体刚度矩阵；

(3) 解方程组，求出节点的位移；

(4) 根据节点位移，求出单元的应变和应力。

在这里把节点位移作为基本未知量求解。

得到整体刚度矩阵的基本方法是刚度集成法，即整体刚度矩阵是单元刚度矩阵的集成。图 2-39 所示为一个划分成 6 个节点、4 个单元的结构，得到每个单元的单元刚度矩阵后，再集成为整体刚度矩阵。

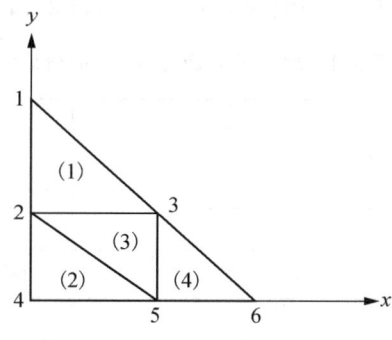

图 2-39 结构划分

1) 刚度集成法的物理意义

由单元刚度矩阵的物理意义可知,单元刚度矩阵的系数是由单元节点产生单位位移时引起的单元节点力。

在如图 2-39 所示的结构中,使节点 3 产生单位位移时,在单元(1)中的节点 2 上引起节点力。由于节点 2、节点 3 同时属于单元(1)、单元(3),在单元(3)中的节点 3 上同样也引起节点力。因此,在整体结构中当节点 3 产生位移时,节点 2 上的节点力应该是单元(1)、单元(3)在节点 2 上的节点力的叠加。

刚体集成法即结构中的节点力是相关单元节点力的叠加,整体刚度矩阵的系数是相关单元的单元刚度矩阵系数的集成。节点 3 在整体刚度矩阵的对应系数,应该是单元(1)、单元(3)、单元(4)中对应系数的集成。

2) 刚度矩阵集成的规则

将单元刚度矩阵中的每个分块放到在整体刚度矩阵中的对应位置上,得到单元的扩大刚度矩阵。

单元刚度矩阵系数取决于单元节点的局部编号顺序,必须知道单元节点的局部编号与该节点在整体结构中的总体编号之间的关系,才能得到单元刚度矩阵中的每个分块在整体刚度矩阵中的位置。将单元刚度矩阵中的每个分块按总体编码顺序重新排列后,可以得到单元的扩大矩阵。

假定单元节点的局部编号与总体编号对应关系如表 2-3 所示。

表 2-3 局部编号与总体编号对应表

单元编号	单元节点局部编号	单元节点总体编号
1	i	3
1	j	1
1	m	2
2	i	5
2	j	2
2	m	4
3	i	5
3	j	3
3	m	2
4	i	3
4	j	5
4	m	6

单元(2)的单元扩大矩阵$[K]^{(2)}$的分块矩阵形式如表2-4所示，只列出非零的分块。

表2-4 单元扩大矩阵$[K]^{(2)}$的分块矩阵

局部编号	总体编号	j_1	m_1	i_1			
		1	2	3	4	5	6
j_1	1						
m_1	2	$[K_{jj}]^{(2)}$			$[K_{jm}]^{(2)}$	$[K_{ji}]^{(2)}$	
i_1	3						
	4	$[K_{mj}]^{(2)}$			$[K_{mm}]^{(2)}$	$[K_{mi}]^{(2)}$	
	5	$[K_{ij}]^{(2)}$			$[K_{im}]^{(2)}$	$[K_{ii}]^{(2)}$	
	6						

将全部单元的扩大矩阵相加得到整体刚度矩阵：

$$[K]=[K]^{(1)}+[K]^{(2)}+[K]^{(3)}+[K]^{(4)}$$

整体刚度矩阵如表2-5所示。

表2-5 整体刚度矩阵

总体编号	1	2	3	4	5	6
1	$[K_{jj}]^{(1)}$	$[K_{jm}]^{(1)}$	$[K_{ji}]^{(1)}$			
2	$[K_{mj}]^{(1)}$	$[K_{mm}]^{(1)}$ $+[K_{jj}]^{(2)}$ $+[K_{mm}]^{(3)}$	$[K_{mi}]^{(1)}$ $+[K_{mj}]^{(3)}$	$[K_{jm}]^{(2)}$	$[K_{ji}]^{(2)}$ $+[K_{mi}]^{(3)}$	
3	$[K_{ij}]^{(1)}$	$[K_{im}]^{(1)}$ $[K_{jm}]^{(3)}$	$[K_{ii}]^{(1)}$ $+[K_{jj}]^{(3)}$ $+[K_{ii}]^{(4)}$		$[K_{ji}]^{(3)}$ $+[K_{ij}]^{(4)}$	$[K_{im}]^{(4)}$
4		$[K_{mj}]^{(2)}$		$[K_{mm}]^{(2)}$	$[K_{mi}]^{(2)}$	
5		$[K_{ij}]^{(2)}$ $+[K_{im}]^{(3)}$	$[K_{ij}]^{(3)}$ $+[K_{ji}]^{(4)}$	$[K_{im}]^{(2)}$	$[K_{ii}]^{(2)}$ $+[K_{ii}]^{(3)}$ $+[K_{jj}]^{(4)}$	$[K_{jm}]^{(4)}$
6			$[K_{mi}]^{(4)}$		$[K_{mj}]^{(4)}$	$[K_{mm}]^{(4)}$

5. 约束条件的处理

如图2-40所示的结构显示了约束和载荷情况，节点1、节点4上有水平方向的位移约束，节点4、节点6上有垂直方向的约束，节点3上作用有集中力(P_x, P_y)。

整体刚度矩阵$[K]$求出后，结构上的节点力可以表示为

$$\{F\}=[K]\{\delta\}$$

根据力的平衡，节点上的节点力与节点载荷或约束反力平衡。用$\{P\}$表示节点载荷和支杆反力，可以得到节点的平衡方程：

$$[K]\{\delta\}=\{P\} \tag{2-98}$$

这样构成的节点平衡方程组，在右边向量$\{P\}$中存在未知量，因此在求解平衡方程之前，要根据节点的位移约束情况修改方程(2-98)。先考虑节点n有水平方向位移约束，与n节点

水平方向对应的平衡方程为

$$K_{2n-1,1}u_1 + K_{2n-1,2}v_1 + \cdots + K_{2n-1,2n-1}u_n + K_{2n-1,2n}v_n + \cdots = P_{2n-1} \quad (2\text{-}99)$$

根据支承情况，方程(2-99)应该换成下面的方程：

$$u_n = 0 \quad (2\text{-}100)$$

对比式(2-99)和式(2-100)，在式(2-98)中应该做如下修正：

在$[K]$矩阵中，第$2n-1$行的对角线元素$K_{2n-1,2n-1}$改为1，该行中全部非对角线元素改为0；在$\{P\}$中，第$2n-1$个元素改为0。为了保持$[K]$矩阵的对称性，将第$2n-1$列的全部非对角元素也改为0。

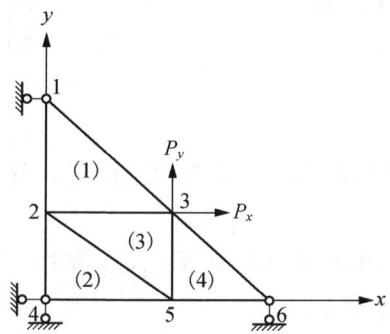

图 2-40　结构划分及边界

同理，如果节点n在垂直方向有位移约束，则式(2-99)中的第$2n$个方程修改为$v_n = 0$。

在$[K]$矩阵中，第$2n$行的对角线元素改为1，该行中全部非对角线元素改为0；在$\{P\}$中，第$2n$个元素改为0。为了保持$[K]$矩阵的对称性，将第$2n$列的全部非对角元素也改为0。

$$\begin{bmatrix} & & & & & & 0 & 0 & & & & \\ & & & & & & 0 & 0 & & & & \\ & & & & & & 0 & 0 & & & & \\ & & & & & & 0 & 0 & & & & \\ & & & & & & 0 & 0 & & & & \\ & & & & & & 0 & 0 & & & & \\ 0 & 0 & 0 & 0 & 0 & 0 & 1 & 0 & 0 & 0 & 0 & 0 \\ 0 & 0 & 0 & 0 & 0 & 0 & 0 & 1 & 0 & 0 & 0 & 0 \\ & & & & & & 0 & 0 & & & & \\ & & & & & & 0 & 0 & & & & \\ & & & & & & 0 & 0 & & & & \\ & & & & & & 0 & 0 & & & & \end{bmatrix} \begin{Bmatrix} u_1 \\ v_1 \\ u_2 \\ v_2 \\ \\ \\ u_n \\ v_n \\ \\ \\ \\ \end{Bmatrix} = \begin{Bmatrix} P_1 \\ P_2 \\ P_3 \\ P_4 \\ \\ \\ P_{2n-1} \\ P_{2n} \\ \\ \\ \\ \end{Bmatrix} \quad (2\text{-}101)$$

对图2-40所示结构的整体刚度在修改后可以得到以下的形式：

$$\begin{bmatrix} 1 & 0 & 0 & 0 & 0 & 0 & 0 & 0 & 0 & 0 & 0 & 0 \\ & * & * & * & * & 0 & 0 & * & * & * & 0 \\ & & * & * & * & 0 & 0 & * & * & * & 0 \\ & & & * & * & 0 & 0 & * & * & * & 0 \\ & & & & * & 0 & 0 & * & * & * & 0 \\ & & & & & * & 0 & 0 & * & * & * & 0 \\ & & & & & & 1 & 0 & 0 & 0 & 0 & 0 \\ & & & & & & & 1 & 0 & 0 & 0 & 0 \\ & \text{对} & & \text{称} & & & & & * & * & * & 0 \\ & & & & & & & & & * & * & 0 \\ & & & & & & & & & & * & 0 \\ & & & & & & & & & & & 1 \end{bmatrix} \cdot \frac{Et}{2} \qquad (2\text{-}102)$$

如果节点 n 处存在一个已知非零的水平方向位移 u_n^*，这时的约束条件为

$$u_n = u_n^* \qquad (2\text{-}103)$$

在 $[K]$ 矩阵中，第 $2n-1$ 行的对角线元素 $K_{2n-1,2n-1}$ 乘上一个大数 A，向量 $\{P\}$ 中的对应换成 $AK_{2n-1,2n-1}u_n^*$，其余的系数保持不变。

方程改为

$$K_{2n-1,1}u_1 + K_{2n-1,2}v_1 + \cdots + AK_{2n-1,2n-1}u_n + K_{2n-1,2n}v_n + \cdots = AK_{2n-1,2n-1}u_n^* \qquad (2\text{-}104)$$

A 的取值要足够大，如取 10^{10}。只有这样，方程(2-104)才能与方程(2-102)等价。

如果节点 n 处存在一个已知非零的垂直方向位移 v_n^*，这时的约束条件为 $v_n = v_n^*$。

也可以采用同样的方法修改整体刚度矩阵。

2.4.2 线性应变三角形单元(LST)

三角形单元天然具有很好的几何适应性，如果增加三角形位移模式多项式的阶数，就能成为实用的单元。考虑如图 2-41 所示的 6 节点三角形单元，单元每边中点设一个节点，则单元有 12 个自由度，单元的位移函数是二次的，而不是 CST 单元中的线性函数。

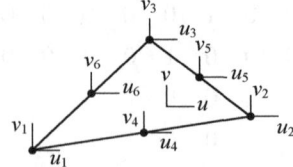

图 2-41 显示自由度的基本 6 节点三角形单元

每个单元中选择一个二次位移函数，具体为

$$\begin{aligned} u(x,y) &= a_1 + a_2 x + a_3 y + a_4 xy + a_5 x^2 + a_6 y^2 \\ v(x,y) &= a_7 + a_8 x + a_9 y + a_{10} xy + a_{11} x^2 + a_{12} y^2 \end{aligned} \qquad (2\text{-}105)$$

系数 $a_i(12)$ 的数目等于单元的总自由度数。因为在每条边上有三个节点，在这条边上，三个点定义一条抛物线，所以在相邻单元中满足位移协调。由于相邻单元在公共节点是相连接的，在边界上的位移协调也满足。

通常，在考虑三角形单元时，为了描述单元中的位移场，可以采用直角坐标系中的完整多项式。对于高阶的三次和四次单元必须采用内节点，在位移场或等效的形函数中需要采用截锥三角形的所有项(表 2-6)。在 2.4.1 节中所考虑的 CST 单元采用了完整的线性函数，本节的 LST 单元则采用完整的二次函数。对于二次应变三角形单元，需要第 10 个节点作为内节点，采用完整的三次函数。

表 2-6 平面三角形单元的类型与 Pascal 三角形中多项式系数间的关系

Pascal 三角形中的项	函数类型	项数	三角形
1	0(常数)	1	
$x\ y$	1(线性)	3	CST
$x^2\ xy\ y^2$	2(二次)	6	LST
$x^3\ x^2y\ xy^2\ y^3$	3(三次)	10	QST

以矩阵形式表示一般位移函数方程(2-105)得

$$\{\psi\} = \begin{Bmatrix} u \\ v \end{Bmatrix} = \begin{bmatrix} 1 & x & y & x^2 & xy & y^2 & 0 & 0 & 0 & 0 & 0 & 0 \\ 0 & 0 & 0 & 0 & 0 & 0 & 1 & x & y & x^2 & xy & y^2 \end{bmatrix} \begin{Bmatrix} a_1 \\ a_2 \\ \vdots \\ a_{12} \end{Bmatrix} \quad (2\text{-}106)$$

方程(2-106)也可以表示为另一种形式：

$$\{\psi\} = [M^*]\{a\} \quad (2\text{-}107)$$

式中，$[M^*]$ 定义为方程(2-106)右边的第一个矩阵。将坐标代入 u 和 v 中就可以得到系数 $a_1 \sim a_{12}$：

$$\begin{Bmatrix} u_1 \\ u_2 \\ \vdots \\ u_6 \\ v_1 \\ \vdots \\ v_5 \\ v_6 \end{Bmatrix} = \begin{bmatrix} 1 & x_1 & y_1 & x_1^2 & x_1y_1 & y_1^2 & 0 & 0 & 0 & 0 & 0 & 0 \\ 1 & x_2 & y_2 & x_2^2 & x_2y_2 & y_2^2 & 0 & 0 & 0 & 0 & 0 & 0 \\ & & & & \vdots & & & & & & & \\ 1 & x_6 & y_6 & x_6^2 & x_6y_6 & y_6^2 & 0 & 0 & 0 & 0 & 0 & 0 \\ 0 & 0 & 0 & 0 & 0 & 0 & 1 & x_1 & y_1 & x_1^2 & x_1y_1 & y_1^2 \\ & & & & \vdots & & & & & & & \\ 0 & 0 & 0 & 0 & 0 & 0 & 1 & x_5 & y_5 & x_5^2 & x_5y_5 & y_5^2 \\ 0 & 0 & 0 & 0 & 0 & 0 & 1 & x_6 & y_6 & x_6^2 & x_6y_6 & y_6^2 \end{bmatrix} \begin{Bmatrix} a_1 \\ a_2 \\ \vdots \\ a_6 \\ a_7 \\ \vdots \\ a_{11} \\ a_{12} \end{Bmatrix} \quad (2\text{-}108)$$

对于 a_i，进行求解后可以得到

$$\begin{Bmatrix} a_1 \\ \vdots \\ a_6 \\ a_7 \\ \vdots \\ a_{12} \end{Bmatrix} = \begin{Bmatrix} 1 & x_1 & y_1 & x_1^2 & x_1y_1 & y_1^2 & 0 & 0 & 0 & 0 & 0 & 0 \\ & & & & & \vdots & & & & & & \\ 1 & x_6 & y_6 & x_6^2 & x_6y_6 & y_6^2 & 0 & 0 & 0 & 0 & 0 & 0 \\ 0 & 0 & 0 & 0 & 0 & 0 & 1 & x_1 & y_1 & x_1^2 & x_1y_1 & y_1^2 \\ & & & & & & & & \vdots & & & \\ 0 & 0 & 0 & 0 & 0 & 0 & 1 & x_6 & y_6 & x_6^2 & x_6y_6 & y_6^2 \end{Bmatrix}^{-1} \begin{Bmatrix} u_1 \\ \vdots \\ u_6 \\ v_1 \\ \vdots \\ v_6 \end{Bmatrix} \quad (2\text{-}109)$$

也可以把方程(2-109)表达为另一种形式：

$$\{a\} = [X]^{-1}\{d\} \quad (2\text{-}110)$$

式中，$[X]$ 是方程(2-109)右边的 12×12 矩阵。最好用数字计算机求 $[X]$ 的逆矩阵。然后把用节点位移表示的 a_i 代入方程(2-107)。注意，实际上方程(2-109)中只有 $[X]$ 的 6×6 部分必须求逆。最后，将方程(2-110)代入方程(2-107)，就能够得到用形函数和节点自由度表示的一般的位移表达式

$$\{\psi\} = [N]\{d\} \quad (2\text{-}111)$$

式中

$$[N] = [M^*][X]^{-1} \quad (2\text{-}112)$$

1. 应变/位移和应力/应变关系

单元应变由式(2-113)给出：

$$\{\varepsilon\} = \begin{Bmatrix} \varepsilon_x \\ \varepsilon_y \\ \gamma_{xy} \end{Bmatrix} = \begin{Bmatrix} \dfrac{\partial u}{\partial x} \\ \dfrac{\partial v}{\partial y} \\ \dfrac{\partial v}{\partial x} + \dfrac{\partial u}{\partial y} \end{Bmatrix} \quad (2\text{-}113)$$

将 u 和 v 的方程(2-106)代入方程(2-113)后，可以得到

$$\{\varepsilon\} = \begin{bmatrix} 0 & 1 & 0 & 2x & y & 0 & 0 & 0 & 0 & 0 & 0 & 0 \\ 0 & 0 & 0 & 0 & 0 & 0 & 0 & 0 & 1 & 0 & x & 2y \\ 0 & 0 & 1 & 0 & x & 2y & 0 & 1 & 0 & 2x & y & 0 \end{bmatrix} \begin{Bmatrix} a_1 \\ a_2 \\ \vdots \\ a_{12} \end{Bmatrix} \quad (2\text{-}114)$$

可以看出，方程(2-114)显示单元中的线性应变方式。因此，这个单元称为线应变三角形(LST)单元。方程(2-114)可改写为

$$\{\varepsilon\} = [M']\{a\} \quad (2\text{-}115)$$

式中，$[M']$ 是方程(2-114)右边的第一个矩阵。把 a_i 的方程(2-106)代入方程(2-115)可以得到用节点位移表示的应变

$$\{\varepsilon\} = [B]\{d\} \quad (2\text{-}116)$$

式中，$[B]$ 是变量 x 和 y 的函数，并用坐标 (x_1, y_1) 至 (x_6, y_6) 通过式(2-117)给出

$$[B] = [M'][X]^{-1} \quad (2\text{-}117)$$

式中，方程(2-110)已用于表示方程(2-117)。注意，$[B]$ 现在是 3×12 阶的矩阵。

应力由式(2-118)给出：

$$\begin{Bmatrix} \sigma_x \\ \sigma_y \\ \tau_{xy} \end{Bmatrix} = [D] \begin{Bmatrix} \varepsilon_x \\ \varepsilon_y \\ \gamma_{xy} \end{Bmatrix} = [D][B]\{d\} \tag{2-118}$$

对于平面应力，$[D]$ 由方程(2-111)给出，对于平面应变，$[D]$ 则由方程(2-113)给出。现在这些应力是 x 和 y 坐标的线性函数。

2. 单元刚度矩阵

在前面推导了常应变三角形单元刚度矩阵，这里用相似的方法来确定刚度矩阵：

$$[k] = \iiint_V [B]^T [D][B] \mathrm{d}V \tag{2-119}$$

但是，矩阵 $[B]$ 现在是由方程(2-117)给出的 x 和 y 的函数。因此，在方程(2-119)中必须进行积分。最后，矩阵 $[B]$ 为下列形式：

$$[B] = \frac{1}{2A} \begin{bmatrix} \beta_1 & 0 & \beta_2 & 0 & \beta_3 & 0 & \beta_4 & 0 & \beta_5 & 0 & \beta_6 & 0 \\ 0 & \gamma_1 & 0 & \gamma_2 & 0 & \gamma_3 & 0 & \gamma_4 & 0 & \gamma_5 & 0 & \gamma_6 \\ \gamma_1 & \beta_1 & \gamma_2 & \beta_2 & \gamma_3 & \beta_3 & \gamma_4 & \beta_4 & \gamma_5 & \beta_5 & \gamma_6 & \beta_6 \end{bmatrix} \tag{2-120}$$

式中，$\beta_1, \beta_2, \cdots, \beta_6$ 以及 $\gamma_1, \gamma_2, \cdots, \gamma_6$ 是 x 和 y 及节点坐标的函数。在方程中进行矩阵相乘以后，刚度矩阵式 12×12 阶的矩阵。要得到显示的形式，刚度矩阵方程是非常复杂的，所以这里不再给出刚度矩阵的显示形式。

通常，因为在单元的 6 个节点的每个节点上有 x 和 y 分量的力，所以单元力矩阵是 12×1 阶的矩阵。单元方程则由式(2-121)给出：

$$\begin{Bmatrix} f_{1x} \\ f_{1y} \\ \vdots \\ f_{6y} \end{Bmatrix} = \begin{bmatrix} k_{11} & \cdots & k_{1,12} \\ k_{21} & \cdots & k_{2,12} \\ \vdots & & \vdots \\ k_{12,1} & \cdots & k_{12,12} \end{bmatrix} \begin{Bmatrix} u_1 \\ v_1 \\ \vdots \\ v_6 \end{Bmatrix} \tag{2-121}$$

$(12 \times 1) \quad (12 \times 12) \quad (12 \times 1)$

3. 单元的比较

对于给定的节点数，用 LST 单元所得的应力和位移，一般要好于用相同的节点数、但用更细分的简单 CST 单元所得的结果。例如，用一个 LST 单元得到的结果要好于用相同节点数的四个 CST 单元的结果(图 2-42)，而两者有相同的自由度。

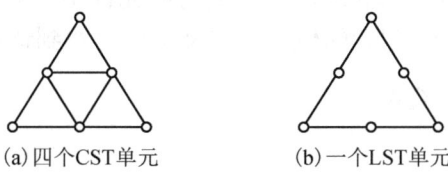

(a) 四个CST单元　　　(b) 一个LST单元

图 2-42　基本三角形单元

现在通过实例比较 CST 单元与 LST 单元的计算精度。考虑如图 2-43 所示受抛物线变化荷载的悬臂梁。设 $E = 2.1 \times 10^5$ MPa，$v = 0.25$，$t = 25$mm。

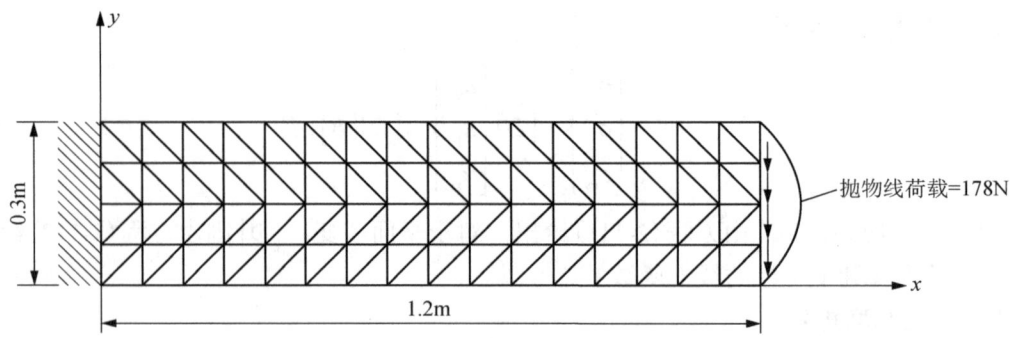

图 2-43 用于比较 CST 和 LST 单元并有 8×16 网格的悬臂梁

表 2-7 列出了用于比较 CST 和 LST 应用结果的系列检验类型。表 2-8 显示了对用于模拟悬臂梁的每一种单元形式所得的自由端挠度和应力的比较。从表 2-8 中可以看出，对于给定的三角形单元类别，自由度数越大，解越接近收敛于精确解。对于给定的节点数，LST 分析得到的结果要好于 CST 分析得到的结果。虽然 CST 在模拟梁弯曲时，分析结果不太好，从表 2-8 中可以看出，假使沿梁的厚度采用足够数目的单元，那么这种单元也能用来模拟梁的弯曲。假使采用足够数量的单元，LST 和 CST 单元对于大部分平面应力/应变问题的分析，一般都能得到足够好的结果。事实上，大部分商用程序都可应用 CST 和 LST 单元解决平面应力/应变问题，虽然这些单元主要用于过渡单元。在商用程序中，最常应用的是四边形等参数平面应力/应变单元。

表 2-7 用于对如图 2-43 所示的悬臂梁比较 CST 和 LST 结果的模型

测试类型序列	节点数	自由度数	三角形单元数
A−1 4×16 mesh	85	160	128 CST
A−2 8×32	297	576	512 CST
B−1 2×8	85	160	32 LST
B−2 4×16	297	576	128 LST

表 2-8 对如图 2-43 所示的悬臂梁 CST 和 LST 结果的比较

类型	n_d	带宽 n_b	端点挠度/mm
A−1	160	14	−75.070
A−2	576	22	−85.979
B−1	160	18	−85.014
B−2	576	22	−89.304
精确解			−91.778

在采用有限元方法的位移模式时，所得的有限元模型一般要比实际结构刚度大，所以有限元的位移总是小于(或等于)精确的位移。在文献中可找到该论断的说明。

2.4.3 节点四边形单元(Q4)

1. 单元位移函数

虽然三角形单元具有很好的"适应性"，几乎任何复杂边界的弹性体总可以划分为三角形，并且三角形单元计算公式简单，但其精度较低。

三角形单元间虽然能够保证位移连续，但应力的精度较差，不能够很好地反映弹性体内应力的准确分布规律。为了提高计算精度，准确反映弹性体内的应力状态，可以采用一些较精密的单元类型。

本节将介绍常用的矩形单元，它采用比常应变三角形单元次数更高的位移模式，因而可以更好地反映弹性体中的位移状态和应力状态。另外，对一些边界比较规则且呈直线的平面结构的分析，采用矩形单元较合适。这时单元总数可以减少，相应的原始数据准备工作和单元特征计算工作均可节省。

如图 2-44 所示的矩形单元，不失一般性，令矩形单元的长、宽分别为 $2a$、$2b$。矩形单元有 4 个节点，共 8 个自由度，即共有 8 个节点位移，采用类似三角形单元的分析方法，同样可以完成对矩形单元的力学特性分析。

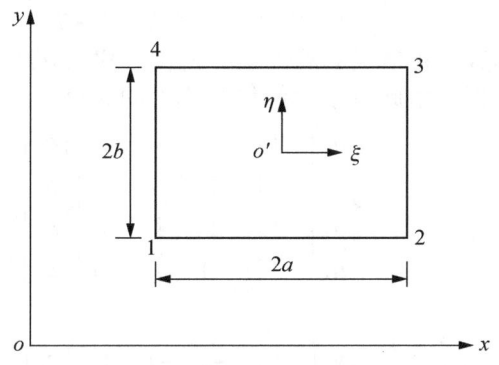

图 2-44 矩形单元

这里引入一个局部坐标系 ξ、η，这样可以推出比较简洁的结果。如图 2-45 所示，取矩形单元的形心 o 为局部坐标系的原点，ξ 和 η 轴分别与整体坐标轴 x 和 y 平行。两坐标系存在以下的坐标变换关系

$$x = x_{o'} + a\xi \tag{2-122}$$
$$y = y_{o'} + b\eta \tag{2-123}$$

式中，$(x_{o'}, y_{o'})$ 为矩形形心处坐标。

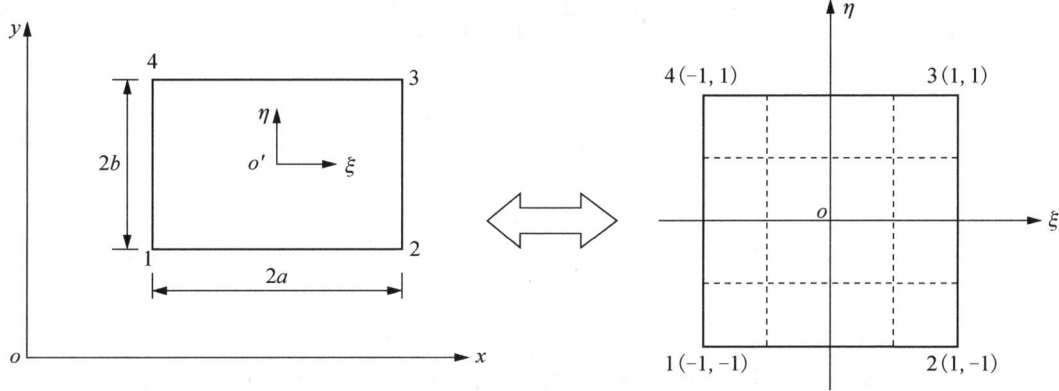

图 2-45 局部坐标系

矩形形心处坐标以及矩形长、宽可由式(2-124)计算：

$$\left.\begin{array}{l} x_{o'} = (x_1+x_2)/2 = (x_3+x_4)/2 \\ y_{o'} = (y_2+y_3)/2 = (y_1+y_4)/2 \\ a = (x_2-x_1)/2 = (x_3-x_4)/2 \\ b = (y_3-y_2)/2 = (y_4-y_1)/2 \end{array}\right\} \quad (2\text{-}124)$$

在局部坐标系中，节点 i 的坐标是 (ξ_i, η_i)，其值分别为 ± 1。如节点 1 在局部坐标系下的坐标为 $(-1, -1)$。

由于矩阵有 4 个节点，共 8 个自由度，可以选择有 8 个待定参数的位移模式如下：

$$\left.\begin{array}{l} u = a_1 + a_2\xi + a_3\eta + a_4\xi\eta \\ v = a_5 + a_6\xi + a_7\eta + a_8\xi\eta \end{array}\right\} \quad (2\text{-}125)$$

该函数称为双线性函数。将节点的局部坐标值代入式(2-125)，可列出 4 个节点处的位移分量，即两组四元联立方程，由此可求得位移模式中的 8 个位置参数 $a_1, a_2, \cdots, a_8$。

$$\begin{Bmatrix} u_1 \\ u_2 \\ u_3 \\ u_4 \end{Bmatrix} = \begin{bmatrix} 1 & -1 & -1 & 1 \\ 1 & 1 & -1 & -1 \\ 1 & 1 & 1 & 1 \\ 1 & -1 & 1 & -1 \end{bmatrix} \begin{Bmatrix} a_1 \\ a_2 \\ a_3 \\ a_4 \end{Bmatrix} \quad (2\text{-}126)$$

$$\begin{Bmatrix} v_1 \\ v_2 \\ v_3 \\ v_4 \end{Bmatrix} = \begin{bmatrix} 1 & -1 & -1 & 1 \\ 1 & 1 & -1 & -1 \\ 1 & 1 & 1 & 1 \\ 1 & -1 & 1 & -1 \end{bmatrix} \begin{Bmatrix} a_5 \\ a_6 \\ a_7 \\ a_8 \end{Bmatrix}$$

求出 $a_1, a_2, a_3, a_4, a_5, a_6, a_7, a_8$：

$$a_1 = \frac{\begin{vmatrix} u_1 & -1 & -1 & 1 \\ u_2 & 1 & -1 & -1 \\ u_3 & 1 & 1 & 1 \\ u_4 & -1 & 1 & -1 \end{vmatrix}}{\begin{vmatrix} 1 & -1 & -1 & 1 \\ 1 & 1 & -1 & -1 \\ 1 & 1 & 1 & 1 \\ 1 & -1 & 1 & -1 \end{vmatrix}} \quad (2\text{-}127)$$

$$\begin{Bmatrix} a_1 \\ a_2 \\ a_3 \\ a_4 \end{Bmatrix} = \frac{1}{4}\begin{bmatrix} 1 & 1 & 1 & 1 \\ -1 & 1 & 1 & -1 \\ -1 & -1 & 1 & 1 \\ 1 & -1 & 1 & -1 \end{bmatrix} \begin{Bmatrix} u_1 \\ u_2 \\ u_3 \\ u_4 \end{Bmatrix}, \quad \begin{Bmatrix} a_5 \\ a_6 \\ a_7 \\ a_8 \end{Bmatrix} = \frac{1}{4}\begin{bmatrix} 1 & 1 & 1 & 1 \\ -1 & 1 & 1 & -1 \\ -1 & -1 & 1 & 1 \\ 1 & -1 & 1 & -1 \end{bmatrix} \begin{Bmatrix} v_1 \\ v_2 \\ v_3 \\ v_4 \end{Bmatrix} \quad (2\text{-}128)$$

$$\{\psi\} = \begin{Bmatrix} u \\ v \end{Bmatrix} = \begin{bmatrix} N_1 & 0 & N_2 & 0 & N_3 & 0 & N_4 & 0 \\ 0 & N_1 & 0 & N_2 & 0 & N_3 & 0 & N_4 \end{bmatrix} \begin{Bmatrix} u_1 \\ v_1 \\ u_2 \\ v_2 \\ u_3 \\ v_3 \\ u_4 \\ v_4 \end{Bmatrix} \tag{2-129}$$

由式(2-129)可得到

$$u = \sum_{i=1}^{4} N_i(\xi,\eta) u_i, \quad v = \sum_{i=1}^{4} N_i(\xi,\eta) v_i \tag{2-130}$$

得到

$$\{\psi\} = [N]\{\delta\}^{(e)} \tag{2-131}$$

式中，N_i 为矩形单元的形函数，$i = 1，2，3，4$；$[N]$ 为形函数矩阵；$\{\delta\}^{(e)}$ 为单元节点位移列阵，$\{\delta_i\} = \{u_i \quad v_i\}^{\mathrm{T}}$，$i = 1，2，3，4$。

$$[N] = \begin{bmatrix} N_1 & 0 & N_2 & 0 & N_3 & 0 & N_4 & 0 \\ 0 & N_1 & 0 & N_2 & 0 & N_3 & 0 & N_4 \end{bmatrix} = [N_1 \quad N_2 \quad N_3 \quad N_4] \tag{2-132}$$

$$[N_i] = N_i I = N_i \begin{bmatrix} 1 & 0 \\ 0 & 1 \end{bmatrix} \quad (i = 1, 2, 3, 4) \tag{2-133}$$

形函数的表达式为

$$\left.\begin{aligned} N_1 &= \frac{1}{4}(1-\xi)(1-\eta) \\ N_2 &= \frac{1}{4}(1+\xi)(1-\eta) \\ N_3 &= \frac{1}{4}(1+\xi)(1+\eta) \\ N_4 &= \frac{1}{4}(1-\xi)(1+\eta) \end{aligned}\right\} \tag{2-134}$$

引入符号 $\xi_0 = \xi_i \xi$，$\eta = \eta_i \eta$，$i = 1, 2, 3, 4$，则式(2-134)可以统一写为

$$N_i = \frac{1}{4}(1+\xi_0)(1+\eta_0) \tag{2-135}$$

可以看出，矩形单元的形函数具有和三角形单元形函数同样的性质，即形函数在各单元节点上的值，具有"本点是 1、他点为零"的性质；在单元内任一点上，四个形函数之和等于 1；单元任意一条边上的形函数，仅与该边的两端节点坐标有关。

2. 单元应变与应力矩阵

有了单元的位移模式，就可以利用平面问题的几何方程求出单元内任意点的应变，将位移代入几何方程，得

$$\{\varepsilon\}^{(e)} = \begin{bmatrix} B_1^{(e)} & B_2^{(e)} & B_3^{(e)} & B_4^{(e)} \end{bmatrix} \begin{Bmatrix} \delta_1 \\ \delta_2 \\ \delta_3 \\ \delta_4 \end{Bmatrix} = [B]\{\delta\}^{(e)} \tag{2-136}$$

式中，应变转换矩阵 $B^{(e)}$ 的子块 $B_i^{(e)}$ ($i=1,2,3,4$) 为

$$B_i^{(e)} = \begin{bmatrix} \dfrac{\partial N_i}{\partial x} & 0 \\ 0 & \dfrac{\partial N_i}{\partial y} \\ \dfrac{\partial N_i}{\partial y} & \dfrac{\partial N_i}{\partial x} \end{bmatrix} \tag{2-137}$$

求得应变之后，再将应变代入物理方程，便可推导出以节点位移表示的应力如下：

$$\{\sigma\}^{(e)} = [D][\varepsilon]^{(e)} = [D][B][\delta]^{(e)} = [S][\delta]^{(e)} \tag{2-138}$$

式中，应力矩阵 $[S]$ 为

$$[S] = [D][B] = \begin{bmatrix} S_1^{(e)} & S_2^{(e)} & S_3^{(e)} & S_4^{(e)} \end{bmatrix} \tag{2-139}$$

其子块 $S_i^{(e)}$ ($i=1,2,3,4$) 为

$$S_i^{(e)} = \frac{E'}{4ab(1-\mu'^2)} \begin{bmatrix} b\xi_i(1+\eta_i\eta) & \mu'a\eta_i(1+\xi_i\xi) \\ \mu'b\xi_i(1+\eta_i\eta) & a\eta_i(1+\xi_i\xi) \\ \dfrac{1-\mu'}{2}a\eta_i(1+\xi_i\xi) & \dfrac{1-\mu'}{2}b\xi_i(1+\eta_i\eta) \end{bmatrix} \tag{2-140}$$

由前面的讨论可以发现，四边形单元的位移模式比常应变三角形单元所采用的线性位移模式增添了项 $\xi\eta$（即相当于 xy 项），这种位移模式称为双线性模式。在这种模式下，单元内的应变分量将不再是常量，这一点可以从 $B^{(e)}$ 的表达式中看出。另外，四边形单元的位移模式中的 $a_1 \sim a_7$ 与三角形单元相同，反映了刚体位移和常应变，而且在单元的边界上（$\xi = \pm 1$ 或 $\eta = \pm 1$），位移是按线性变化的，显然在两个相邻单元的公共边界上，其位移是连续的。

由单元的应力矩阵 $S^{(e)}$ 表达式还可以看出，矩形单元中的应力分量也都不是常量。正应力 σ_x、σ_y 和剪应力 τ_{xy} 均沿 ξ、η 两个方向线性变化，即沿 x、y 两个方向线性变化。正因为如此，若在弹性体中采用相同数目的节点，矩形单元的精度要比常应变三角形单元的精度高。但是，矩形单元也有一些明显的缺点，矩形单元不能适应斜交的边界和曲线边界，不便于对不同部位采用不同大小的单元，以便提高有限元分析计算的效率和精度。

3. 单元刚度矩阵

矩形单元刚度矩阵的推导过程与三节点三角形单元相类似，即 $[K]^{(e)} = \iiint [B]^T[D][B]\mathrm{d}V$，由 2.4.1 节可知，$K^{(e)}$ 的推导过程与形函数的具体表达形式、节点个数均无关，该表达式具有普遍意义。

若单元厚度 t 为常量，则单元刚度矩阵可以进一步表示为

$$[K]^{(e)} = t \iint [B]^T[D][B]\mathrm{d}x\mathrm{d}y \tag{2-141}$$

将单元刚度矩阵写成子块的形式如下：

$$[K]^{(e)} = \begin{bmatrix} K_{11}^{(e)} & K_{12}^{(e)} & K_{13}^{(e)} & K_{14}^{(e)} \\ K_{21}^{(e)} & K_{22}^{(e)} & K_{23}^{(e)} & K_{24}^{(e)} \\ K_{31}^{(e)} & K_{32}^{(e)} & K_{33}^{(e)} & K_{34}^{(e)} \\ K_{41}^{(e)} & K_{42}^{(e)} & K_{43}^{(e)} & K_{44}^{(e)} \end{bmatrix} \tag{2-142}$$

式(2-142)中每一个子块矩阵均为2行×2列，单元刚度矩阵中的子块矩阵的表达式为

$$\begin{aligned} K_{rs}^{(e)} &= t \iint B_r^{(e)\mathrm{T}} D B_s^{(e)} \mathrm{d}x \mathrm{d}y \\ &= t \int_{-1}^{1} \int_{-1}^{1} B_r^{(e)\mathrm{T}} D B_s^{(e)} ab \mathrm{d}\xi \mathrm{d}\eta \end{aligned} \tag{2-143}$$

将应变转换矩阵子块 $B_i^{(e)}$ 和弹性矩阵 D 代入式(2-143)，得

$$K_{rs}^{(e)} = \frac{E't}{4ab(1-\mu'^2)} \begin{bmatrix} K_1 & K_2 \\ K_3 & K_4 \end{bmatrix} \tag{2-144}$$

式中

$$\left. \begin{aligned} K_1 &= b^2 \xi_r \xi_s \left(1 + \frac{\eta_r \eta_s}{3}\right) + \frac{1-\mu'}{2} a^2 \eta_r \eta_s \left(1 + \frac{\xi_r \xi_s}{3}\right) \\ K_2 &= ab\left(\mu' \xi_r \eta_s + \frac{1-\mu'}{2} \eta_r \xi_s\right) \\ K_3 &= ab\left(\mu' \xi_s \eta_r + \frac{1-\mu'}{2} \eta_s \xi_r\right) \\ K_4 &= a^2 \eta_r \eta_s \left(1 + \frac{\xi_r \xi_s}{3}\right) + \frac{1-\mu'}{2} b^2 \xi_r \xi_s \left(1 + \frac{\eta_r \eta_s}{3}\right) \end{aligned} \right\} \quad (r,s=1,2,3,4) \tag{2-145}$$

2.4.4 CST 单元与 Q4 单元求解结果对比

下面通过实例比较 CST 单元与本节的 Q4 单元的计算精度。考虑如图 2-46 所示端部承受集中力的悬臂梁。$E = 2.1 \times 10^5$ MPa，$v = 0.25$，$t = 25$mm。

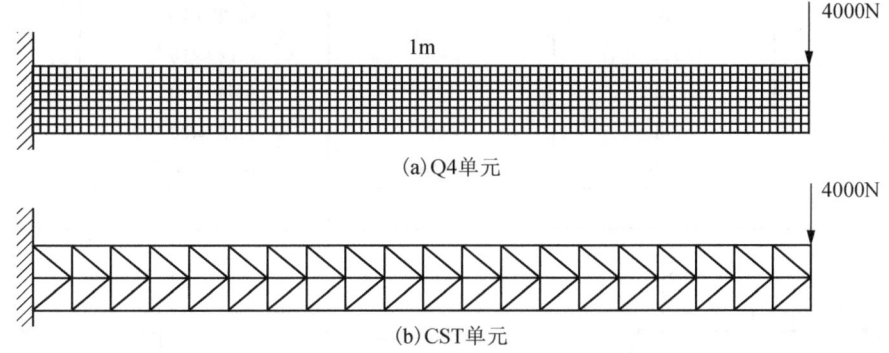

图 2-46 端部承受集中力的悬臂梁模型(Q4 单元与 CST 单元)

表 2-9 列出了采用 CST 单元与 Q4 单元的模型的基本信息以及自由端挠度和最大主应力的计算结果对比。

1) 位移结果

Q4 单元模型比 CST 单元模型预测挠度特性更加准确。2 行的 Q4 单元模型得到的挠度非常接近于经典梁挠度方程的解析解,而 2 行的 CST 单元模型预测挠度十分不准确。随着行数增加至 4 和 8,CST 单元和 Q4 单元模型挠度预测均趋于更加准确。

CST 单元模型相比于实际的梁特性可产生更加刚性的模型,挠度比经典梁理论解的值更小。也可以看出,CST 模型向经典梁理论结果收敛缓慢,其部分是由于解决弯曲问题时,CST 单元只预测每个单元之间的恒应力,而应力实际上是沿着梁的厚度方向线性变化的。这个问题利用 2.4.2 节 LST 单元可以得到校准。

需要指出,不推荐使用单行的 Q4 单元及它们的线性边位移地预测梁深度方向的应力梯度。上述结论可以在如图 2-47(a) 所示的纯弯曲状态中得到证明,精确位移如图 2-47(b) 所示,而 Q4 单元位移如图 2-47(c) 所示,它并不适合于纯弯曲变形。

2) 应力结果

如前所述,CST 单元本身有恒应变和恒应力,而 Q4 单元有正应变 ε_x,从而有正应力 σ_x,在 y 轴方向呈线性。因此,CST 单元不如 Q4 单元能够更接近模拟弯曲特性。经典梁理论/弯曲应力方程基于公式 $\sigma_x = -My/I$,可以预测梁厚度方向线性应力变化。如表 2-9 所示,所用的行数越多,主应力越接近经典的弯曲应力 20MPa。

此外,8 节点矩形单元(Q8)相比于 CST 单元及 Q4 单元可以更好地预测弯曲特性。事实上,针对弯曲问题,即使利用单行的 Q8 单元也可以得到合理的结果。关于 Q8 单元的详解请参阅参考文献。

表 2-9 CST 单元与 Q4 单元的自由端挠度和最大主应力对比

(端部集中力=4000N,长度=1m,$I=1\times10^{-5}\text{m}^4$,厚度=0.12m,弹性模量=200GPa)

面单元类型/行数	节点数	自由度数	自由端位移/m	主应力/MPa
Q4/2	60	120	6.708×10^{-4}	19.35
Q4/4	200	400	6.729×10^{-4}	20.30
Q4/8	720	1440	6.729×10^{-4}	21.72
CST/2	60	120	3.630×10^{-4}	7.80
CST/4	200	400	5.537×10^{-4}	13.76
CST/8	720	1440	6.385×10^{-4}	17.61
经典梁理论			6.667×10^{-4}	20.00

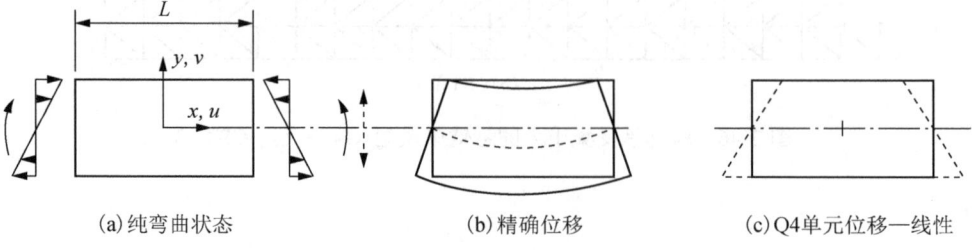

(a) 纯弯曲状态　　(b) 精确位移　　(c) Q4 单元位移—线性

图 2-47 纯弯曲状态下精确位移与 Q4 单元位移的对比

2.5 空间问题有限元法

工程实际中大量的问题很难假定为平面问题，这些问题只能作为空间问题进行分析。

2.5.1 空间问题的弹性力学基本方程

1. 平衡方程

$$\frac{\partial \sigma_x}{\partial x} + \frac{\partial \tau_{yx}}{\partial y} + \frac{\partial \tau_{zx}}{\partial z} + X = 0$$

$$\frac{\partial \tau_{xy}}{\partial x} + \frac{\partial \sigma_y}{\partial y} + \frac{\partial \tau_{zy}}{\partial z} + Y = 0 \quad (2\text{-}146)$$

$$\frac{\partial \tau_{xz}}{\partial x} + \frac{\partial \tau_{yz}}{\partial y} + \frac{\partial \sigma_z}{\partial z} + Z = 0$$

2. 几何方程

$$\varepsilon_x = \frac{\partial u}{\partial x}, \quad \varepsilon_{xy} = \varepsilon_{yx} = \frac{1}{2}\gamma_{xy} = \frac{1}{2}\left(\frac{\partial v}{\partial x} + \frac{\partial u}{\partial y}\right)$$

$$\varepsilon_y = \frac{\partial v}{\partial y}, \quad \varepsilon_{yz} = \varepsilon_{zy} = \frac{1}{2}\gamma_{yz} = \frac{1}{2}\left(\frac{\partial w}{\partial y} + \frac{\partial v}{\partial z}\right) \quad (2\text{-}147)$$

$$\varepsilon_z = \frac{\partial w}{\partial z}, \quad \varepsilon_{zx} = \varepsilon_{xz} = \frac{1}{2}\gamma_{zx} = \frac{1}{2}\left(\frac{\partial w}{\partial x} + \frac{\partial u}{\partial z}\right)$$

3. 物理方程

$$\varepsilon_x = \frac{1}{E}(\sigma_x - \mu\sigma_y - \mu\sigma_z)$$

$$\varepsilon_y = \frac{1}{E}(\sigma_y - \mu\sigma_z - \mu\sigma_x)$$

$$\varepsilon_z = \frac{1}{E}(\sigma_z - \mu\sigma_x - \mu\sigma_y) \quad (2\text{-}148)$$

$$\gamma_{xy} = \tau_{xy}/G$$

$$\gamma_{yz} = \tau_{yz}/G$$

$$\gamma_{zx} = \tau_{zx}/G$$

式中，剪切模量

$$G = \frac{E}{2(1+\mu)}$$

2.5.2 空间问题的有限元分析方法

1. 结构离散

空间问题单元是均质三维实体，常用的单元有四面体单元和六面体单元等。

2. 单元分析

所谓单元分析就是用单元节点位移表示单元内任一点处的力学特性。下面以四节点四面体单元为例说明单元分析的过程。对于其他类型的单元可同理得出。

1) 节点位移与节点力

为了分析方便,建立笛卡儿坐标系。节点为 i、j、m、p。对于空间问题,每个节点有三个自由度,分别为沿 x 轴的线位移 u;沿 y 轴的线位移 v;沿 z 轴的线位移 w。单元节点位移用矩阵的形式表示为

$$\{\delta\}^{(e)} = \left[\{\delta_i\}\{\delta_j\}\{\delta_m\}\{\delta_p\}\right]^{\mathrm{T}} \tag{2-149}$$

与位移对应的单元节点力用矩阵的形式表示为

$$\{F\}^{(e)} = \left[\{F_i\}\{F_j\}\{F_m\}\{F_p\}\right]^{\mathrm{T}} \tag{2-150}$$

2) 位移函数

单元内的各点的位移变化可表示为一个连续函数,由泰勒展开式可知,满足一定条件的连续函数可以展开成多项式的形式。有限元分析时所谓位移函数,即以节点位移为已知量来描述单元内任一点处位移的插值多项式函数。

假设单元内任一点处的位移 $u(x)$ 和 $v(x)$ 为

$$\begin{aligned} u(x,y,z) &= a_1 + a_2 x + a_3 y + a_4 z \\ v(x,y,z) &= a_5 + a_6 x + a_7 y + a_8 z \\ w(x,y,z) &= a_9 + a_{10} x + a_{11} y + a_{12} z \end{aligned} \tag{2-151}$$

式中,6 个待定系数 $a_1 \sim a_{12}$ 可以用单元的 12 个节点位移确定,即

i 节点 $u(x_i, y_i, z_i) = u_i$, $v(x_i, y_i, z_i) = v_i$, $w(x_i, y_i, z_i) = w_i$

j 节点 $u(x_j, y_j, z_j) = u_j$, $v(x_j, y_j, z_j) = v_j$, $w(x_j, y_j, z_j) = w_j$

m 节点 $u(x_m, y_m, z_m) = u_m$, $v(x_m, y_m, z_m) = v_m$, $w(x_m, y_m, z_m) = w_m$

p 节点 $u(x_p, y_p, z_p) = u_p$, $v(x_p, y_p, z_p) = v_p$, $w(x_p, y_p, z_p) = w_p$

解出待定系数后将式(2-151)整理成矩阵形式为

$$\begin{Bmatrix} u(x,y,z) \\ v(x,y,z) \\ w(x,y,z) \end{Bmatrix} = \begin{bmatrix} N_i & 0 & 0 & N_j & 0 & 0 & N_m & 0 & 0 & N_p & 0 & 0 \\ 0 & N_i & 0 & 0 & N_j & 0 & 0 & N_m & 0 & 0 & N_p & 0 \\ 0 & 0 & N_i & 0 & 0 & N_j & 0 & 0 & N_m & 0 & 0 & N_p \end{bmatrix} \{\delta\}^{(e)}$$

$$\{f\}^{(e)} = [N]\{\delta\}^{(e)} \tag{2-152}$$

式中,$[N]$ 为单元形函数矩阵;N_i 为单元位移变形形函数,简称为形函数。

3) 节点位移与应变的关系

由弹性力学平面应力问题的几何方程可知:

$$\begin{aligned} \{\varepsilon\} &= \begin{bmatrix} \varepsilon_x & \varepsilon_y & \varepsilon_z & \gamma_{xy} & \gamma_{yz} & \gamma_{zx} \end{bmatrix}^{\mathrm{T}} \\ \{\varepsilon\} &= [\partial]\{f\} = [\partial][N]\{\delta\}^{(e)} = [B]\{\delta\}^{(e)} \end{aligned} \tag{2-153}$$

式中,$[B]$ 为应变矩阵。

4) 节点位移与应力的关系

由弹性力学问题的物理方程可知:

$$\{\sigma\} = \begin{bmatrix} \sigma_x & \sigma_y & \sigma_z & \tau_{xy} & \tau_{yz} & \tau_{zx} \end{bmatrix}^T \tag{2-154}$$

$$\{\sigma\} = [D]\{\varepsilon\} = [D][B]\{\delta\}^{(e)} = [S]\{\delta\}^{(e)}$$

式中，$[D]$ 为弹性矩阵；$[S]$ 为应力矩阵。

5) 节点位移与节点力的关系

由弹性体的虚位移原理知：外力作用下处于平衡状态的弹性体，外力在任意虚位移上所做的虚功等于弹性体整个体积内的应力在虚应变上所做的功。即

$$\{\delta^*\}^T \{F\} = \iiint \{\varepsilon^*\}^T \{\sigma\} \mathrm{d}x\mathrm{d}y\mathrm{d}z \tag{2-155}$$

将四面体单元的几何方程、物理方程代入式(2-155)可得

$$\{\delta^*\}^T \{F\}^{(e)} = \iiint \{\delta^*\}^T [B]^T [D][B]\{\delta\}^{(e)} \mathrm{d}x\mathrm{d}y\mathrm{d}z \tag{2-156}$$

由于虚位移为任意值，而实位移是节点位移，与坐标无关。故式(2-156)可整理成

$$\{F\}^{(e)} = \iiint [B]^T [D][B] \mathrm{d}x\mathrm{d}y\mathrm{d}z \{\delta\}^{(e)} = [K]^{(e)}\{\delta\}^{(e)} \tag{2-157}$$

式中，$[K]^{(e)}$ 为单元刚度矩阵，它是一个方阵，其行数和列数均等于单元节点的位移分量数。

$$[K]^{(e)} = \iiint [B]^T [D][B] \mathrm{d}x\mathrm{d}y\mathrm{d}z$$

3. 整体分析

整体分析就是利用整个结构在各节点处的静力平衡条件和变形谐调条件，对整个结构进行分析，以建立结构的刚度方程组。整体分析时，采用结构坐标系，认为外载荷均作用在节点处，并且暂时不考虑支承条件。

1) 整体刚度矩阵

将各单元的单元刚度矩阵扩阶到整个结构的所有节点下的整体刚度矩阵。

$$\{\tilde{F}\}^{(e)} = [\tilde{K}]^{(e)} \{\tilde{\delta}\}^{(e)} \tag{2-158}$$

式中，$\{\tilde{F}\}^{(e)}$、$[\tilde{K}]^{(e)}$、$\{\tilde{\delta}\}^{(e)}$ 分别为单元 e 的节点力贡献矩阵、单元刚度贡献矩阵和节点位移贡献矩阵。

由节点处的变形谐调条件可知，节点在任一单元内的变形相等，均等于该节点在结构内的实际变形。即 $\{\delta_i\}^{(e)} = \{\delta_i\}$，亦即 $\{\tilde{\delta}\}^{(e)} = \{\delta\}$。

另外，由节点处的静力平衡条件可知，节点处的合内力等于作用在节点处的外载荷。即

$$\sum \{\tilde{F}\}^{(e)} = \{P\} \tag{2-159}$$

由式(2-158)和式(2-159)整理可得

$$\left(\sum [\tilde{K}]^{(e)}\right)\{\delta\} = \{P\}$$
$$[K]\{\delta\} = \{P\} \tag{2-160}$$

式中，$[K]$ 为整体刚度矩阵，它等于各单元贡献矩阵之和。

2) 整体刚度矩阵的组集原则

与平面问题相似，整体刚度矩阵可按以下原则组集：

$$k_{ij} = \sum k_{ij}^{e_{ij}} \quad (\text{节点 } i、j \text{ 相关，即共同组成单元})$$
$$k_{ij} = 0 \quad (\text{节点 } i、j \text{ 不相关}) \tag{2-161}$$

式中，$k_{ij}^{e_{ij}}$ 为节点 i、j 共同组成的单元 e_{ij} 的对应子块。

4. 载荷处理

整体分析时的结构刚度方程组根据外载荷作用在节点上得出。如果在单元跨间上作用有集中力或分布力，则必须用虚功等效原则（即等效前后载荷在任何虚位移方向上的虚功相等）将此跨间载荷移置到节点上。这一移置工作称为载荷处理。

5. 约束处理

由于在整体分析时，没有考虑结构的具体支承情况，因此，结构刚度方程组中的整体刚度矩阵$[K]$在数学上具有奇异性，即其逆矩阵不存在，也就是说，由此方程不能求得唯一解。这一现象从力学意义上说，是由于在引入支承条件之前，结构还是一个没有支承的悬空结构。所谓约束处理正是用结构的实际支承条件对结构刚度方程组进行处理，在数学意义上，消除整体刚度矩阵$[K]$的奇异性；在力学意义上，消除结构的悬空性。使结构刚度方程组有唯一解的处理过程。常用的处理方法有消行消列法、置大数法和置一法。

2.5.3 空间问题的求解实例

空间问题中，每一个节点有 3 个位移分量（图 2-48），单元节点位移向量由 12 个分量组成，分别表示为

$$\{\delta_i\} = \begin{bmatrix} u_i & v_i & w_i \end{bmatrix}^{\mathrm{T}} \quad (i,\ j,\ m,\ p)$$

$$\{\delta\}^{(e)} = \begin{bmatrix} \delta_i^{\mathrm{T}} & \delta_j^{\mathrm{T}} & \delta_m^{\mathrm{T}} & \delta_p^{\mathrm{T}} \end{bmatrix}^{\mathrm{T}}$$

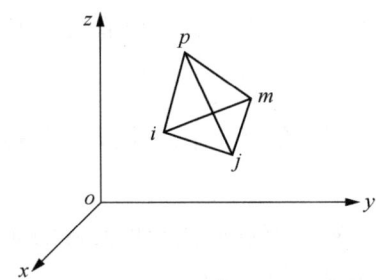

图 2-48 空间四面体

假定单元内的位移分量为坐标的线性函数：

$$\left.\begin{aligned} u &= a_1 + a_2 x + a_3 y + a_4 z \\ v &= a_5 + a_6 x + a_7 y + a_8 z \\ w &= a_9 + a_{10} x + a_{11} y + a_{12} z \end{aligned}\right\}$$

将其第一式应用于 4 个节点，则有

$$\left.\begin{aligned} u_i &= a_1 + a_2 x_i + a_3 y_i + a_4 z_i \\ u_j &= a_1 + a_2 x_j + a_3 y_j + a_4 z_j \\ u_m &= a_1 + a_2 x_m + a_3 y_m + a_4 z_m \\ u_p &= a_1 + a_2 x_p + a_3 y_p + a_4 z_p \end{aligned}\right\}$$

由此可解出 a_1, a_2, a_3, a_4，再代回位移分量的表达式，可得
$$u = N_i u_i + N_j u_j + N_m u_m + N_p u_p$$
式中
$$N_i = (a_i + b_i x + c_i y + d_i z)/(6V) \quad (i, j, m, p)$$
为形函数，其中

$$a_i = \begin{vmatrix} x_j & y_j & z_j \\ x_m & y_m & z_m \\ x_p & y_p & z_p \end{vmatrix}, \quad b_i = -\begin{vmatrix} 1 & y_j & z_j \\ 1 & y_m & z_m \\ 1 & y_p & z_p \end{vmatrix}$$

$$c_i = \begin{vmatrix} 1 & y_j & z_j \\ 1 & x_m & z_m \\ 1 & x_p & z_p \end{vmatrix}, \quad d_i = -\begin{vmatrix} 1 & x_j & y_j \\ 1 & x_m & y_m \\ 1 & x_p & y_p \end{vmatrix} \quad (i, j, m, p)$$

$$6V = \begin{vmatrix} 1 & x_i & y_i & z_i \\ 1 & x_j & y_j & z_j \\ 1 & x_m & y_m & z_m \\ 1 & x_p & y_p & z_p \end{vmatrix}$$

用同样的方法，可以得到
$$v = N_i v_i + N_j v_j + N_m v_m + N_p v_p$$
$$w = N_i w_i + N_j w_j + N_m w_m + N_p w_p$$

合并 u、v、w 的表达式，可以将单元内任一点的位移写成
$$\{f\} = [u \; v \; w]^T = [IN_i \; IN_j \; IN_m \; IN_p]\{\delta\}^{(e)}$$

在空间问题中，每点有 6 个应变分量，几何关系为
$$\{\varepsilon\} = \begin{bmatrix} \varepsilon_x & \varepsilon_y & \varepsilon_z & \gamma_{zy} & \gamma_{yx} & \gamma_{xz} \end{bmatrix}^T$$
$$= \begin{bmatrix} \dfrac{\partial u}{\partial x} & \dfrac{\partial v}{\partial y} & \dfrac{\partial w}{\partial z} & \dfrac{\partial u}{\partial y}+\dfrac{\partial v}{\partial x} & \dfrac{\partial v}{\partial z}+\dfrac{\partial w}{\partial y} & \dfrac{\partial w}{\partial x}+\dfrac{\partial u}{\partial z} \end{bmatrix}^T$$

将 u、v、w 的表达式代入上式，得到
$$\{\varepsilon\} = \begin{bmatrix} B_i & -B_j & B_m & -B_p \end{bmatrix}\{\delta\}^{(e)} = [B]\{\delta\}^{(e)}$$

式中
$$[B_i] = \frac{1}{6V}\begin{bmatrix} b_i & 0 & 0 \\ 0 & c_i & 0 \\ 0 & 0 & d_i \\ c_i & b_i & 0 \\ 0 & d_i & c_i \\ d_i & 0 & b_i \end{bmatrix} \quad (i, j, m, p)$$

可以看出，应变矩阵中的元素都是常量，从而单元中的应变都是常量，故线性位移模式中的四面体单元常应变单元。

由应力—应变关系，得到单元中的应力为

$$\{\sigma\} = [D]\{\varepsilon\} = [D][B]\{\delta\}^{(e)}$$

式中，$[D]$ 为一般空间问题的弹性矩阵。从下面 $[D]$ 的表达式可以看出，单元中的应力都是常数。

$$[D] = \frac{B(1-v)}{(1+v)(1-2v)} \begin{bmatrix} 1 & & & & & \\ \frac{v}{1-v} & 1 & & \text{对} & & \\ \frac{v}{1-v} & \frac{v}{1-v} & 1 & & & \\ 0 & 0 & 0 & \frac{1-2v}{2(1-v)} & & \text{称} \\ 0 & 0 & 0 & 0 & \frac{1-2v}{2(1-v)} & \\ 0 & 0 & 0 & 0 & 0 & \frac{1-2v}{2(1-v)} \end{bmatrix}$$

仿照平面问题的推导，可以得到四面体单元的刚度矩阵：

$$[K]^{(e)} = \iiint_V [B]^T [D][B] \mathrm{d}x\mathrm{d}y\mathrm{d}z = [B]^T [D][B] V$$

$$[K]^{(e)} = \begin{bmatrix} K_{ii}^{(e)} & -K_{ij}^{(e)} & K_{im}^{(e)} & -K_{ip}^{(e)} \\ -K_{ji}^{(e)} & K_{jj}^{(e)} & -K_{jm}^{(e)} & K_{jp}^{(e)} \\ K_{mi}^{(e)} & -K_{mj}^{(e)} & K_{mm}^{(e)} & -K_{mp}^{(e)} \\ -K_{pi}^{(e)} & K_{pj}^{(e)} & -K_{pm}^{(e)} & K_{pp}^{(e)} \end{bmatrix}$$

式中，子矩阵 $[K_{rs}]^{(e)}$ 可以表达为

$$[K_{rs}]^{(e)} = [B_r]^T [D][B_s] V$$

$$= \frac{E(1-v)}{36V(1+v)(1-2v)} \begin{bmatrix} b_r b_s + A_2(c_r c_s + d_r d_s) & A_1 b_r b_s + A_2 c_r b_s & A_1 b_r d_s + A_2 d_r b_s \\ A_1 c_r b_s + A_2 b_r c_s & c_r c_s + A_2(b_r b_s + d_r d_s) & A_1 c_r d_s + A_2 d_r c_s \\ A_1 b_r d_s + A_2 b_r d_s & A_1 d_r c_s + A_2 c_r d_s & d_r d_s + A_2(b_r b_s + c_r c_s) \end{bmatrix}$$

其中

$$A_1 = \frac{v}{1-v}, \quad A_2 = \frac{1-2v}{2(1-v)}$$

经叠加、组合，得到有限元支配方程：

$$[K]\{\delta\} = \{F\}$$

代入约束条件，可解出节点位移向量，从而就可以求出各单元的应变和应力。

2.6 薄板弯曲问题的有限元法

弹性薄板在工程中应用广泛，同时它的研究又为薄壳问题提供了理论依据。一般来说，所谓板是指由上下两个平行的表面所构成的片状结构。平分板厚的中间平面，称为板的中面。当板的厚度 t 远小于中面最小尺寸时，称为薄板。当中面为平面时，称为平板，当中面为曲面时，称为壳体。有关壳体问题将在 2.7 节介绍。

当薄板上承受一般载荷时，总可以将其分解为两个分量：一个是作用在薄板面内的平行于中面的中面载荷；另一个是垂直于中面的法向载荷。中面载荷沿薄板的厚度均匀分布，因而它们所引起的位移、应变和应力可以按平面应力问题进行分析。法向载荷使薄板发生弯曲和翘曲，它所引起的位移、应变和应力按薄板弯曲问题进行计算。

当薄板弯曲时，中面所弯成的曲面称为弹性曲面，中面内各点在垂直于中面方向的位移称为挠度。

本章仅介绍薄板弯曲的小挠度问题，即板的最大挠度远小于板厚；若挠度与厚度属于同阶大小，则为大挠度弯曲问题；若挠度远大于厚度，则薄板称为薄膜。

2.6.1 薄板弯曲的基本方程

1. 基本假设

某一薄板如图 2-49 所示。采用右手坐标系 $oxyz$，以未变形的中面为 xoy 坐标面，中面各点沿 z 轴的位移为挠度 w。

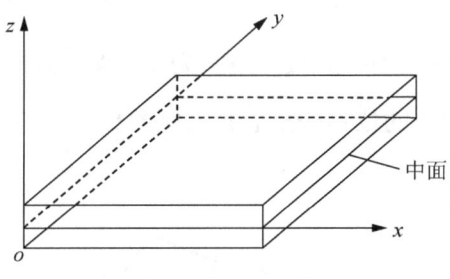

图 2-49 薄板结构

为使研究的问题简化，在薄板弯曲的小挠度问题中，通常采用以下假设：
(1) 板厚度方向的挤压变形可忽略不计，即薄板的法线变形后没有伸缩。
(2) 在板弯曲变形中，中面法线保持为直线且仍为弹性曲面的法线。
(3) 薄板中面只发生弯曲变形，没有面内的伸缩变形。
(4) 忽略板厚度的微小变化。

根据上述假设，下面将用薄板的挠度 w 来表示薄板的全部位移、应力和应变分量。

2. 几何方程

1) 位移分量

首先根据假设(1)有

$$\varepsilon_z = 0 \tag{2-162}$$

由 $\varepsilon_z = \dfrac{\partial w}{\partial z} = 0$ 可知

$$w = w(x, y) \tag{2-163}$$

根据假设(2)，薄板弯曲后，板的法线与弹性曲面在 x 方向和 y 方向的切线都保持互相垂直，因而没有剪应变，即

$$\gamma_{yz} = \dfrac{\partial v}{\partial z} + \dfrac{\partial w}{\partial y} = 0, \quad \gamma_{zx} = \dfrac{\partial w}{\partial x} + \dfrac{\partial u}{\partial z} = 0$$

也可表示为

$$\dfrac{\partial v}{\partial z} = -\dfrac{\partial w}{\partial y}, \quad \dfrac{\partial u}{\partial z} = -\dfrac{\partial w}{\partial x}$$

将其对 z 积分，并由式(2-163)注意到 w 与 z 无关，可得

$$v = -z\dfrac{\partial w}{\partial y} + f_1(x, y), \quad u = -z\dfrac{\partial w}{\partial x} + f_2(x, y)$$

根据假设(3)可知 $(u)_{z=0} = (v)_{z=0} = 0$，将 $z=0$ 代入上式，有 $f_1(x,y) = f_2(x,y) = 0$，从而

$$v = -z\dfrac{\partial w}{\partial y}, \quad u = -z\dfrac{\partial w}{\partial x} \tag{2-164}$$

法线上任意一点在 x 方向上的位移分量 u 的几何意义也可如图 2-50 所示。在薄板中平行于 oxz 平面作一截面，截面上位于中面的点 A 位移至 A' 点，挠度为 w。弹性曲面沿 x 轴的倾角为 $\dfrac{\partial w}{\partial x}$，在 A 点的法线上取点 A_1(与 A 点的距离为 z)，变形后移至 A_1' 点。根据直法线假设，变形后的 $A'A_1'$ 仍与弹性曲面垂直，因此法线 $A'A_1'$ 与 x 轴的夹角也是 $\dfrac{\partial w}{\partial x}$。因此 A_1' 点沿 x 轴的位移分量为 $u = -z\dfrac{\partial w}{\partial x}$，式(2-164)中的负号是因为位移 u 的方向与 x 轴方向相反。同理可以得出法线上任意一点在 y 方向上的位移分量 v 的几何意义。

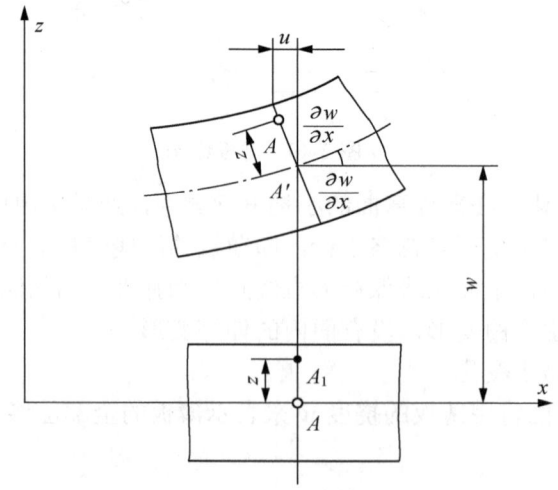

图 2-50 薄板位移

由以上可知，薄板发生小挠度弯曲时，板上任意一点的位移均可由中面的 $w(x, y)$ 确定。

2) 应变分量

根据上述分析，薄板内不等于零的应变分量有如下三个

$$\varepsilon_x = \frac{\partial u}{\partial x} = -z\frac{\partial^2 w}{\partial x^2}, \quad \varepsilon_y = \frac{\partial v}{\partial y} = -z\frac{\partial^2 w}{\partial y^2}, \quad \gamma_{xy} = \frac{\partial u}{\partial y} + \frac{\partial v}{\partial x} = -2z\frac{\partial^2 w}{\partial x \partial y}$$

一般将薄板中与中面相距为 z 的平行面称为 z 平面，以上方程就是 z 平面的应变与挠度之间的几何方程，也可改写为

$$\{\varepsilon\} = z\{k\} \tag{2-165}$$

式中

$$\{k\} = \begin{Bmatrix} k_x \\ k_y \\ k_{xy} \end{Bmatrix} = \begin{Bmatrix} -\dfrac{\partial^2 w}{\partial x^2} \\ -\dfrac{\partial^2 w}{\partial y^2} \\ -2\dfrac{\partial^2 w}{\partial x \partial y} \end{Bmatrix} \tag{2-166}$$

其中 $\{k\}$ 称为广义应变。在小变形的情况下，$-\dfrac{\partial^2 w}{\partial x^2}$ 和 $-\dfrac{\partial^2 w}{\partial y^2}$ 分别代表薄板弹性曲面在 x 方向和 y 方向的曲率，而 $-\dfrac{\partial^2 w}{\partial x \partial y}$ 代表其在 x 和 y 方向的扭曲率。

3. 弹性方程

1) 应力分量

由假设(4)可以忽略应力 σ_z 对变形的影响。因此，由 z 平面的应变来求应力时，薄板弯曲问题的本构方程与平面应力问题完全相同，即

$$\begin{Bmatrix} \sigma_x \\ \sigma_y \\ \tau_{xy} \end{Bmatrix} = \frac{E}{1-\mu^2} = \begin{bmatrix} 1 & \mu & 0 \\ \mu & 1 & 0 \\ 0 & 0 & (1-\mu)/2 \end{bmatrix} \begin{Bmatrix} \varepsilon_x \\ \varepsilon_y \\ \gamma_{xy} \end{Bmatrix}$$

将式(2-5)代入上式得

$$\{\sigma\} = [D]\{\varepsilon\} = z[D]\{k\} \tag{2-167}$$

式中，$[D]$ 为平面应力问题的弹性矩阵。由式(2-167)可知，各应力沿板厚为直线分布。

2) 薄板内力

现在由应力分量求内力分量——弯矩和扭矩。

当 x 为常数，即在垂直于 x 的横截面上，单位宽度板上正应力 σ_x 合成的弯矩 M_x，剪应力 τ_{xy} 合成的扭矩 M_{xy} 分别为

$$M_x = \int_{-t/2}^{t/2} \sigma_x z \mathrm{d}z \tag{2-168}$$

$$M_{xy} = \int_{-t/2}^{t/2} \tau_{xy} z \mathrm{d}z \tag{2-169}$$

当 y 为常数，即在垂直于 y 的横截面上，单位宽度板上正应力 σ_y 合成的弯矩 M_y，剪应力 τ_{yx} 合成的扭矩 M_{yx} 分别为

$$M_y = \int_{-t/2}^{t/2} \sigma_y z \mathrm{d}z \tag{2-170}$$

$$M_{yx} = \int_{-t/2}^{t/2} \tau_{yx} z \mathrm{d}z \tag{2-171}$$

根据剪应力互等定律,有 $M_{xy} = M_{yx}$,将式(2-167)代入式(2-168)、式(2-169)、式(2-170)和式(2-171),并分别对 z 积分可得

$$\{M\} = \begin{Bmatrix} M_x \\ M_y \\ M_{xy} \end{Bmatrix} = \frac{t^3}{12}[D]\{k\} = [D_b]\{k\} \tag{2-172}$$

式中,$[D_b]$ 为薄板弯曲问题中的弹性矩阵。对于各向同性材料,有

$$[D_b] = \frac{Et^3}{12(1-\mu^2)} \begin{bmatrix} 1 & \mu & 0 \\ \mu & 1 & 0 \\ 0 & 0 & (1-\mu)/2 \end{bmatrix}$$

式(2-172)表明了薄板内力与薄板变形之间的弹性方程。

比较式(2-169)和式(2-172),可以得到各应力分量与内力矩之间的关系式为

$$\{\sigma\} = \frac{12z}{t^3}\{M\} \tag{2-173}$$

根据上述薄板理论,平板中面的挠度 ω 可以作为基本未知量。如果求得挠度,则板的位移、内力和应力均可按照式(2-164)、式(2-172)和式(2-167)进行计算。

4. 虚功方程

弹性体空间问题的虚功方程为

$$\{\delta^*\}^{\mathrm{T}}\{F\} = \iiint \{\varepsilon^*\}^{\mathrm{T}}\{\sigma\} \mathrm{d}x\mathrm{d}y\mathrm{d}z \tag{2-174}$$

此式左边是外力虚功 W,右边是虚变形功 U。

在求解薄板弯曲问题的虚变形功 U 时,只需将式(2-167)和式(2-173)代入式(2-174)右边,即可得

$$U = \frac{12}{t^3} \int_{-t/2}^{t/2} z^2 \mathrm{d}z \cdot \iint \{k^*\}^{\mathrm{T}}\{M\} \mathrm{d}x\mathrm{d}y = \iint \{k^*\}^{\mathrm{T}}\{M\} \mathrm{d}x\mathrm{d}y$$

因此,薄板弯曲问题的虚功方程可表示为

$$\{\delta^*\}^{\mathrm{T}}\{F\} = \iint \{k^*\}^{\mathrm{T}}\{M\} \mathrm{d}x\mathrm{d}y \tag{2-175}$$

虚功方程(2-175)可看作外力 $\{F\}$ 与薄板内力 $\{M\}$ 之间的平衡方程,也可看作位移 $\{\delta^*\}$ 与薄板弯扭变形 $\{k^*\}$ 之间的几何方程。

2.6.2 矩形单元分析

1. 节点位移向量与节点力向量

已知如图 2-51 所示薄板的一个矩形单元,边长分别为 $2a$ 和 $2b$,坐标系原点取在矩形的中心 O,矩形的二边分别平行于 x 和 y 轴,四个角点为节点编号为 i、j、k、l。单元厚度为 t。

用矩形单元将矩形薄板构件进行离散后,认为这些单元仅在节点处互相连接,即节点为刚性连接。单元面上的一点实际上代表着一个长度为板厚的法线段。根据假设(1)~假设(4),该线段在板变形过程中长度不变,且薄板中面各点不产生沿 x 和 y 轴的位移,故薄板节点可能产生的位移只有沿 z 方向的挠度以及法线绕 x、y 轴的转角。因此,薄板弯曲中任一节点有

三个位移分量，分别为挠度 w、法线绕 x 轴的转角 θ_x 和绕 x 轴的转角 θ_y。

挠度以沿 z 轴正向为正，转角按右手螺旋法则用矢量表示，矢量以沿 x、y 轴正方向为正。矩形单元节点位移如图 2-52(a) 所示。

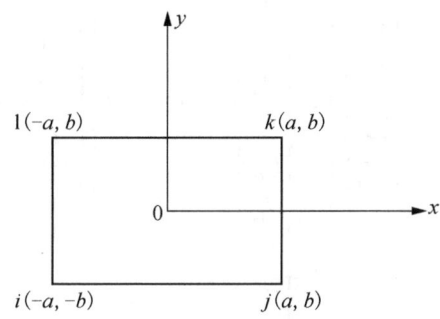

图 2-51　矩形单元

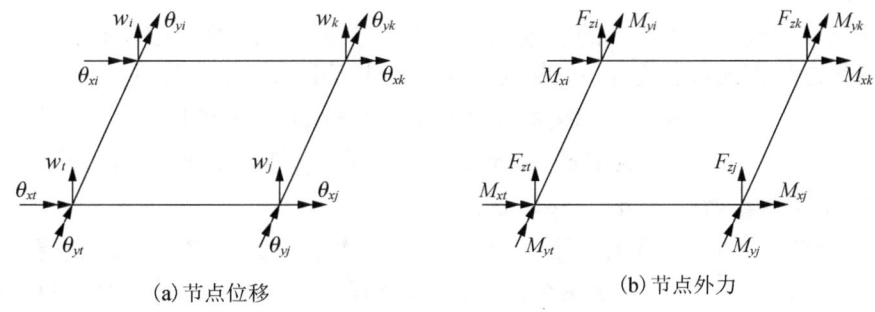

(a) 节点位移　　　　　　　　　(b) 节点外力

图 2-52　矩形单元节点位移和节点外力

因此，节点 i 的三个位移分量组成向量可表示如下：

$$\{\delta_i\} = \begin{Bmatrix} w_i \\ \theta_{xi} \\ \theta_{yi} \end{Bmatrix} = \begin{Bmatrix} w_i \\ \left(\dfrac{\partial w}{\partial y}\right) \\ \left(-\dfrac{\partial w}{\partial x}\right) \end{Bmatrix}$$

与位移对应，每个节点有三个节点力（如图 2-52(b) 所示），分别为：垂直力 F_{zi}、绕 x 轴的力矩 M_{xi} 和绕 y 轴的力矩 M_{yi}。

所以，节点 i 的节点力向量可表示为

$$\{F_i\} = \begin{Bmatrix} F_{zi} \\ M_{xi} \\ M_{yi} \end{Bmatrix}$$

单元节点位移向量和单元节点力向量分别为

$$\{\delta\}^{(e)} = \begin{Bmatrix} \{\delta_i\} \\ \{\delta_j\} \\ \{\delta_k\} \\ \{\delta_l\} \end{Bmatrix} = \begin{Bmatrix} w_i \\ \theta_{xi} \\ \theta_{yi} \\ w_j \\ \theta_{xj} \\ \theta_{yj} \\ w_k \\ \theta_{xk} \\ \theta_{yk} \\ w_l \\ \theta_{xl} \\ \theta_{yl} \end{Bmatrix}, \quad \{F\}^{(e)} = \begin{Bmatrix} \{F_i\} \\ \{F_j\} \\ \{F_k\} \\ \{F_l\} \end{Bmatrix} = \begin{Bmatrix} F_{zi} \\ M_{xi} \\ M_{yi} \\ F_{zj} \\ M_{xj} \\ M_{yj} \\ F_{zk} \\ M_{xk} \\ M_{yk} \\ F_{zl} \\ M_{xl} \\ M_{yl} \end{Bmatrix}$$

2. 位移模式

在选取位移模式时，多项式的项数应当与单元节点自由度数一致，由于矩形单元有 12 个自由度，因此位移模式应包含 12 个参数。位移模式可取为以下多项式：

$$w = \alpha_1 + (\alpha_2 x + \alpha_3 y) + (\alpha_4 x^2 + \alpha_5 xy + \alpha_6 y^2) \\ + (\alpha_7 x^3 + \alpha_8 x^2 y + \alpha_9 xy^2 + \alpha_{10} y^3) + (\alpha_{11} x^3 y + \alpha_{12} xy^3) \tag{2-176}$$

式中，有 12 个位移参数 α_1，α_2，…，α_{12}。

在式(2-176)中，前十项包含了一个完整的三次多项式，最后两项则是从五个四次项(x^4，x^3y，x^2y^2，xy^3，y^4)中选用了两个。（之所以选择 x^3y 和 xy^3 是为了保证坐标的不变性，和曲率、扭率具有相同方次。）

转角为

$$\theta_x = \frac{\partial w}{\partial y} = \alpha_3 + \alpha_5 x + 2\alpha_6 y + \alpha_8 x^2 + 2\alpha_9 xy + 3\alpha_{10} y^2 + \alpha_{11} x^3 + 3\alpha_{12} xy^2$$

$$\theta_y = -\frac{\partial w}{\partial x} = -\alpha_2 - 2\alpha_4 x - \alpha_5 y - 3\alpha_7 x^2 - 2\alpha_8 xy - \alpha_9 y^2 - 3\alpha_{11} x^2 y - \alpha_{12} y^3$$

式(2-175)还可表示为如下形式：

$$w = \begin{bmatrix} 1 & x & y & x^2 & xy & y^2 & x^3 & x^2 y & xy^2 & y^3 & x^3 y & xy^3 \end{bmatrix} \begin{Bmatrix} \alpha_1 \\ \alpha_2 \\ \alpha_3 \\ \alpha_4 \\ \alpha_5 \\ \alpha_6 \\ \alpha_7 \\ \alpha_8 \\ \alpha_9 \\ \alpha_{10} \\ \alpha_{11} \\ \alpha_{12} \end{Bmatrix}$$

可简写为

$$w = [N]\{\alpha\} \tag{2-177}$$

式中，$[N]=[1\ x\ y\ x^2\ xy\ y^2\ x^3\ x^2y\ xy^2\ y^3\ x^3y\ xy^3]$是一个$1\times12$阶的行向量。

同样可将转角以$[N]$的形式表示为

$$\theta_y = \frac{-\partial w}{\partial x} = \left[\frac{-\partial N}{\partial x}\right]\{\alpha\}$$
$$\theta_x = \frac{\partial x}{\partial y} = \left[\frac{\partial N}{\partial y}\right]\{\alpha\}$$
(2-178)

式中，

$$\left[\frac{\partial N}{\partial y}\right] = [0\ 0\ 1\ 0\ x\ 2y\ 0\ x^2\ 2xy\ 3y^2\ x^3\ 3xy^2]$$

$$\left[\frac{-\partial N}{\partial x}\right] = [0\ -1\ 0\ -2x\ -y\ 0\ -3x^2\ -2xy\ -y^2\ 0\ -3x^2y\ -y^3]$$

位移模式(2-176)具有以下一些特性：

(1) 式(2-176)中的前三项代表单元的刚体位移状态。第一项$w=\alpha_1$，即单元任一点的挠度w是常数α_1，表明单元处于刚体移动状态。第二项$w=\alpha_2 x$，则$\theta_y = -\frac{\partial w}{\partial x} = -\alpha_2$，代表单元任一点绕$y$轴的转角$\theta_y$是常量$-\alpha_2$。第三项$w=\alpha_3 y$，则$\theta_x = \frac{\partial w}{\partial y} = \alpha_3$，即单元任一点绕$x$轴的转角$\theta_x$是常量$\alpha_3$，第二项和第三项表明单元处于刚体转动状态。

(2) 式(2-176)中的二次项代表单元的均匀变形状态。

二次项为$w=\alpha_4 x^2 + \alpha_5 xy + \alpha_6 y^2$，有

$$\kappa_x = \frac{-\partial^2 w}{\partial x^2} = -2\alpha_4$$

$$\kappa_y = \frac{-\partial^2 w}{\partial y^2} = -2\alpha_6$$

$$\kappa_{xy} = -2\frac{\partial^2 w}{\partial x \partial y} = -2\alpha_5$$

单元任一点的曲率κ_x、κ_y和扭率κ_{xy}分别为常量$-2\alpha_4$、$-2\alpha_6$、$-2\alpha_5$，表明单元处于均匀弯扭变形状态。

(3) 位移模式(2-176)能够保证相邻单元在公共边界上挠度的连续性。

以图2-51中的边界ij为例。在这个边界上，$y=-b=$常量，代入式(2-176)经整理，可知ij边界上的挠度w是x的三次函数：$w=c_1+c_2 x+c_3 x^2+c_4 x^3$。

它的四个系数c_1、c_2、c_3、c_4可以由边界上的两个端点i和j的四个位移分量w_1、$\theta_{yi}=-\left(\frac{\partial w}{\partial x}\right)_i$、$w_2$、$\theta_{yj}=-\left(\frac{\partial w}{\partial x}\right)_j$的值唯一确定。也就是说，在两相邻单元的公共边界上挠度方程完全相同，这样就保证了相邻单元在公共边界上挠度以及挠度沿切向的导数的连续性。

(4) 位移模式(2-176)不能保证相邻单元在公共边界上法线转角的连续性。

仍以图2-52中的边界ij为例。将$y=-b=$常量代入式(2-178)中的第一式，可知边界上的法线转角θ_x是x的三次函数：

$$\theta_x = \frac{\partial w}{\partial y} = \alpha_3 + \alpha_5 x - 2\alpha_6 b + \alpha_8 x^2 - 2b\alpha_9 x + 3\alpha_{10}b^2 + \alpha_{11}x^3 + 3\alpha_{12}xb^2$$

经整理得 $\theta_x = b_1 + b_2 x + b_3 x^2 + b_4 x^3$，但是对 θ_x 来讲，总共只有两个边界条件，即端点 i 和 j 的法线转角分别为 θ_{xi} 和 θ_{xj}。利用这两个条件不足以确定三次曲线中的四个系数 b_1、b_2、b_3、b_4。因此，尽管两个相邻单元在公共节点 i、j 的法线转角彼此相等，但由于两个端点条件不足以定出四个系数 b_1、b_2、b_3、b_4，因而两个单元在公共边界上的法线转角方程不一定彼此相同，也就是说，在公共边界上的法线转角有可能出现不连续现象，单元交界处法向导数不连续，意味着变形后出现棱而不再光滑。

(5) 关于解答的收敛性。

由性质(1)和性质(2)可以看出，在位移模式(2-176)中包含了单元的刚体位移状态和均匀变形状态，因此满足了解答收敛性的完备性要求。

由性质(3)和性质(4)可以看出，相邻单元的位移连续条件只是部分地得到满足。因此四节点矩形单元为非协调元或不完全协调元，尽管如此，可以证明这种解法仍然是收敛的。

(6) 非完全协调元的收敛性准则。

对拟协调元，艾恩斯(Irons)指出：

对于不能完全满足协调元准则的单元，若对任意小片的几个单元集合施加与任一常应变状态相应的节点位移，如果能在无外部载荷作用下满足节点平衡条件并且获得常应力状态，则称此单元能通过小片检验(little piece check)。而且实践证明，小片检验所要求的条件是保证非协调任意单元收敛性的充分条件。

对于某种薄板单元位移模式，进行小片检验的具体步骤如下：

① 取某一单元小片，对小片的每一节点给以对应于完全二次多项式的节点位移；

② 每一单元按 $F^{(e)} = k^{(e)} \delta^{(e)}$ 求单元节点力，式中 $k^{(e)}$ 为对应所考察位移模式的单元刚度矩阵；

③ 检验小片内部节点处是否均满足 $\sum_e F_i^{(e)} = 0$（交于 i 节点的各单元节点力自平衡）。

若条件均成立，则单元位移模式能通过小片检验。

研究证明矩形板单元解是收敛的，实际计算也表明了这一点。

将四个节点的坐标值代入式(2-176)和式(2-178)，可以推导出节点位移与位移参数之间的关系，为

$$\begin{Bmatrix} \omega_i \\ \theta_{xi} \\ \theta_{yi} \\ \omega_j \\ \theta_{xj} \\ \theta_{yj} \\ \omega_k \\ \theta_{xk} \\ \theta_{yk} \\ \omega_l \\ \theta_{xl} \\ \theta_{yl} \end{Bmatrix} = \begin{bmatrix} 1 & -a & -b & a^2 & ab & b^2 & -a^3 & -a^2b & -ab^2 & -b^3 & a^3b & ab^3 \\ 0 & 0 & 1 & 0 & -a & -2b & 0 & a^2 & 2ab & 3b^2 & -a^3 & -3ab^2 \\ 0 & -1 & 0 & 2a & b & 0 & -3a^2 & -2ab & -b^2 & 0 & 3a^2b & b^3 \\ 1 & a & -b & a^2 & -ab & b^2 & a^3 & -a^2b & ab^2 & -b^3 & -a^3b & -ab^3 \\ 0 & 0 & 1 & 0 & a & -2b & 0 & a^2 & -2ab & 3b^2 & a^3 & 3ab^2 \\ 0 & -1 & 0 & -2a & b & 0 & -3a^2 & 2ab & -b^2 & 0 & 3a^2b & b^3 \\ 1 & a & b & a^2 & ab & b^2 & a^3 & a^2b & ab^2 & b^3 & a^3b & ab^3 \\ 0 & 0 & 1 & 0 & a & 2b & 0 & a^2 & 2ab & 3b^2 & a^3 & 3ab^2 \\ 0 & -1 & 0 & -2a & -b & 0 & -3a^2 & -2ab & -b^2 & 0 & -3a^2b & -b^3 \\ 1 & -a & b & a^2 & -ab & b^2 & -a^3 & a^2b & -ab^2 & b^3 & -a^3b & -ab^3 \\ 0 & 0 & 1 & 0 & -a & 2b & 0 & a^2 & -2ab & 3b^2 & -a^3 & -3ab^2 \\ 0 & -1 & 0 & 2a & -b & 0 & -3a^2 & 2ab & -b^2 & 0 & -3a^2b & -b^3 \end{bmatrix} \begin{Bmatrix} \alpha_1 \\ \alpha_2 \\ \alpha_3 \\ \alpha_4 \\ \alpha_5 \\ \alpha_6 \\ \alpha_7 \\ \alpha_8 \\ \alpha_9 \\ \alpha_{10} \\ \alpha_{11} \\ \alpha_{12} \end{Bmatrix} \quad (2\text{-}179)$$

或简写为

$$\{\delta\}^{(e)} = [A]\{\alpha\} \quad (2\text{-}180)$$

式(2-180)的逆转换式为

$$\{\alpha\} = [A]^{-1}\{\delta\}^{(e)} \quad (2\text{-}181)$$

式中，逆阵 $[A]^{-1}$ 的展开式为

$$[A]^{-1} = \frac{1}{8}\begin{bmatrix} 2 & b & -a & 2 & b & a & 2 & -b & a & 2 & -b & -a \\ -\frac{3}{a} & -\frac{b}{a} & 1 & \frac{3}{a} & \frac{b}{a} & 1 & \frac{3}{a} & -\frac{b}{a} & 1 & -\frac{3}{a} & \frac{b}{a} & 1 \\ -\frac{3}{b} & -1 & \frac{a}{b} & -\frac{3}{b} & -1 & -\frac{a}{b} & \frac{3}{b} & -1 & \frac{a}{b} & \frac{3}{b} & -1 & -\frac{a}{b} \\ 0 & 0 & \frac{1}{a} & 0 & 0 & -\frac{1}{a} & 0 & 0 & -\frac{1}{a} & 0 & 0 & \frac{1}{a} \\ \frac{4}{ab} & \frac{1}{a} & -\frac{1}{b} & -\frac{4}{ab} & \frac{1}{a} & -\frac{1}{b} & \frac{4}{ab} & -\frac{1}{a} & -\frac{1}{b} & -\frac{4}{ab} & -\frac{1}{a} & \frac{1}{b} \\ 0 & -\frac{1}{b} & 0 & 0 & -\frac{1}{b} & 0 & 0 & \frac{1}{b} & 0 & 0 & \frac{1}{b} & 0 \\ \frac{1}{a^3} & 0 & -\frac{1}{a^2} & -\frac{1}{a^3} & 0 & -\frac{1}{a^2} & -\frac{1}{a^3} & 0 & -\frac{1}{a^2} & \frac{1}{a^3} & 0 & -\frac{1}{a^2} \\ 0 & 0 & -\frac{1}{ab} & 0 & 0 & \frac{1}{ab} & 0 & 0 & \frac{1}{ab} & 0 & 0 & \frac{1}{ab} \\ 0 & \frac{1}{ab} & 0 & 0 & -\frac{1}{ab} & 0 & 0 & \frac{1}{ab} & 0 & 0 & -\frac{1}{ab} & 0 \\ \frac{1}{b^3} & \frac{1}{b^2} & 0 & \frac{1}{b^3} & \frac{1}{b^2} & 0 & -\frac{1}{b^3} & \frac{1}{b^2} & 0 & -\frac{1}{b^3} & \frac{1}{b^2} & 0 \\ -\frac{1}{a^3b} & 0 & \frac{1}{a^2b} & \frac{1}{a^3b} & 0 & \frac{1}{a^2b} & -\frac{1}{a^3b} & 0 & \frac{1}{a^2b} & \frac{1}{a^3b} & 0 & -\frac{1}{a^2b} \\ -\frac{1}{ab^3} & -\frac{1}{ab^2} & 0 & \frac{1}{ab^3} & \frac{1}{ab^2} & 0 & -\frac{1}{ab^3} & \frac{1}{ab^2} & 0 & \frac{1}{ab^3} & -\frac{1}{ab^2} & 0 \end{bmatrix} \quad (2\text{-}182)$$

将式(2-181)代入式(2-182)可得单元内部各点的挠度 $w(x,y)$ 与节点位移 $\{\delta\}^{(e)}$ 之间的转换关系为

$$w = [N][A]^{-1}\{\delta\}^{(e)} \quad (2\text{-}183)$$

3. 求位移与应变之间的转换矩阵——几何矩阵

由于

$$\{\varepsilon\} = z\{\kappa\} = z\begin{Bmatrix} -\dfrac{\partial^2 w}{\partial x^2} \\ -\dfrac{\partial^2 w}{\partial y^2} \\ -2\dfrac{\partial^2 w}{\partial x \partial y} \end{Bmatrix}$$

对上式中挠度求导数，可得

$$\frac{\partial^2 w}{\partial x^2} = 2\alpha_4 + 6\alpha_7 x + 2\alpha_8 y + 6\alpha_{11} xy$$

$$\frac{\partial^2 w}{\partial y^2} = 2\alpha_6 + 6\alpha_9 x + 2\alpha_{10} y + 6\alpha_{12} xy$$

$$\frac{\partial^2 w}{\partial x \partial y} = \alpha_5 + 2\alpha_8 x + 2\alpha_9 y + 3\alpha_{11} x^2 + 3\alpha_{12} y^2$$

则可将 $\{\kappa\}$ 简化为

$$\{\kappa\} = [C]\{\alpha\} \quad (2\text{-}184)$$

将式(2-181)代入式(2-184)，则可得
$$\{\kappa\} = [C][A]^{-1}\{\delta\}^{(e)}$$
可简化为
$$\{\kappa\} = [B]\{\delta\}^{(e)} \tag{2-185}$$
其中
$$[B] = [C][A]^{-1} \tag{2-186}$$
矩阵$[B]$也可写成分块形式：
$$[B] = [[B_1][B_2][B_3][B_4]] \tag{2-187}$$
式中，子矩阵$[B_i]$都是3×3阶矩阵。

4. 由弹性方程求内力$\{M\}$

由弹性方程可得出薄板单元的内力与变形之间的关系。

由于$\{M\} = [D_b]\{\kappa\}$，将式(2-184)代入上式可得
$$\{M\} = [D_b][B]\{\delta\}^{(e)} \tag{2-188}$$
或改写为
$$\{M\} = [S]\{\delta\}^{(e)} \tag{2-189}$$
其中矩阵$[S]$也可写成分块形式：
$$[S] = [[S_1][S_2][S_3][S_4]] \tag{2-190}$$
式中，子矩阵$[S_i]$都是3×3阶矩阵，其展开形式为

$$[B_1] = \frac{1}{8}\begin{bmatrix} -\frac{6x}{a^3}\left(1-\frac{y}{b}\right) & 0 & -\frac{2}{a}\left(1-3\frac{x}{a}\right)\left(1-\frac{y}{b}\right) \\ -\frac{6y}{b^3}\left(1-\frac{x}{a}\right) & -\frac{2}{b}\left(1-\frac{x}{a}\right)\left(1-3\frac{y}{b}\right) & 0 \\ -\frac{2}{ab}\left(4-3\frac{x^2}{a^2}-3\frac{y^2}{b^2}\right) & -\frac{2}{a}\left(1+2\frac{y}{b}-3\frac{y^2}{b^2}\right) & \frac{2}{b}\left(1+2\frac{x}{a}-3\frac{x^2}{a^2}\right) \end{bmatrix}$$

$$[B_2] = \frac{1}{8}\begin{bmatrix} \frac{6x}{a^3}\left(1-\frac{y}{b}\right) & 0 & \frac{2}{a}\left(1+3\frac{x}{a}\right)\left(1-\frac{y}{b}\right) \\ -\frac{6y}{b^3}\left(1+\frac{x}{a}\right) & \frac{2}{b}\left(1+\frac{x}{a}\right)\left(1-3\frac{y}{b}\right) & 0 \\ \frac{2}{ab}\left(4-3\frac{x^2}{a^2}-3\frac{y^2}{b^2}\right) & \frac{2}{a}\left(1+2\frac{y}{b}-3\frac{y^2}{b^2}\right) & \frac{2}{b}\left(1-2\frac{x}{a}-3\frac{x^2}{a^2}\right) \end{bmatrix}$$

$$[B_3] = \frac{1}{8}\begin{bmatrix} \frac{6x}{a^3}\left(1+\frac{y}{b}\right) & 0 & \frac{2}{a}\left(1+3\frac{x}{a}\right)\left(1+\frac{y}{b}\right) \\ \frac{6y}{b^3}\left(1+\frac{x}{a}\right) & -\frac{2}{b}\left(1+\frac{x}{a}\right)\left(1+3\frac{y}{b}\right) & 0 \\ -\frac{2}{ab}\left(4-3\frac{x^2}{a^2}-3\frac{y^2}{b^2}\right) & \frac{2}{a}\left(1-2\frac{y}{b}-3\frac{y^2}{b^2}\right) & -\frac{2}{b}\left(1-2\frac{x}{a}-3\frac{x^2}{a^2}\right) \end{bmatrix}$$

$$[B_4] = \frac{1}{8}\begin{bmatrix} -\frac{6x}{a^3}\left(1+\frac{y}{b}\right) & 0 & -\frac{2}{a}\left(1-3\frac{x}{a}\right)\left(1+\frac{y}{b}\right) \\ \frac{6y}{b^3}\left(1-\frac{x}{a}\right) & -\frac{2}{b}\left(1-\frac{x}{a}\right)\left(1+3\frac{y}{b}\right) & 0 \\ \frac{2}{ab}\left(4-3\frac{x^2}{a^2}-3\frac{y^2}{b^2}\right) & -\frac{2}{a}\left(1-2\frac{y}{b}-3\frac{y^2}{b^2}\right) & -\frac{2}{b}\left(1+2\frac{x}{a}-3\frac{x^2}{a^2}\right) \end{bmatrix}$$

$$(2\text{-}191)$$

$$[S_1] = \frac{D_0}{8} \begin{bmatrix} -6\dfrac{x}{a^3}\left(1-\dfrac{y}{b}\right)-6\mu\dfrac{y}{b^3}\left(1-\dfrac{x}{a}\right) & \dfrac{2\mu}{b}\left(1-\dfrac{x}{a}\right)\left(1-3\dfrac{y}{b}\right) & -\dfrac{2}{a}\left(1-3\dfrac{x}{a}\right)\left(1-\dfrac{y}{b}\right) \\ -6\mu\dfrac{x}{a^3}\left(1-\dfrac{y}{b}\right)-6\dfrac{y}{b^3}\left(1-\dfrac{x}{a}\right) & \dfrac{2}{b}\left(1-\dfrac{x}{a}\right)\left(1-3\dfrac{y}{b}\right) & -\dfrac{2\mu}{a}\left(1-3\dfrac{x}{a}\right)\left(1-\dfrac{y}{b}\right) \\ -\dfrac{(1-\mu)}{ab}\left(4-3\dfrac{x^2}{a^2}-3\dfrac{y^2}{b^2}\right) & -\dfrac{(1-\mu)}{a}\left(1+2\dfrac{y}{b}-3\dfrac{y^2}{b^2}\right) & \dfrac{(1-\mu)}{b}\left(1+2\dfrac{x}{a}-3\dfrac{x^2}{a^2}\right) \end{bmatrix}$$

$$[S_2] = \frac{D_0}{8} \begin{bmatrix} 6\dfrac{x}{a^3}\left(1-\dfrac{y}{b}\right)-6\mu\dfrac{y}{b^3}\left(1+\dfrac{x}{a}\right) & \dfrac{2\mu}{b}\left(1+\dfrac{x}{a}\right)\left(1-3\dfrac{y}{b}\right) & \dfrac{2}{a}\left(1+3\dfrac{x}{a}\right)\left(1-\dfrac{y}{b}\right) \\ 6\mu\dfrac{x}{a^3}\left(1-\dfrac{y}{b}\right)-6\dfrac{y}{b^3}\left(1+\dfrac{x}{a}\right) & \dfrac{2}{b}\left(1+\dfrac{x}{a}\right)\left(1-3\dfrac{y}{b}\right) & \dfrac{2\mu}{a}\left(1+3\dfrac{x}{a}\right)\left(1-\dfrac{y}{b}\right) \\ \dfrac{(1-\mu)}{ab}\left(4-3\dfrac{x^2}{a^2}-3\dfrac{y^2}{b^2}\right) & \dfrac{(1-\mu)}{a}\left(1+2\dfrac{y}{b}-3\dfrac{y^2}{b^2}\right) & \dfrac{(1-\mu)}{b}\left(1-2\dfrac{x}{a}-3\dfrac{x^2}{a^2}\right) \end{bmatrix}$$

$$[S_3] = \frac{D_0}{8} \begin{bmatrix} 6\dfrac{x}{a^3}\left(1+\dfrac{y}{b}\right)+6\mu\dfrac{y}{b^3}\left(1+\dfrac{x}{a}\right) & -\dfrac{2\mu}{b}\left(1+\dfrac{x}{a}\right)\left(1+3\dfrac{y}{b}\right) & \dfrac{2}{a}\left(1+3\dfrac{x}{a}\right)\left(1+\dfrac{y}{b}\right) \\ 6\mu\dfrac{x}{a^3}\left(1+\dfrac{y}{b}\right)+6\dfrac{y}{b^3}\left(1+\dfrac{x}{a}\right) & -\dfrac{2}{b}\left(1+\dfrac{x}{a}\right)\left(1+3\dfrac{y}{b}\right) & \dfrac{2\mu}{a}\left(1+3\dfrac{x}{a}\right)\left(1+\dfrac{y}{b}\right) \\ -\dfrac{(1-\mu)}{ab}\left(4-3\dfrac{x^2}{a^2}-3\dfrac{y^2}{b^2}\right) & \dfrac{(1-\mu)}{a}\left(1-2\dfrac{y}{b}-3\dfrac{y^2}{b^2}\right) & -\dfrac{(1-\mu)}{b}\left(1-2\dfrac{x}{a}-3\dfrac{x^2}{a^2}\right) \end{bmatrix}$$

$$[S_4] = \frac{D_0}{8} \begin{bmatrix} -6\dfrac{x}{a^3}\left(1+\dfrac{y}{b}\right)+6\mu\dfrac{y}{b^3}\left(1-\dfrac{x}{a}\right) & -\dfrac{2\mu}{b}\left(1-\dfrac{x}{a}\right)\left(1+3\dfrac{y}{b}\right) & -\dfrac{2}{a}\left(1-3\dfrac{x}{a}\right)\left(1+\dfrac{y}{b}\right) \\ -6\mu\dfrac{x}{a^3}\left(1+\dfrac{y}{b}\right)+6\dfrac{y}{b^3}\left(1-\dfrac{x}{a}\right) & -\dfrac{2}{b}\left(1-\dfrac{x}{a}\right)\left(1+3\dfrac{y}{b}\right) & -\dfrac{2\mu}{a}\left(1-3\dfrac{x}{a}\right)\left(1+\dfrac{y}{b}\right) \\ \dfrac{(1-\mu)}{ab}\left(4-3\dfrac{x^2}{a^2}-3\dfrac{y^2}{b^2}\right) & -\dfrac{(1-\mu)}{a}\left(1-2\dfrac{y}{b}-3\dfrac{y^2}{b^2}\right) & -\dfrac{(1-\mu)}{b}\left(1+2\dfrac{x}{a}-3\dfrac{x^2}{a^2}\right) \end{bmatrix}$$

5. 单元刚度矩阵

矩形薄板弯曲单元的刚度矩阵仍可根据虚功原理来推导。

根据薄板弯曲问题的虚功方程(2-160)：

$$\{\delta^*\}^{(e)\mathrm{T}}\{F\}^{(e)} = \int_{-a}^{a}\int_{-b}^{b}\{k^*\}^{\mathrm{T}}\{M\}\mathrm{d}x\mathrm{d}y$$

将式(2-185)和式(2-188)代入上式，并注意到虚位移$\{\delta^*\}^{(e)}$是任意的，可得

$$[F]^{(e)} = \int_{-a}^{a}\int_{-b}^{b}[B]^{\mathrm{T}}[D_b][B]\mathrm{d}x\mathrm{d}y\{\delta\}^{(e)} \tag{2-192}$$

令

$$[k]^{(e)} = \int_{-a}^{a}\int_{-b}^{b}[B]^{\mathrm{T}}[D_b][B]\mathrm{d}x\mathrm{d}y \tag{2-193}$$

则

$$\{F\}^{(e)} = [k]^{(e)}\{\delta\}^{(e)} \tag{2-194}$$

式中，转换矩阵$[k]^{(e)}$称为薄板矩形单元的刚度矩阵。

对式(2-194)进行积分运算后可得薄板矩形单元的单元刚度矩阵为

$$[k]^{(e)} = k_0 \begin{bmatrix} k_1 & & & \vdots & & & & \vdots & & & & \\ k_4 & k_2 & & \vdots & & \text{对} & & \vdots & & & & \\ -k_5 & -k_6 & k_3 & \vdots & & & & \vdots & & & & \\ \cdots & \cdots & \cdots & \cdots & \cdots & \cdots & \cdots & \cdots & \cdots & \cdots & \cdots & \cdots \\ k_7 & k_{10} & k_{11} & \vdots & k_1 & & & \vdots & & & & \\ k_{10} & k_8 & 0 & \vdots & k_4 & k_2 & & \vdots & & & & \\ -k_{11} & 0 & k_9 & \vdots & k_5 & k_6 & k_3 & \vdots & & & & \\ \cdots & \cdots & \cdots & \cdots & \cdots & \cdots & \cdots & \cdots & \cdots & \cdots & \cdots & \cdots \\ k_{12} & -k_{15} & k_{16} & \vdots & k_{17} & -k_{20} & k_{21} & \vdots & k_1 & & & \text{称} \\ k_{15} & k_{13} & 0 & \vdots & k_{20} & k_{18} & 0 & \vdots & -k_4 & k_2 & & \\ -k_{16} & 0 & k_{14} & \vdots & k_{21} & 0 & k_{19} & \vdots & k_5 & -k_6 & k_3 & \\ \cdots & \cdots & \cdots & \cdots & \cdots & \cdots & \cdots & \cdots & \cdots & \cdots & \cdots & \cdots \\ k_{17} & -k_{20} & -k_{21} & \vdots & k_{12} & -k_{15} & -k_{16} & \vdots & k_7 & -k_{10} & -k_{11} & k_1 \\ k_{20} & k_{18} & 0 & \vdots & k_{15} & k_{13} & 0 & \vdots & -k_{10} & k_8 & 0 & \vdots & -k_4 & k_2 \\ -k_{21} & 0 & k_{19} & \vdots & k_{16} & 0 & k_{14} & \vdots & k_{11} & 0 & k_9 & \vdots & -k_5 & k_6 & k_3 \end{bmatrix}$$

其中

$$k_0 = \frac{Et^3}{360ab(1-\mu^2)}, \qquad k_1 = 21 - 6\mu + 30\frac{b^2}{a^2} + 30\frac{a^2}{b^2}$$

$$k_2 = 8b^2 - 8\mu b^2 + 40a^2, \qquad k_3 = 8a^2 - 8\mu a^2 + 40b^2$$

$$k_4 = 3b + 12\mu b + 30\frac{a^2}{b}, \qquad k_5 = 3a + 12\mu a + 30\frac{b^2}{a}$$

$$k_6 = 30\mu ab, \qquad k_7 = -21 + 6\mu - 30\frac{b^2}{a^2} + 15\frac{a^2}{b^2}$$

$$k_8 = -8b^2 + 8\mu b^2 + 20a^2, \qquad k_9 = -2a^2 + 2\mu a^2 + 20b^2$$

$$k_{10} = -3b - 12\mu b + 15\frac{a^2}{b}, \qquad k_{11} = 3a - 3\mu a + 30\frac{b^2}{a}$$

$$k_{12} = 21 - 6\mu - 15\frac{b^2}{a^2} - 15\frac{a^2}{b^2}, \qquad k_{13} = 2b^2 - 2\mu b^2 + 10a^2$$

$$k_{14} = 2a^2 - 2\mu a^2 + 10b^2, \qquad k_{15} = -3b + 3\mu b + 15\frac{a^2}{b}$$

$$k_{16} = -3a + 3\mu a + 15\frac{b^2}{a}, \qquad k_{17} = -21 + 6\mu + 15\frac{b^2}{a^2} - 30\frac{a^2}{b^2}$$

$$k_{18} = -2b^2 + 2\mu b^2 + 20a^2, \qquad k_{19} = -8a^2 + 8\mu a^2 + 20b^2$$

$$k_{20} = 3b - 3\mu b + 30\frac{a^2}{b}, \qquad k_{21} = -3a - 12\mu a + 15\frac{b^2}{a}$$

6. 非节点载荷的处理

当薄板矩形单元上作用有垂直的分布载荷 q 或集中载荷 p 时，可以根据虚功等效原则，将非节点载荷转化为作用于单元节点的等效节点载荷 $\{p_e\}$。

下面仅给出几种经常遇到的非节点载荷的等效结果。

(1) 当非节点载荷垂直于板单元的均匀法向载荷 q 时，其等效节点载荷为

$$\{P_e\} = qab\left\{1 \quad \frac{b}{3} \quad -\frac{a}{3} \quad 1 \quad \frac{b}{3} \quad \frac{a}{3} \quad 1 \quad -\frac{b}{3} \quad \frac{a}{3} \quad 1 \quad -\frac{b}{3} \quad -\frac{a}{3}\right\}^{\mathrm{T}} \quad (2\text{-}195)$$

(2) 当非节点载荷作用在矩形单元的中心点(0，0)的集中载荷 P 时，其等效节点载荷为

$$\{P_e\} = \frac{P}{8}\{2 \quad b \quad -a \quad 2 \quad b \quad a \quad 2 \quad -b \quad a \quad 2 \quad -b \quad -a\}^{\mathrm{T}} \quad (2\text{-}196)$$

2.7 壳体结构的有限元分析

中面为曲面的壳体在承受载荷时，既产生位于中面的薄膜力，还产生弯曲变形的弯矩和扭矩。它们共同承受外荷，彼此相互影响，使壳体作为一种非常经济的承载结构得到了广泛的应用。由于壳体结构的几何形状和变形现象都很复杂，给其控制方程的推导带来很多困难，同时由于每种推导引入的假设不同，还会出现不同的公式。因此，只有在很特殊的情况下才能得到解析解，而且解的形式通常相当复杂，不便于工程应用。这使有限元法成为了壳体结构分析的有力工具。

在有限单元法的壳体分析中，有多种不同类型的单元和模拟形式，其中最常用的是用平板型壳单元组成的折板系统代替原来的壳体，由平面应力状态和薄板弯曲应力状态加以组合得到壳体的应力状态。这种平板型壳单元概念直观、公式简单，只要单元划分足够密集，用折板系统代替实际壳体所得到的解就可以满足工程要求。因此本节仅简单介绍这一类型的壳单元。

2.7.1 基本假设

实际中的壳体厚度一般比其最小曲率半径等其他尺寸小得多，因此称为薄壳。和薄板的分析一样，为简化计算，在壳体的分析中同样也采用了一些由实践经验得到的基本假设，这些假设在一定程度上反映了实际情况。

1) 假设

壳体实质上是由板衍生的结构，因此在薄板问题中采用的一些假设现在仍然成立，如当薄壳发生微小变形时，也可以忽略其沿壳体厚度方向的挤压变形，且认为变形后中面法线保持为直线且仍为中面的法线。与薄板不同的是，壳体变形时中面不但发生弯曲，同时也将产生面内的伸缩变形。

将壳体划分为有限个单元，它们都是曲面单元。但是，当网格划分得足够细时，曲面单元将足够扁平，可近似地视为平板单元，它们拼成的折板体系可以近似代替原来的光滑壳体结构。常用的平板型壳体单元有矩形单元和三角形单元。

与薄板的受力不同，壳体承受的外载荷，具有切向和法向分量，它们将引起互相关联的变形，即耦合作用。但在微小变形情况下，就单元而言，可以认为其面内变形与弯曲变形互不影响。这样就可以分别研究两者各自的单元特性，然后加以简单组合。也就是说，薄壳的应力状态可以认为是平面应力状态和薄板弯曲应力状态的简单叠加，平板型壳单元的刚度矩阵可由平面应力单元刚度矩阵和薄板弯曲单元的刚度矩阵组合而成。

2) 节点位移

局部坐标系的 x 轴和 y 轴取在单元中面所在的平面内，以板面的法线方向作为 z 轴。在平面应力问题中每个节点有 2 个线位移 u_i、v_i，在薄板弯曲问题中每个节点有 1 个线位移 w_i 和

2 个法线角位移 θ_{xi} 和 θ_{yi}。由于壳体分析可以看作平面应力和薄板弯曲两种状态的叠加,因此壳单元每个节点有 5 个自由度,分别是 u_i、v_i、w_i、θ_{xi}、θ_{yi}。

2.7.2 矩形单元

对于壳体结构,可沿其母线方向及垂直于母线的方向把壳划分成一些矩形单元。首先建立局部坐标系,将原点放在矩形的形心,如图 2-53 所示,标出了节点 2 的 5 个自由度。

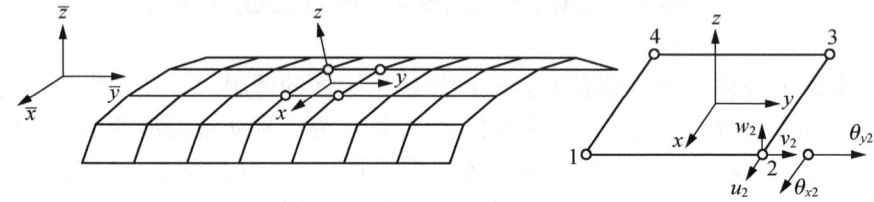

图 2-53 壳体矩形单元

1. 局部坐标系下单元分析

在局部坐标系下,与面内变形有关的情况同平面问题四节点矩形单元完全一样,其单元刚度方程可写为

$$\{\overline{F}\}^p = [\overline{k}]^p \{\overline{\delta}\}^p \tag{2-197}$$

式中,节点力向量 $\{\overline{F}\}^p$ 和节点位移向量 $\{\overline{\delta}\}^p$ 分别为

$$\{\overline{F}\}^p = \begin{Bmatrix} \overline{F}_1^p \\ \overline{F}_2^p \\ \overline{F}_3^p \\ \overline{F}_4^p \end{Bmatrix}, \quad \{\overline{F}_i^p\} = \begin{Bmatrix} \overline{F}_{xi} \\ \overline{F}_{yi} \end{Bmatrix}, \quad \{\overline{\delta}\}^p = \begin{Bmatrix} \overline{\delta}_1^p \\ \overline{\delta}_2^p \\ \overline{\delta}_3^p \\ \overline{\delta}_4^p \end{Bmatrix}, \quad \{\overline{\delta}_i^p\} = \begin{Bmatrix} \overline{u}_i \\ \overline{v}_i \end{Bmatrix}$$

单元刚度矩阵 $[\overline{k}]^p$ 可表示为

$$[\overline{k}]^p = \begin{Bmatrix} k_{11}^p & k_{12}^p & k_{13}^p & k_{14}^p \\ k_{21}^p & k_{22}^p & k_{23}^p & k_{24}^p \\ k_{31}^p & k_{32}^p & k_{33}^p & k_{34}^p \\ k_{41}^p & k_{42}^p & k_{43}^p & k_{44}^p \end{Bmatrix} \tag{2-198}$$

在局部坐标系下,与弯曲变形有关的情况同四节点矩形薄板弯曲单元完全一样,其单元刚度方程可写为

$$\{\overline{F}\}^b = [\overline{k}]^b \{\overline{\delta}\}^b \tag{2-199}$$

式中,节点力向量 $\{\overline{F}\}^b$ 和节点位移向量 $\{\overline{\delta}\}^b$ 分别为

$$\{\overline{F}\}^b = \begin{Bmatrix} \overline{F}_1^b \\ \overline{F}_2^b \\ \overline{F}_3^b \\ \overline{F}_4^b \end{Bmatrix}, \quad \{\overline{F}_i^b\} = \begin{Bmatrix} \overline{F}_{zi} \\ \overline{M}_{xi} \\ \overline{M}_{yi} \end{Bmatrix}; \quad \{\overline{\delta}\}^b = \begin{Bmatrix} \overline{\delta}_1^b \\ \overline{\delta}_2^b \\ \overline{\delta}_3^b \\ \overline{\delta}_4^b \end{Bmatrix}, \quad \{\overline{\delta}_i^b\} = \begin{Bmatrix} \overline{w}_i \\ \overline{\theta}_{xi} \\ \overline{\theta}_{yi} \end{Bmatrix}$$

单元刚度矩阵 $\left[\bar{k}\right]^b$ 可表示为

$$\left[\bar{k}\right]^b = \begin{Bmatrix} k_{11}^b & k_{12}^b & k_{13}^b & k_{14}^b \\ k_{21}^b & k_{22}^b & k_{23}^b & k_{24}^b \\ k_{31}^b & k_{32}^b & k_{33}^b & k_{34}^b \\ k_{41}^b & k_{42}^b & k_{43}^b & k_{44}^b \end{Bmatrix} \tag{2-200}$$

根据假设，平面应力状态下的位移不会影响弯曲变形；反过来也同样。因此很容易把两部分的单元刚度方程和矩阵拼合起来得到矩形壳单元的刚度方程和矩阵。另外，每个四节点矩形单元有 20 个自由度，其单元刚度矩阵为 20×20 的方阵。然而，在整体坐标系中，壳体单元每个节点有 6 个自由度。因此，为了便于从局部坐标系转换到整体坐标系，在单元局部坐标系中可增加节点角位移 $\bar{\theta}_{zi}$，即单元平面内的转角或法线绕 z 轴的转角。这样，每个节点就有 6 个自由度，节点 i 的位移向量及对应的节点力向量分别为

$$\{\bar{\delta}_i\} = \begin{Bmatrix} \bar{\delta}_i^p \\ \bar{\delta}_i^b \\ \bar{\theta}_{zi} \end{Bmatrix} \quad \text{和} \quad \{F_i\} = \begin{Bmatrix} \bar{F}_i^p \\ \bar{F}_i^b \\ \bar{M}_{zi} \end{Bmatrix} \quad (i=1, 2, 3, 4)$$

单元刚度矩阵扩大成 24×24 阶方阵。壳体方程中并没有涉及 $\bar{\theta}_{zi}$，故对应 $\bar{\theta}_{zi}$ 的行和列皆为零元素。这样，平板壳单元刚度方程为

$$\{\bar{F}\}^{(e)} = \left[\bar{k}\right]^{(e)} \{\bar{\delta}\}^{(e)} \tag{2-201}$$

若将单元刚度矩阵写成分块形式

$$\left[\bar{k}\right]^{(e)} = \begin{bmatrix} k_{11} & k_{12} & k_{13} & k_{14} \\ k_{21} & k_{22} & k_{23} & k_{24} \\ k_{31} & k_{32} & k_{33} & k_{34} \\ k_{41} & k_{42} & k_{43} & k_{44} \end{bmatrix} \tag{2-202}$$

则其中的子块为

$$k_{ij} = \begin{bmatrix} k_{ij}^p & 0 & 0 & 0 & 0 \\ & & 0 & 0 & 0 & 0 \\ 0 & 0 & & & & 0 \\ 0 & 0 & & k_{ij}^b & & 0 \\ 0 & 0 & & & & 0 \\ 0 & 0 & 0 & 0 & 0 & 0 \end{bmatrix} \tag{2-203}$$

2. 整体坐标系下单元分析

前面推导的单元刚度矩阵、力及弯矩都是在局部坐标系下得到的，在列节点平衡方程时，不同局部坐标系下得到的各相关单元节点力就不能直接叠加，从而单元刚度矩阵不能直接集成为整体刚度矩阵。这就需要将局部坐标转换为统一的整体坐标系。局部坐标与整体坐标之间的关系为

$$\begin{Bmatrix} \bar{x} \\ \bar{y} \\ \bar{z} \end{Bmatrix} = \begin{bmatrix} \cos(\bar{x},x) & \cos(\bar{x},y) & \cos(\bar{x},z) \\ \cos(\bar{y},x) & \cos(\bar{y},y) & \cos(\bar{y},z) \\ \cos(\bar{z},x) & \cos(\bar{z},y) & \cos(\bar{z},z) \end{bmatrix} \begin{bmatrix} x \\ y \\ z \end{bmatrix} = [\varphi] \begin{bmatrix} x \\ y \\ z \end{bmatrix} \tag{2-204}$$

式中，$[\varphi]$ 为局部坐标系 $\overline{xyz}$ 对整体坐标系 xyz 的方向余弦矩阵。

柱壳的母线是相互平行的，若取整体坐标系的 x 轴与母线方向一致，则各单元的局部坐标轴 $\bar{x}$ 均可取与 x 轴一致。从 x 轴方向看去，其他坐标轴之间的关系如图 2-54 所示。设单元的 $\bar{z}$ 轴与 z 轴间的夹角为 φ（从 z 轴逆时针旋转到 $\bar{z}$ 轴时为正），则有

$$[\varphi] = \begin{bmatrix} 1 & 0 & 0 \\ 0 & \cos\varphi & -\sin\varphi \\ 0 & \sin\varphi & \cos\varphi \end{bmatrix} \tag{2-205}$$

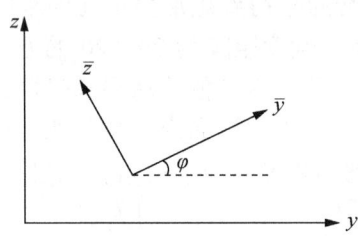

图 2-54　坐标系

则节点 i 的位移分量在不同坐标系中具有如下关系

$$\begin{bmatrix} \bar{u}_i \\ \bar{v}_i \\ \bar{w}_i \\ \bar{\theta}_{xi} \\ \bar{\theta}_{yi} \\ \bar{\theta}_{zi} \end{bmatrix} = \begin{bmatrix} 1 & 0 & 0 & 0 & 0 & 0 \\ 0 & \cos\varphi & -\sin\varphi & 0 & 0 & 0 \\ 0 & \sin\varphi & \cos\varphi & 0 & 0 & 0 \\ 0 & 0 & 0 & 1 & 0 & 0 \\ 0 & 0 & 0 & 0 & \cos\varphi & -\sin\varphi \\ 0 & 0 & 0 & 0 & \sin\varphi & \cos\varphi \end{bmatrix} \begin{bmatrix} u_i \\ v_i \\ w_i \\ \theta_{xi} \\ \theta_{yi} \\ \theta_{zi} \end{bmatrix} = [\lambda] \begin{bmatrix} u_i \\ v_i \\ w_i \\ \theta_{xi} \\ \theta_{yi} \\ \theta_{zi} \end{bmatrix}$$

或改写为

$$\{\bar{\delta}_i\} = [\lambda]\{\delta_i\} \qquad (i=1,2,3,4) \tag{2-206}$$

式中，

$$[\lambda] = \begin{bmatrix} \varphi & 0 \\ 0 & \varphi \end{bmatrix}$$

则四节点矩形单元的节点位移变换公式为

$$\{\bar{\delta}\}^{(e)} = [T]\{\delta\}^{(e)} \tag{2-207}$$

式中，$[T]$ 为变换矩阵，具体形式为

$$[T] = \begin{bmatrix} \lambda & 0 & 0 & 0 \\ 0 & \lambda & 0 & 0 \\ 0 & 0 & \lambda & 0 \\ 0 & 0 & 0 & \lambda \end{bmatrix} \tag{2-208}$$

同理有单元节点力的变换公式为

$$\{\bar{F}\}^{(e)} = [T]\{F\}^{(e)} \tag{2-209}$$

将式(2-208)和式(2-210)代入式(2-202)，壳在整体坐标系下的单元刚度方程为

$$\{F\}^{(e)} = [k]^{(e)}\{\delta\}^{(e)} \tag{2-210}$$

式中，整体坐标系下的单元刚度矩阵为

$$[k]^{(e)} = [T]^{\mathrm{T}} \left[\overline{k}\right]^{(e)} [T] \tag{2-211}$$

2.7.3 用壳体单元进行壳体分析的步骤

(1) 结构离散(手工或自动)并确定节点坐标。
(2) 作局部坐标系下的单元分析：
① 作平面应力单元分析；
② 作平面弯曲单元分析；
③ 组成壳体单元特性公式。
(3) 建立坐标变换矩阵$[T]$并求整体坐标系下的单元特性。
(4) 按整体节点编码进行直接刚度法集装。
(5) 是否所有单元集装完毕？
① 否，转回局部坐标系下的单元分析；
② 是，且为后处理法。则引入约束条件(划零置一或乘大数法)，并检查相应θ_z的主对角线元素是否为零(当围绕某节点的各单元在同一平面内时，相应θ_z的主对角线的元素将为零)，若有则置换成任意值(一般为一大数)，从而保证总刚度矩阵非奇异。

另一种处理方法是令$k_{ij}^{(e)}$中第 6 行第 6 列的元素为一个很小的数(一般可取比其他对角线元素小 2~3 个数量级的数)，其作用有三点：其一使某节点处相邻单元共面时总刚度矩阵非奇异；其二使单元不共面时不至于对实际的总刚度矩阵有明显影响；其三使程序编制、处理更简单。

(6) 解总刚度方程得到壳体节点位移。
(7) 计算各单元应力：
① 形成单元整体坐标节点位移矩阵；
② 作坐标变换求局部坐标下节点位移矩阵；
③ 求平面应力问题应力；
④ 按平面弯曲求应力；
⑤ 叠加③、④的应力结果；
⑥ 检查是否全部单元求毕，若没有则转①。
(8) 进行应力结果整理。
(9) 输出有关结果(或自动绘图并输出)。

参 考 文 献

蒋玉川，李章政. 2010. 弹性力学与有限元法简明教程. 北京：化学工业出版社
王勖成，邵敏. 1997. 有限单元法基本原理及其数值方法. 2 版. 北京：清华大学出版社
曾攀. 2004. 有限元分析及应用. 北京：清华大学出版社
朱伯芳. 1998. 有限单元法原理与应用. 北京：中国水利水电出版社
Darly L L. 2012. A First Course in the Finite Element Method. 5th ed. Stamford: Thomson learning Ltd.
Robert D C. 2001. Concepts and Applications of Finite Element Analysis. 4th edition. New Jersey: Wiley John & Sons Incorporated
Tirupathi R C. 2002. Introduction to Finite Elements in Engineering. 3rd ed. New York: Prentice-Hall Inc.

第 3 章 有限元建模细节与 ANSYS 软件概述

第 2 章讨论了一维、二维以及三维结构有限元法的基本概念、理论和方法，推导了各单元类型的刚度矩阵和有限元方程。但是，作为使用有限元解决各种工程问题的读者，还有一个十分关键的问题：如何将有限元理论转化为能被计算机识别并加以运算的程序，即有限元编程。作为一名现代结构工程师，不但要有丰富的工程经验和扎实的理论知识，熟练运用计算机及相关软件解决工程实际问题也是不可缺少的一项技能。

编制具有一定适用范围的有限元程序是一个十分庞大且复杂的系统工程，早期从事有限元研究和应用的学者、工程技术人员曾花费了巨大的精力和时间。随着计算机软件技术的快速发展及硬件性能的不断提高，目前国内外已研制和开发了许多功能强大的商业化有限元分析专用及通用软件，这些分析软件具有解题规模大、建模和分析功能强、计算效率和可靠性高等优点，能够广泛用于不同的工程领域。有限元分析的实施从早期所谓的大型机、中型机很快发展到了今天的微机，这对有限元的普及起到了极大的推动作用，也为工程设计人员的使用提供了极大的方便。

有限元理论与方法具有规范化的特点。尽管目前国际市场上有多达百余种有限元软件，但其基本思路是一致的。本章将对有限元仿真分析过程和一般原则进行系统阐述，并对具有代表性的 ANSYS 软件进行详细介绍，从而使读者熟悉有限元软件的使用方法与技巧，将有限元方法的理论与工程实际应用进行完美结合。

3.1 有限元仿真分析基本过程

有限元分析的实施是通过分析软件实现的。作为一种成熟的分析方法，越来越多的商业化有限元分析软件先后进入了市场。目前在国内外市场上得到广泛认可与应用的有限元分析软件主要包括美国 MSC 公司的 MSC.Nastran、MSC.Marc 软件，美国 ANSYS 公司的 ANSYS 软件，美国 HKS 公司的 ABAQUS 软件，美国 LSTC 公司的 LS-Dyna 软件，美国 NEI 公司的 NEINatran 软件，美国 ADINA 公司的 ADINA 软件，比利时 Samtech 公司的 SAMCEF 软件，以及美国 EDS 公司的 I-DENS 软件等。

通常，人们将有限元的分析软件划分为线性分析软件、非线性分析软件和显示高度非线性分析软件，这些软件都有着不同的特点和优势。例如，Nastran、ANSYS、SAMCEF 等软件在线性分析方面具有一定的优势；Marc、ABAQUS、Samcef Mecano 和 ADINA 等软件在非线性分析方面各具特点，其中前三者被认为是最优秀的非线性求解软件，Samcef Mecano 在弹性体和刚体的耦合非线性分析方面见长；LS-Dyna、PamCash、MSC.Dytrna、ABAQUS/Explicit 和 Radioss 是显示高度非线性分析软件的代表，其中 LS-Dyna 和 PamCash 在结构分析方面见长，是汽车碰撞仿真和安全性分析的首选软件，而 MSC.Dytrna 则在流体耦合分析方面见长，在汽车缓冲气囊和国防等领域应用较为广泛。

随着科学技术的快速发展和市场化进程的加速，各种各样的商业化有限元分析软件将不断涌现。在实际应用中，对商业化有限元分析软件应该充分利用网络信息资源及市场调查等手段进行选择。本书考虑不同对象的教学需要，选用了较为常用的 ANSYS 软件作为有限元分析的实施工具。

所有的通用有限元软件都包括前处理、求解器求解、后处理三个有逻辑顺序的模块。在进行实际工程分析时，也按照以上三个模块进行实施。前处理主要进行结构的建模、材料属性的定义、单元的选择和划分以及载荷和约束的施加；然后选择求解器进行求解，即设定分析步骤和输出变量；求解之后可进入后处理，进行变形图、等值线图等的绘制、输出和计算结果的列表显示等。

3.1.1 数据前处理

目前的有限元分析软件，基本上都具备数据前处理功能。按照一般的分析程序，在明确了分析目标和任务之后，首先要制订分析方案，包括模型的简化和单元离散方案、载荷的施加及结果处理。前处理需要的人工干预最多、工作量最大、对人的专业知识要求也最高，计算结果的可靠性与精度、计算所需时间和存储容量等在很大程度上都依赖于结构的计算模型。

有限元分析的数据前处理可概括为以下几个方面。

1. 创建几何模型

通用程序中一般提供两种获得模型的途径：一是利用程序自带的建模功能创建模型，即可以采用人机交互图形输入方式构建几何模型，也可以采用数据文件形式输入几何模型，在数据文件中用点、线、面和体的数据描述几何模型；二是通过程序的 CAD 接口导入/导出几何模型。这里需要指出，导入的几何模型一般都要进行修正处理，几何模型不等于有限元模型。

目前，通用程序的前处理模块已发展成为类似于 Auto CAD 的交互式 CAD 图形系统，结合各种实体的图形数据库，运用布尔运算等各种辅助手段可以生成复杂的几何图形及网格。对大型结构也可以分为几个独立部分分别建模，利用合并功能得到连续体积和模型。另外，通用程序多带有 CAD 接口功能，可以实现几何图形的无缝传递。一种是通过标准 IGES 文件格式导入，该方法一般要经过 CAD-IGES 通用程序的转换过程，但对于复杂的大型结构容易出现信息丢失现象，无法实现百分之百转换；另一种是针对 CAD 产品的专用图形文件接口，这类接口直接读取 CAD 图形文件，成功率高。常用的有 Pro/E、UG、Parasolid、CATIA 等专用接口。但是，将结构模型直接倒入有限元程序中，往往并不能立即使用，一般还要经过模型修复。一是由于导入的图形可能带有小导角、圆角或小线段，受机器内存的限制无法直接划分网格；二是导入的几何模型不同零件之间看起来虽然联系在一起，但是没有黏合在一起，如果就此进行网格划分，各个图形并没有通过单元节点连成一体，载荷也无法通过节点传递，表面上划分了网格，实际上并未达到有限元建模的条件。一种处理方法是按照构建有限元模型的思想来建立几何模型，即在非重要的承载区舍去小的导角、小的工艺圆孔以及小的过渡圆角等，这样导入程序中的图形修复工作量将大大减少。

这里必须指出，几何模型创建过程不是简单地对研究对象的重复和增删，而是将被研究对象的结构形状、外部载荷、结构各部分的相互作用以及对周围环境的影响进行综合分析，同时还必须对考察对象的计算目的和要求有一个清晰、深入的了解，在此基础上才能给出一个恰当、科学的计算模型。

2. 创建有限元模型与网格化分

一般创建有限元模型有两种方法：一是直接创建节点，然后生成单元；二是创建或导入几何模型,将其离散化成网格模型。其中,包括设置单元属性和网格划分。单元属性是指定义单元类型、材料数据和实常数等。网格划分是指用适当类型和数量的单元离散被分析的结构,又包括网格划分密度控制、执行网格划分操作网格检查和网格修改等。

网格划分应根据结构特点,J.N. Reddy 博士所著的 *Finite Element Method* 书中提到有限单元网格划分的三点重要依据:

(1)网格必须能够精确地表现出所计算范围内的几何模型,以及在此范围内的所有载荷条件,也就是说,网格必须非常地接近所要逼近的几何。

(2)网格必须在计算结果产生较大梯度的部位,将此梯度精确地表现出来。这些结果包括应力、应变、变形、温度、流速等。

(3)必须避免如太大长宽比、非正常的倾斜角度等网格的产生,尤其是在截面有大幅变化的几何区域,更需小心地避免此种网格的出现。

总之,有限元分析结构的精度及计算所需时间和存储容量都与网格划分有直接关系,因此,划分网格时应注意以下几个问题。

(1)网格疏密:网格划分越密,单元、节点越多,分片插值的精度越高,因此计算结果的精度也就越高,但所需计算时间越长,对计算机存储容量的要求也越大,因此网格疏密应综合考虑计算精度和计算时间两个因素。一个原则是有疏有密。在结构分析数据梯度较大的地方网格应较密,而在其他地方应尽量使用较稀的网格。根据对所计算结构的形状、载荷分布及边界条件等作大致分析后,在预估应力较大及变化较剧烈的部位、重要部位、边界比较曲折的部位,其网格应密些。如果不能事先预估应力分布,可以用比较均匀的单元进行试算,然后根据计算结果重新划分单元,再进行二次计算。但是在一个结构上,单元过渡要平缓。

(2)单元阶次:单元有低阶和高阶两种类型,高阶单元有阶次较高的位移模式,离散精度较高。但单元阶次越高,网格划分、时间计算和存储容量的要求也越高。一个原则是有高有低。在初次计算或计算精度没有特别要求时,可选用低阶单元;在最终计算或精度要求较高时,选用高阶单元。

(3)网格形状:理想的网格形状是网格各边或内角基本相等,若网格边长或内角悬殊太大,则会造成单元畸形。畸形单元会影响计算结果的精度,超过一定限度会使计算过程中断。这一点对板壳单元尤为重要。

目前,随着计算机软件的发展,出现了专门用于有限元网格模型建立的软件,如 HyperMesh 软件等,借助这类软件可以较轻松地得到质量较高的网格模型,然后将其导入有限元软件中,从而保证计算模型的质量。

3.1.2 施加载荷和边界条件

施加载荷和边界条件有两种途径:一是在实体模型上施加,这仍然要转换到有限元模型上,要注意实体坐标系与有限元节点坐标的一致性;二是在有限元模型上施加载荷,这就是有限元分析的最终载荷施加状态。

广义载荷包括自由度约束、集中载荷、面载荷、体积载荷和惯性载荷等。自由度约束是定义节点的自由度(DOF)值(结构分析_位移、热分析_温度、电磁分析_磁势等);集中载荷是指作用在模型的一个点上的载荷(结构分析_力、热分析_热导率等);面载荷是作用在表面的分布载荷(结构分析_压力、热分析_热对流等);体积载荷是作用在整个体内或场内的载荷(热分析_体积膨胀、内生成热、电磁分析_磁流密度等);惯性载荷是由物体的惯性(质量矩阵)

引起的载荷，如重力加速度、加速度以及角加速度。

添加载荷应遵循以下几个原则：

(1) 简化假定越少越好；

(2) 施加的载荷与结构的实际承载状态尽量保持吻合；

(3) 如果无法做得更好，只要其他位置结果正确也可以认为是正确的，但是必须忽略"不合理"边界的附近一定区域内的应力；

(4) 加载时，必须十分清楚各个载荷的施加对象；

(5) 集中载荷是不存在的；

(6) 除了对称边界，实际上不存在真正的刚性边界；

(7) 添加刚体运动约束，但不能添加过多的(其他)约束。

上面的几条原则中除了涉及载荷，还提到了节点位移约束。通过施加位移约束，可以消除结构的刚体运动、保持节点间的相对变形关系以及合理利用结构的特殊性等。

1. 载荷的施加

应用有限单元法进行分析时，载荷通常给定。根据不同的计算工况确定载荷是保证有限元分析结果反映工程结构实际情况的前提。根据计算的需要，载荷可以按不同的方法分类。

根据载荷在结构上的分布情况，可以分为以下三种。

(1) 集中载荷：当外载荷作用在结构上的区域很小时，可以认为这种载荷是集中载荷，如龙门起重机的轮压、塔式起重机臂架上变幅小车的轮压、吊重、挖掘机的挖掘阻力等，在载重汽车中，发动机的重量也是以集中载荷的形式作用在车架上的。

(2) 分布载荷：当外载荷作用在结构的一定面或一定长度上时，称为分布载荷。若分布载荷的集度是均匀的，则为均布载荷。

(3) 体积载荷：当外载荷作用在整个结构上，如结构的自重、由质量引起的惯性力等，通常称为体积载荷。

根据载荷作用随时间变化的情况，可以分为以下两类。

(1) 静载荷：当载荷的大小、方向和作用点不随时间变化时，称为静载荷或固定载荷，如结构自重。

(2) 动载荷：当载荷的大小、方向和作用点随时间变化时，称为动载荷，其中如果仅仅是载荷的作用点随时间而变，常常称为移动载荷。动载荷作用在结构上时，一般都是一个过程。例如，起重机吊重的离地起升过程，吊重由地面到离地、直到平稳上升，臂架结构将承受一个十分复杂的动载荷。又如，汽车在正常行驶过程中突然制动，在制动过程中，汽车结构也将承受很复杂的动载荷。结构在动载荷作用下，经常发生结构振动现象，因此，动载荷作用下的分析比静载荷作用时要复杂得多。

在形成有限元计算模型时，计算载荷组合一定要根据相应规范、标准所规定的计算工况来确定。对同一结构进行分析时，可以有多种计算工况。如对转向架构架进行有限元分析时，可以分工况分别计算垂向载荷、横向载荷以及纵向载荷等，还可以进行不同的工况组合，以考核构架在最不利情形下的应力分布。

在确定计算载荷时，除上述根据不同工况计算实际载荷组合外，也常用单位载荷作用法。它是计算出同一工况中不同的载荷在单位值作用时的结果，然后根据实际工况的载荷，直接把相应的计算结果加权叠加，从而得出实际工况下的结果。如对汽车起重机车架进行分析时，首先分别计算在回转中心作用单位垂直力、绕纵轴的单位弯矩和绕横轴的单位弯矩时的情形，然后计算出臂架在不同位置时的实际垂直力、绕纵轴弯矩和绕横轴弯矩，根据它们与单位力的权值把相应点的计算结果加权叠加，就可得到实际位移和应力值。

2. 位移约束的施加

节点位移约束的建立直接关系到分析模型计算结果的正确与否，如图 3-1 所示，在同样外部载荷的作用下，同样尺寸的梁结构，其两端简支和两端固支，变形和应力分布完全不同。因此，在计算求解之前，应仔细确定结构的约束状态，给出正确的约束条件。

(a) 两端简支　　　　　　　　　　　(b) 两端固支

图 3-1　不同节点的位移约束

位移约束的建立可通过施加绝对位移约束、自由度耦合以及位移约束方程等来实现。

1) 绝对位移约束

绝对位移约束是指对节点位移大小的限制，它直接或间接规定了节点某些位移分量的绝对大小。这种约束条件通常包括以下几种类型。

(1) 刚性约束：即节点位移分量为零的约束。这种约束常用于消除结构的刚性运动，模拟结构与外界的接触情况以及对称结构的边界条件等。结构刚体运动一般根据节点自由度进行确定，须限制节点所有的自由度。

(2) 强迫约束：即规定节点某一位移分量值为非零值的约束。刚性约束是一种特殊的强迫约束。

(3) 弹性约束：相当于弹性支撑，如结构边界与外界为弹性连接等，弹性约束通过弹簧单元实现。弹簧单元用于模拟结构的某种约束，一般具有以下几个方面的作用。

① 提供弹性支撑约束。弹性约束既可以消除模型的刚体位移，又不会因集中约束导致局部刚度(应力)过大。

② 处理约束不足问题。在对称结构的对称或反对称面上，可施加一刚度很小的弹簧单元，从而消除结构的刚体位移，且不致因添加额外约束而影响结构原有的变形状态。

③ 建立弹性连接。在进行组合结构的有限元分析时，如果考虑连接零件(如螺栓)的弹性，则可用弹簧单元连接各个子结构。

④ 消除模态分析时结构的刚体模态。

2) 自由度耦合

耦合是用于定义一组节点具有相同的自由度值，在耦合自由度上它们相当于是一个完全刚性的约束关系，保证它们在耦合自由度上相对位移为零。耦合约束规定：若一组节点与某一个(或某一组)节点在规定的自由度方向耦合在一起，则它们具有相同的位移状态。耦合的用途主要有以下几种。

(1) 在两重复节点间形成万向节、铰链、销钉及滑动连接等。例如，若仅耦合 3 个平动自由度，则相当于铰接(如梁单元之间的铰接)；若耦合 3 个平动自由度和 2 个转动自由度，即释放一个转动自由度，则相当于销接。

(2) 在具有周期对称的结构如叶轮、车轮、制动盘等中，其几何形状、物理性质、边界条件和加载状态沿周向呈周期变化，它们不是轴对称问题，但可以取其中一子结构进行分析。耦合自由度可用于处理这类周期对称边界条件约束问题。例如，取一周期对称角扇区，在其两个对称边界上对应节点上将所有位移自由度进行耦合，这样用一个对称角模型就可以模拟整个周期对称结构问题了。

(3) 实现小位移条件下的无摩擦接触面模型, 即处理滑动边界条件, 耦合接触面法向的节点位移, 释放切线方向的节点位移。

3) 位移约束方程

约束方程是描述多个不同的或相同的自由度之间的线性协调关系, 建立的是多个节点之间的刚性连接关系。而耦合仅仅描述两个节点或节点集之间位移的相等关系, 即一对一关系, 因此耦合可看作约束方程的特殊情况。在结构分析中某些节点的自由度不是独立的, 它们可以由其他的节点自由度确定, 这时就可用位移约束方程来处理。处理的方法是把相关的自由度表示为某些独立自由度的线性组合, 其表达式可按式(3-1)定义:

$$\sum_{i=1}^{n} \alpha_i \mathrm{DOF}_i + \mathrm{const} = 0 \tag{3-1}$$

式中, α_i 为第 i 个自由度的系数; DOF_i 为第 i 个自由度; n 为方程中参与自由度的项数; const 为约束方程常数项。

位移约束方程的使用给处理工程实际问题带来了很大方便, 其用途主要有以下几种:

(1) 连接不同类型单元之间的网格;

(2) 连接具有不同自由度的单元;

(3) 建立刚性域;

(4) 描述过盈装配中两界面间的盈量或间隙。

3.1.3 求解及误差分析

一般来说, 有限元分析的求解是由程序完成的, 如单加载步的线性静力求解, 完全由计算机自动完成, 人工干预较少。但是对于动力及非线性分析等问题, 其求解过程十分复杂, 为了使求解更有效, 需要确定合适的求解方案, 包括选择求解方法、加载步长以及迭代次数等参数的设定等。如何选择合理的求解方案和策略, 需要在掌握基本求解技能的基础上进一步深入学习, 这里仅从一般非线性有限元方程的求解和有限元问题的求解过程出发, 归纳出以下几点注意事项:

(1) 要了解程序的运作方式和结构的表现行为, 可以首先分析一个简化模型, 初步了解结构的特性、非线性静态、非线性瞬态等分析的不同方面, 并且尽量检验分析结果;

(2) 因为动态及非线性问题的复杂性, 需要有足够的网格密度, 所以应尽可能简化最终模型;

(3) 选取一个合理的时间步长/载荷增量, 了解各种解法的特点及效果, 设法解决收敛性问题及全面的计算结果分析;

(4) 预测求解时间、规模和内存需求, 避免由于硬盘空间或内存不足造成计算速度慢或意外中断;

(5) 查找求解失败的原因, 是约束不足还是非线性单元崩溃, 是单元质量差还是解出现奇异性。

此外, 有限元分析作为一种近似数值解法, 它与精确解或真实解必然存在误差, 分析误差产生的原因及其影响, 对于更好地运用有限元法为工程实际服务是极有帮助的。有限元法的误差可分为两大类三个方面: 一类是粗差(错误); 另一类是计算误差和离散误差。

(1) 粗差: 就是错误。在有限元分析中, 如果没有了解分析对象特性、理解有限元理论、掌握程序操作方法，就可能出现模型简化错误、载荷施加错误（大小和位置）、边界约束错误（约束过多或不合理）、计算单位错误等。粗差的数值往往显著偏离真值，即计算结果与经验值或理论值偏差较大。一旦发现粗差，要弄清原因，坚决改之。

(2) 计算误差：是指计算机在数值运算时产生的误差。由于大量的数值运算、反复迭代、应力内力推算等会产生累计等计算误差，这方面的计算误差相对其他计算过程一般不大。计算误差的主要部分是分解刚度矩阵及转置求逆的运算。计算方法的改进和计算精度的提高，可以将计算误差降到最低。计算误差的另一种情况是出现所谓"病态方程"问题，即当两个刚性相差较大的单元相邻时，可能出现病态方程。因此在建模时，应避免单元刚性相差较大（单元过渡应平缓），否则会导致较大的计算误差出现。

(3) 离散误差：是由于连续体被有限个单元所代替导致的误差。由于位移模式仅具有有限个自由度，单元网格也不可能精确地逼近结构的几何形状，这些都直接造成有限元解的离散误差。如果增加有限元模型的自由度数，使单元尺寸减小，就可有效减小离散误差，有限元的近似解将收敛到精确解。

由此可知，在有限元分析中计算误差和离散误差总是存在的，这两种误差相比，计算误差又主要由离散误差引起。所以，在进行有限元分析时，要处理好网格密度，注意单元形态，仔细检查网格质量，避免出现刚度过分悬殊的单元，同时要杜绝粗差，以科学的态度解决计算中的问题。

3.1.4 数据后处理

后处理就是提取结果特征数据和分析处理求解结果信息。有限元分析的计算结果包含大量的特征数据，只有对这些计算数据进行细致的分析之后，才有可能理解计算中反映的问题，掌握分析对象的状况。有限元分析输出的计算数据类型有两种：一种是基本数据，即节点解，如节点位移等；二是派生数据，即单元解，是指根据基本数据导出的结果数据，是导出量。通常是节点、单元的应力应变以及等效应力和单元能量等。在给定节点处，可能存在不同的应力值，这是由与此节点相邻的不同单元计算产生的。有限元解输出的节点应力应变指的是在节点处导出量的平均值，而单元解则给出非平均值。平均的节点应力显示连续的应力，而非平均的节点应力显示不连续的应力。一般情况下，应输出平均的节点应力，但在弹性模量不同的材料交界处，在不同厚度的壳单元的交界处，应力分量会不连续，此时要显示未经平均的应力。

1. 后处理应考虑的问题

计算完成之后，要考虑以下问题。

(1) 计算结果是否可靠：识别错误的计算结果，调试可以的分析结果。计算结果可以根据经验、实验等判断，也可以根据结构的基本行为判断，还可以根据模型的变形和反力等判断。

(2) 网格密度是否足够：要检查网格精度，这是因为网格密度和形状影响计算结果的精度。计算完毕后，应观察整个区域的计算结果，若发现有异常不连续的应力显示，则说明单元形状有待改进；若圆孔孔边或台阶部位应力无明显变化，则说明单元尺寸过大，无法体现应力集中。

2. 应力结果的平滑性处理

利用位移作为基本未知量进行有限元分析，从结构有限元方程中解得的是结构所有节点的位移量，而工程实际中大量要求的是应力场，为此，要利用式(3-2)和式(3-3)由节点位移求

得单元应力:

$$\varepsilon = Bu^{(e)} \tag{3-2}$$

$$\sigma = D\varepsilon = DBu^{(e)} = Su^{(e)} \tag{3-3}$$

应变矩阵 B 是形函数矩阵 N 对坐标进行偏导后得到的矩阵,偏导一次,位移模式的多项式降阶一次,所以通过偏导运算得到的应变 ε 和应力 σ 精度较位移 u 低,这在系统应力场中会出现缺乏平滑性和连续性等问题,而实际应力场的真解应该是连续的。为了改进结果,有必要对应力进行平滑性处理,以期获得全域连续的应力场。

区域应力场的平滑性处理,有时也称总体应力磨平。其磨平原则是平滑性处理后的应力 σ 与有限元法求得的应力解 $\bar{\sigma}$ 应满足加权最小二乘法的规则,即

$$\prod_\sigma(\bar{\sigma},\sigma) = \sum_{e=1}^{m}\int_{V_e}\frac{1}{2}(\bar{\sigma}-\sigma)^T C(\bar{\sigma}-\sigma)dV \tag{3-4}$$

式中,m 为求界域单元总数。

为求得平滑处理后的应力值 σ,将其表示成型函数形式:

$$\sigma = \sum_{i=1}^{n}\overline{N}_i\sigma_i \tag{3-5}$$

式中,σ_i 为待求节点应力;n_e 为单元节点数,$\overline{N}_i$ 为型函数矩阵。

将式(3-5)代入式(3-4),进行变分,可得各节点平滑性处理后的应力 σ_i 以及单元经平滑处理后的应力场 σ,从而获得全域应力场的平滑。

除此之外,平滑处理方法还有相邻单元的单元平均应力处理方法和单元节点平均应力简单处理、子域局部平滑处理、外推平滑处理、罚函数法平滑处理等,有兴趣的读者可参阅相关文献并作进一步探索。

3.1.5 建立有限元模型需考虑的几点问题

1. 对计算模型的要求

建立准确而可靠的有限元法计算模型,是一项重要的工作,它关系到计算结果的正确与否。然而,实际的工程问题往往是非常复杂的,形状千奇百怪,支承边界形形色色,载荷变化多端,因此要求在建立计算模型过程中,进行各种必要的简化。没有这种简化,这类结构的有限元计算往往变得异常困难,有时甚至是不可能的。然而这种简化的结果,使得计算模型只能近似反映工程实际问题,或者计算模型在不同程度上都具有一定的近似性。一般来说,这种计算模型给工程实际问题带来的误差要比有限单元法本身的计算误差大得多。从这个意义上来说,结构有限单元法分析结果的准确性主要取决于计算模型的准确性。

通常计算模型应满足以下要求:

(1)计算模型必须具有足够的准确性。计算模型要能基本上准确地反映结构的实际状况。既要考虑形状与结构的一致性,又要考虑支承情况及边界条件的一致性,还要考虑载荷与实际情况的一致性。

(2)计算模型要具有良好的经济性,复杂的计算模型一般具有较高的准确性,但相应地会增加前处理、数据准备工作和上机计算的时间,从而使计算费用大大增加。特别是当需要对大型构件进行有限元计算时,在建立模型的同时要考虑模型的经济性。

计算模型的准确性和经济性是相互矛盾的。但是,随着电子技术的飞速发展,工作站、微机性能不断提高,计算时间和计算费用的问题不再突出,计算机容量也不成问题。因此,

在建立计算模型时，根据工作实际问题的具体要求，首要的是保证计算模型的准确性，其次适当兼顾其经济性。

1) 结构分类

实际构件形状各种各样，按构件形状不同，结构大致可分为以下几类。

(1) 杆系结构：主要由细长杆、角钢、槽钢等型钢组成的结构，如塔式起重机的臂架，履带式起重机的主臂、翻臂等。

(2) 板架结构：以大型型钢作为骨架再覆以钢板而成的结构，或者全部用钢板焊接而成的结构，如车辆底架等。

(3) 板壳结构：以薄壁板壳为主的结构，如列车车体、汽车车身等。

2) 计算模型的分类和选择原则

计算模型各种各样，但是根据所选用的单元类型可归纳为以下几种计算模型。

(1) 杆系结构模型——全部由杆单元、梁单元组成的计算模型。自然，一些桁架结构都属于这类计算模型，如塔式起重机的塔身、臂架、塔帽、顶升套架，履带起重机的吊臂等。但是还有一些结构，其构件基本都是细长的板结构构件，在动态分析时，一般也简化为杆系模型。例如，汽车起重机的臂架系统，主臂通常由 2~4 节伸缩箱型臂架组成，副臂通常为桁架结构，但从整体上讲，主臂与副臂的长度都较大，因此都可用梁单元等效模拟，这样整个臂架系统的计算模型都由杆、梁单元组成。

(2) 板架结构模型——结构都是由板组成的，计算模型主要由壳单元组成。如汽车起重机的大梁和转台、挖掘机的回转平台、重型汽车的车架和货厢、列车车体等，都是用板焊接而成的，计算时原则上应该把每一块板都取为壳单元，最终组合为相应的计算模型。

(3) 实体结构模型——主要由实体单元组成的计算模型，如常用铸件(转向架轴箱体等)、锻件(车轮等)等结构复杂的工程结构。

建立计算模型时，应注意以下几个问题：

(1) 考虑根据结构的特点。如塔式起重机的塔身、臂架是由杆件组成的，根据其结构特点，总是选用杆系结构计算模型。而汽车起重机的大梁、转台主要由钢板焊接而成，则可选用板架计算模型或板杆组合计算模型。

(2) 考虑计算精度的要求。在初步设计阶段，计算精度要求较低，这时可选取一个较简单的、近似较大的模型。在完成设计对结构进行验算校核时，则选取一些与实际结构更为接近、简化较少的计算模型。如对于货车车体底架，在初步设计确定截面时，可以把底架简化为空间框架结构，纵横梁均取为梁单元。而最后校核时，则可按实际结构全部选用壳单元，验算各连接点的局部强度等。

(3) 考虑所选程序的要求。在应用通用有限元分析程序时，应根据程序单元库中所包含单元类型选择计算模型。如有的通用程序中可读入单刚元等特殊单元，则可利用其处理各种接口及钢丝绳等构件。但有的程序没有这些单元类型，则要另行处理。

(4) 考虑计算机容量、速度限制。当计算机容量较大、速度较快时，可选用较复杂的计算模型；反之只能选用较简单、近似程度较大的计算模型。

(5) 根据经费的限制。复杂的模型前后处理、计算时间较大，所花费用也较大。

总之，对于同一种结构，它的计算模型并不是唯一的，可以有许多不同的计算模型，应综合考虑各种因素的影响来决定选取何种计算模型。

2. 几何结构简化

真实世界中的所有结构均属于三维结构，但在初步预估某个零部件的应力状态时通常作简化处理（如简化为梁或平面问题），在建立有限元模型时同样应简化建模和计算。如果待求量可以完全用平面内的几何模型和载荷来描述，则可以把该问题作为二维来处理（平面应力或平面应变），例如，防洪大坝和花键轴（图 3-2）、起重钓钩和弹性挡圈（图 3-3）。

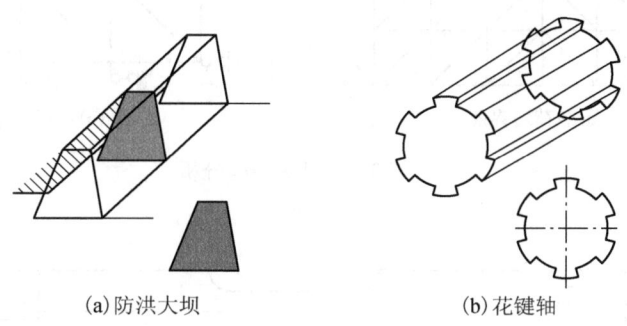

(a) 防洪大坝　　　　　　　(b) 花键轴

图 3-2　三维实体结构的二维平面应变分析

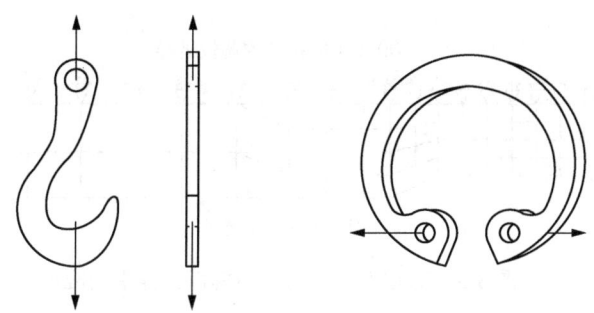

图 3-3　三维实体结构的二维平面应变分析

3. 结构对称性应用

工程结构中经常碰到结构几何形状具有对称性、在外荷载作用下变形呈现对称或者反对称形式。对这类问题的有限元分析，为减少计算工作量，通常可以利用其对称性。对于工程结构，通常有三种常见的对称结构形式，即轴对称、面对称和循环对称，如图 3-4 所示。

在进行结构离散化之前，应对有限元待求问题是否为结构对称或者反对称进行分析，从而确定是取整个结构、还是取部分结构作为计算模型，这将关系到有限元分析的工作量（包括前处理和计算时间）。如图 3-4(a) 所示的纯弯曲梁，其结构关于 x 轴、y 轴均对称，而载荷关于 y 轴对称、x 轴反对称。可见，荷载作用后结构的应力和变形亦将有相同的对称和反对称。因此只需建立 1/4 梁就可以了，其计算模型的离散网格图如图 3-4(b) 所示，即在对称面边界上施加对称和反对称约束：处于 y 轴对称面内各节点的 x 向位移（x-z 和 y-z 平面内的转角）为零，处于 x 轴对称面内各节点的 x 向位移（x-z 和 y-z 平面内的转角）亦为零。计算后结果位移和应力可按对称、反对称要求，恢复至整个纯弯曲梁。图 3-5 和图 3-6 给出了对称结构的其他应用。

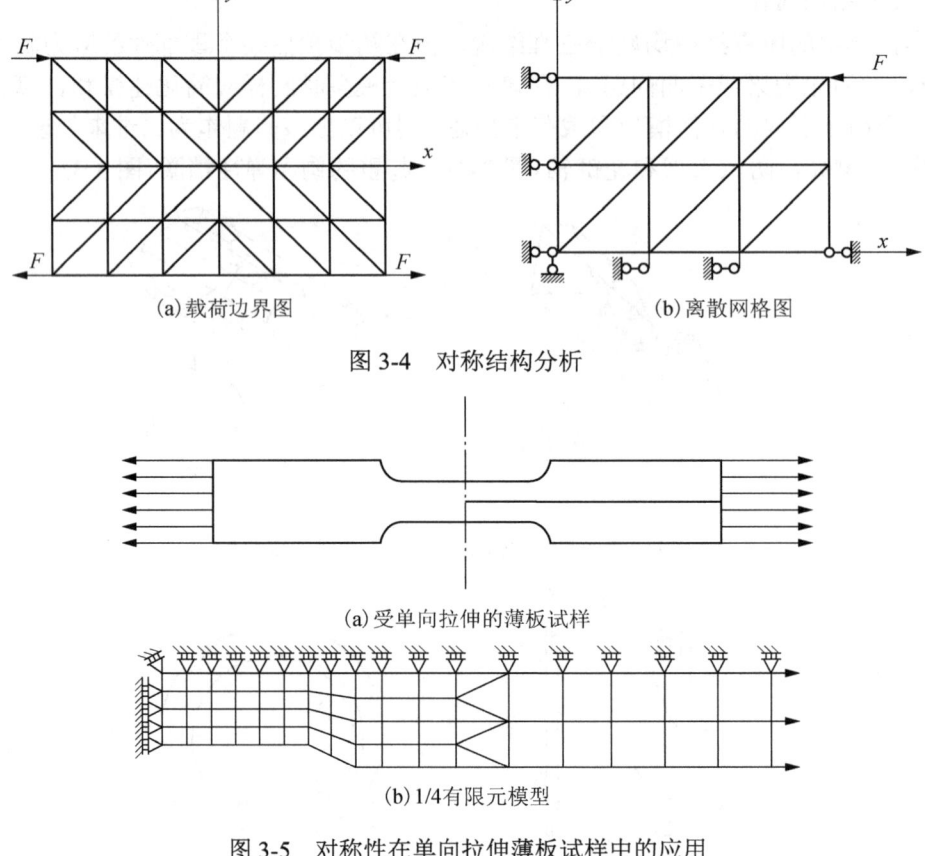

(a) 载荷边界图　　　　　　　(b) 离散网格图

图 3-4　对称结构分析

(a) 受单向拉伸的薄板试样

(b) 1/4 有限元模型

图 3-5　对称性在单向拉伸薄板试样中的应用

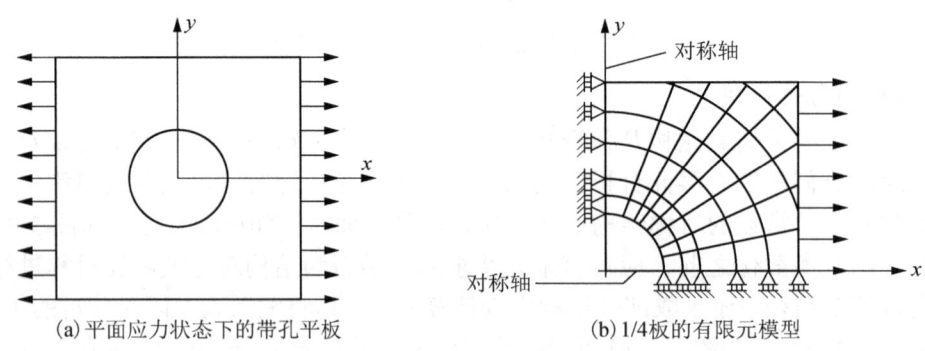

(a) 平面应力状态下的带孔平板　　　　(b) 1/4 板的有限元模型

图 3-6　对称性在平面应力状态下带孔平板的应用

4．单元类型选择

大型的商用软件一般为用户提供了数百种可供选择的单元类型，对于特定的问题，如何选择单元类型恐怕是使用者最先关注的。单元类型的选择遵循以下两点：①根据待求问题的类型（如是应力场还是温度场、流场等）选择相应能描述该场特征的单元类型；②根据所建立模型的维数进一步缩小可选单元类型的种类。经过上述两个步骤的排查，可能仅仅有一种或两种单元类型可用。图 3-7 给出了结构应力分析中可能遇到的各种典型的单元类型。

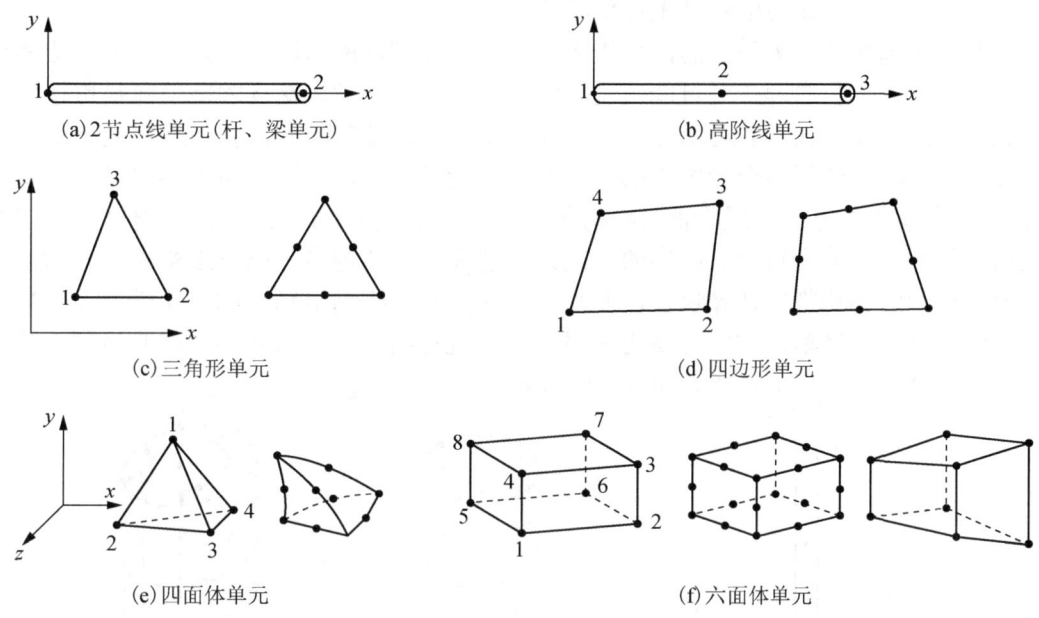

图 3-7 结构分析中常用单元类型

单元类型不仅依赖于构件的几何形状，还依赖载荷的类型和方向。一般单元类型分成三大类："一维"单元(桁架单元、梁元和边界元)，用于为"线"型结构建模；"二维"单元(平面应力、平面应变、轴对称元和板壳元)，用于为"表面"型结构建模；"三维"单元(三维实体)，用于为一般三维连续体建模。这里所用"一维""二维""三维"形式并不指单元对其有效的结构的真实类型，而是指所能得到的结果的类型。例如，板壳单元可用于为三维构件建模，但其结果实际上是二维的。

有限单元法计算时，主要采用如下单元。

1) 杆元和梁元

这是用途非常广泛的单元。杆系结构中的所有构件均可采用杆元和梁元，如塔式起重机的塔身等构件都可以应用杆元和梁元进行模拟。另外，一些细长箱型结构件、细长组合结构等在简化计算或动态计算时也可采用梁元进行模拟，如汽车起重机的箱型伸缩臂等，甚至一些细长的桁架结构，其整体也可用梁元进行模拟。

利用杆单元受力简单、方向单一的特点，可以应用杆单元模拟弹性支座作用、液压油缸的作用、钢丝绳滑轮作用等。在离散系统的模态分析中，还可以应用杆单元模拟质量块的作用。

利用梁单元节点自由度释放的功能，可以用来模拟两个构件用销轴连接时可以相互转动的情况，也可以用来模拟两个构件有相互滑动的情况等。

2) 板壳元

有限元通用程序单元库中的"板壳元"同前面介绍的薄板弯曲中的"板单元"有所不同，薄板弯曲中的板单元只承受垂直板中面的载荷，每个节点的自由度只有 3 个，节点力仅为一个力和两个力矩。而实际应用的通用程序中的板壳元实际上综合了平面膜单元与弯曲作用的板单元，它可以承受平行及垂直板中面的载荷，每个节点有 6 个自由度，也有 6 个节点力分量。

除以上最常用单元类型外，还有平面（膜）单元、实体单元等。

当然，在选择单元类型之前，分析者应该对所要解决的问题有一定的预见，即清楚问题所包含的基本理论和原理，对可能出现的结果有定性的了解，这样才能使建模更接近真实结构的运用状态。如果初学者对所分析的问题不太清楚，那就不要简化，选用复杂的单元类型来处理。例如，要分析一个受内压的薄壁圆筒的受力问题，可以采用集中建模的方式，如图 3-8 所示。最简单的方法是采用轴对称的薄壳单元，而最复杂的是用三维实体单元。三维的壳单元模型与轴对称单元将得到同样的结果，但建模却麻烦得多，而三维实体单元的使用不但会因单元形状的影响带来计算误差，而且其耗费的资源将高出轴对称单元模型 2～3 个数量级。因此，合理选择单元类型是使用有限元软件进行结构分析所面临的首要问题，该方面能力的提高与分析者工程实践能力和分析经验积累密不可分。

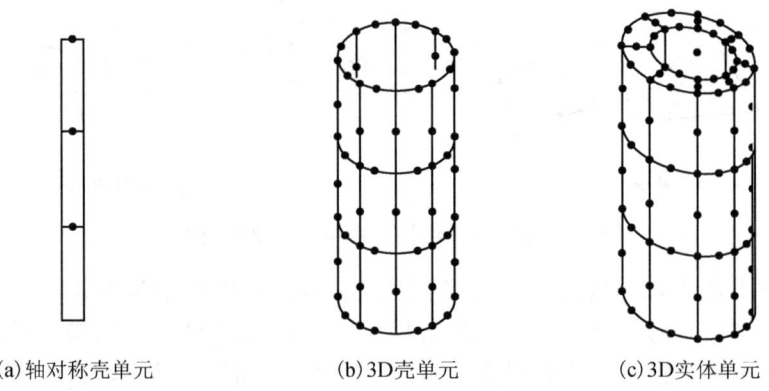

(a) 轴对称壳单元　　(b) 3D壳单元　　(c) 3D实体单元

图 3-8　受内压的薄壁圆筒有限元模型

5. 单元大小和数量

有限元模型的单元大小和数量之间是呈倒数关系的，即随着单元数量的增加，每个单元的大小势必减小，同时模型的精度也会提高，如图 3-9 所示。该问题是冷却筋板的热分析，其解析解表明其上的温度分布为抛物线形式。如果仅用一个单元来离散筋板，将得到线性的温度变化，随着单元数量的增加，其有限元解逐渐接近真实解。

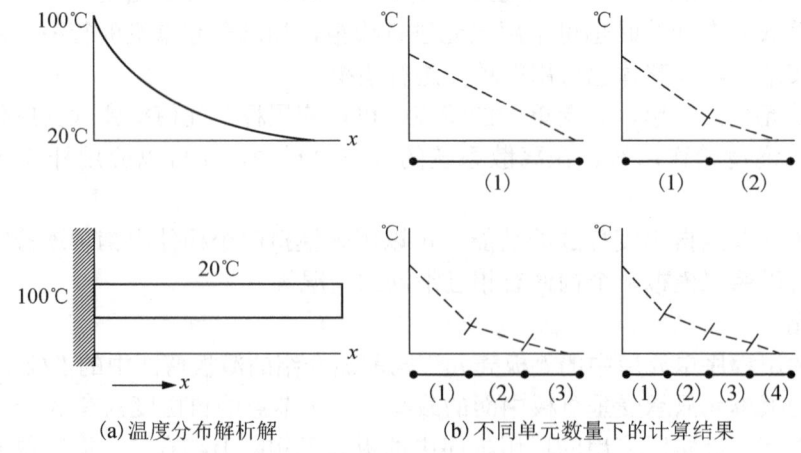

(a) 温度分布解析解　　(b) 不同单元数量下的计算结果

图 3-9　冷却筋板的热分析

图 3-10 给出了有限元模型结果的精度随单元数量的变化规律。可见，随着单元数量无限

增加，模型的有限元数值解将逼近真实解析解。从图中还可以看出，虽然很显然用两个单元要好于一个单元，四个单元的精度更高，但是否要用八个单元却值得思考。从四个单元到八个单元模型的计算精度可能仅提高 5%，但模型的大小却提高了一倍，即计算时间和费用将大大增加，这对于工程计算而言可能没有必要。

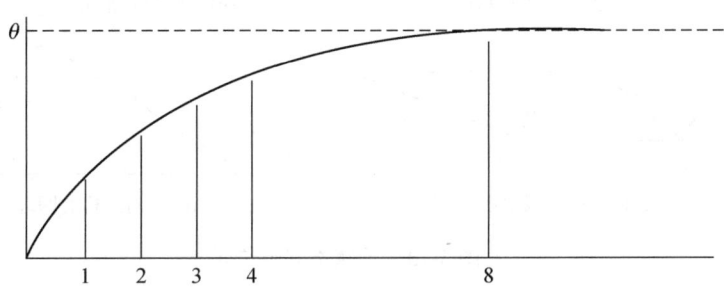

图 3-10 有限元模型结果的精度随单元数量的变化规律

图 3-10 的前提是所有单元大小都相同，但实际结构的有限元网格划分包含许多不同大小的单元，在应力（或温度）梯度大的部位应适当加密，这就要求分析人员在建模前应预测结构上的应力（场）分布。

6. 单元形状控制

有限元方法计算的精度与单元的形状关系密切，因此有限元模型中的单元应尽可能"规整"。例如，对于二维模型的三角形单元和矩形单元，最好是等边三角形和正方形。单元不规整程度（或称为扭曲）的允许值与单元所处的结构位置关系较大。如果单元处在常应力且幅值较小的区域，即使单元扭曲大可能也不会带来严重的计算误差；但是应力梯度变化大的区域却对单元形状较敏感。

单元的扭曲程度可以用单元长宽比来衡量，即单元的最长边与最短边的比值，如图 3-11 所示。另一种评定单元扭曲程度的量为单元的内角，矩形单元的内角应接近 90°，三角形的内角应接近 60°，图 3-12 给出了单元内角的建议值，图 3-13 给出了形状不规则单元的图例。

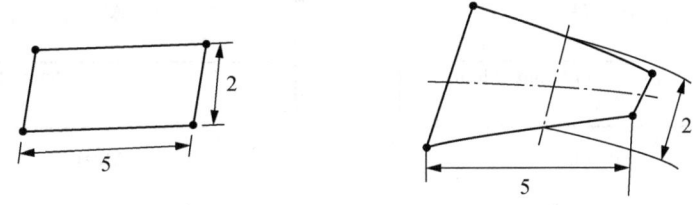

图 3-11 单元最长边与最短边的比值（例如，比值=2.5）

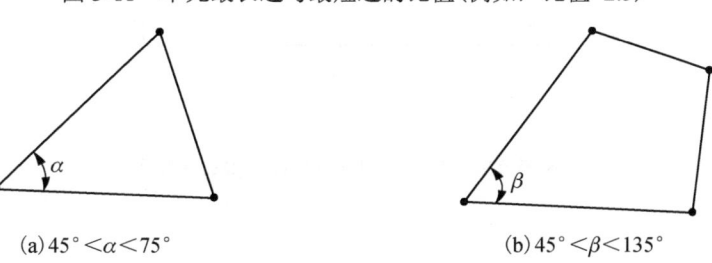

(a) $45°<\alpha<75°$ (b) $45°<\beta<135°$

图 3-12 单元内角建议值

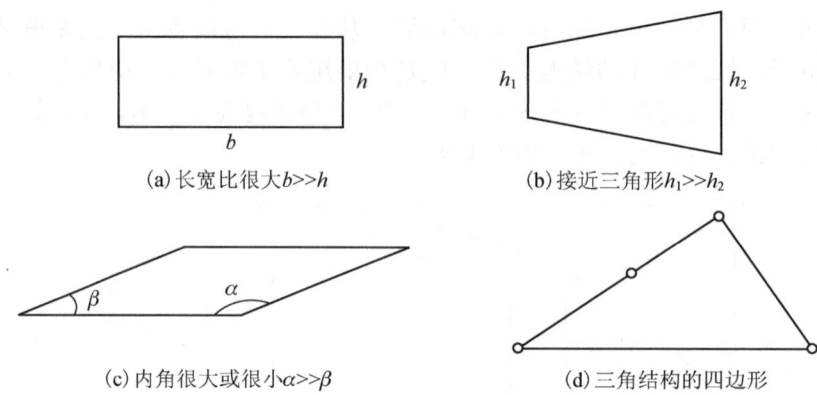

图 3-13 形状不规则单元

在很多情况下，随着长宽比的增大，计算的精度减小。图 3-14(a) 给出了弯曲梁五个不同尺寸矩形单元的有限元模型，图 3-14(b) 给出了梁端点 A 点位移相对误差随长宽比的变化趋势，表 3-1 给出了五种模型中 A 点、B 点位移结果比较以及精确解。

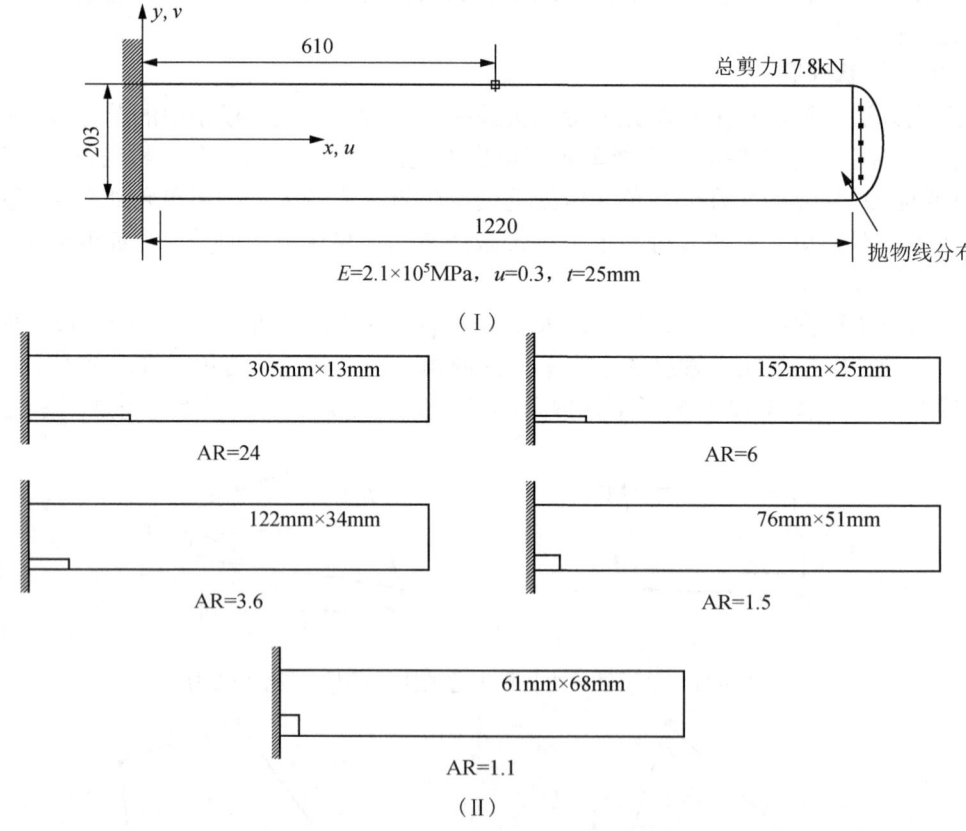

(a) 悬臂梁分析的五种不同长宽比(AR)的有限元模型

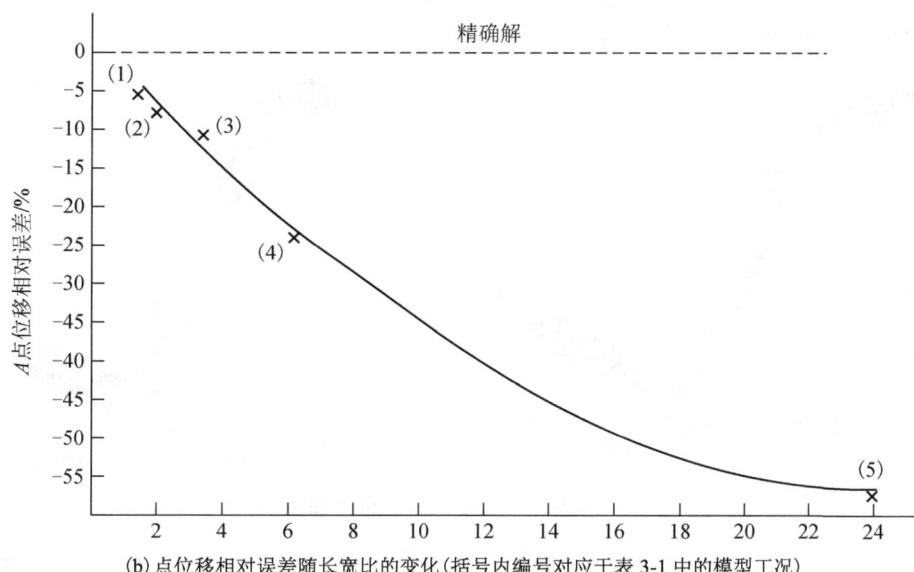

(b) 点位移相对误差随长宽比的变化（括号内编号对应于表 3-1 中的模型工况）

图 3-14　悬臂梁端部位移计算精度与矩形单元长宽比的关系（续图）

表 3-1　不同长宽比计算结果比较

模型工况	长宽比	节点数	单元数	垂向位移 v/mm		A 点位移相对误差/%
				A 点	B 点	
1	1.1	84	60	27.762	8.788	5.2
2	1.5	85	64	27.381	8.611	6.4
3	3.6	77	60	25.756	8.331	11.9
4	6.0	81	64	22.504	7.112	23.0
5	24.0	85	64	12.7	4.013	56.0
精确解				29.260	9.144	

7. 不同单元连接问题

有时需要在同一模型中使用不同的单元类型，如梁单元和面单元、壳单元和体单元等。混合使用不同的单元类型存在一个问题，即它们的每个节点有不同的自由度，如何匹配自由度的问题。梁单元的每个节点自由度为横向位移和转动，但是面单元每个节点只有平面内位移。梁单元节点可以承受集中弯矩，但是面单元（CST）不可以。因此，如果梁单元和面单元同时在一个节点连接，就会变成铰接，如图 3-15(a) 所示，这样力矩就无法在这两种单元类型中传递。这种情况可以通过增加一个或者多个梁单元，将梁单元延伸到面单元内这一方法来解决，如图 3-15(b) 所示的梁单元 AB，力矩就可以通过梁单元传递给面单元。这种方法保证了梁单元和面单元的平移自由度在节点 A 和 B 的连接，而且节点的转动只和梁单元 AB 有关系。但是，平面内节点 A 附近的计算应力精确度会降低。

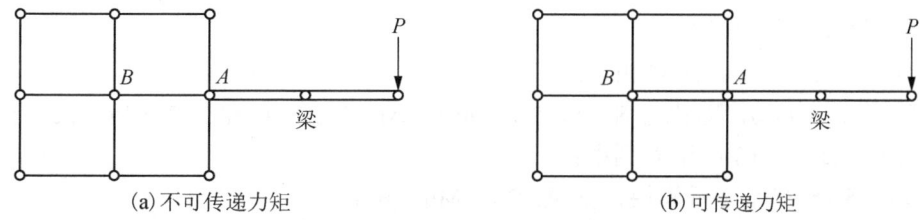

(a) 不可传递力矩　　　　　　　　　　(b) 可传递力矩

图 3-15　梁单元与面单元的连接

更多不同类型的单元连接实例见图 3-16 和图 3-17，图中给出了梁单元和体单元连接以及板壳单元和体单元连接的计算结果。

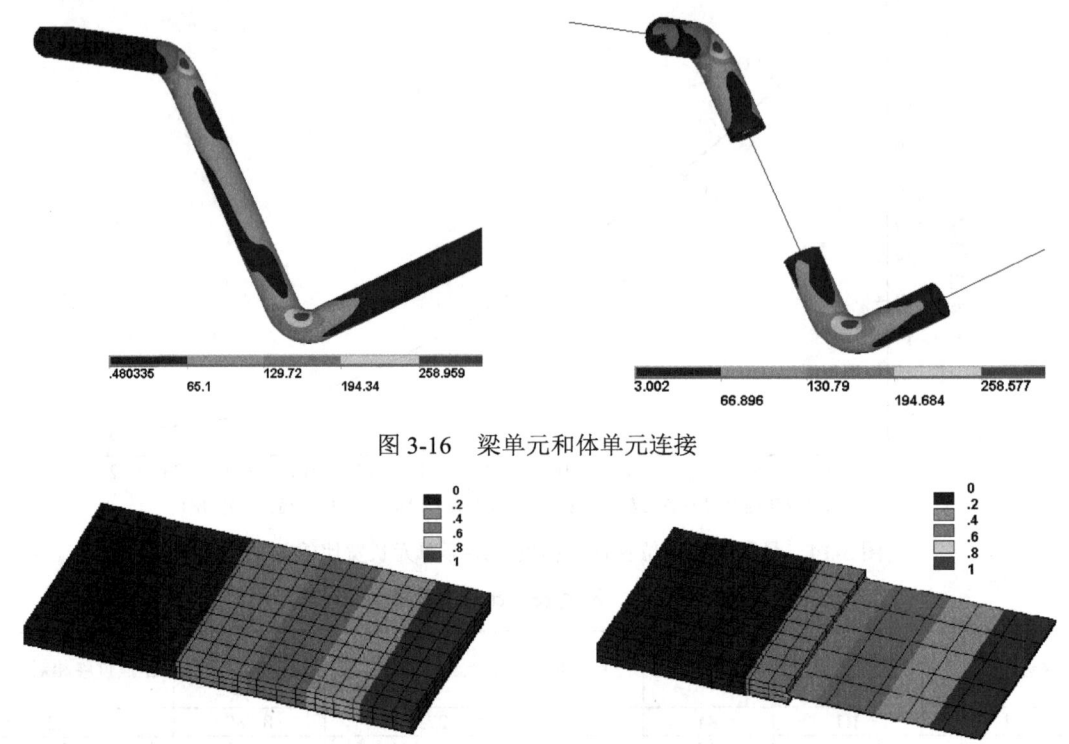

图 3-16 梁单元和体单元连接

图 3-17 板壳单元和体单元连接

3.2 ANSYS 软件操作简介

ANSYS 公司由 Jone Swanson 博士创立于 1970 年，总部位于美国宾夕法尼亚州的匹兹堡。40 多年来，ANSYS 公司致力于软件的开发，紧跟世界最新计算技术，不断更新和扩展软件的功能和应用领域。目前，ANSYS 集结构、热、流体、电磁、声学的高级多物理场耦合分析程序于一体，同时还提供目标设计优化、拓扑优化、概率有限元设计、二次开发技术、子结构、子模型、单元生死、疲劳断裂等先进计算技术。ANSYS 软件已经广泛应用于航空航天、核工业、铁道、造船、汽车、石油化工、冶金、能源、机械制造、水利水电、建筑、桥梁、土木、生物医学、电子电力、通信等行业。

3.2.1 ANSYS 软件图形界面的交互操作

1. ANSYS11.0 的启动

要启动 ANSYS11.0，步骤如下：

选择 ANSYS 11.0，即执行 Start > Programs > ANSYS 11.0 >ANSYS Product Launcher。单击之后，出现如图 3-18 所示对话框；

选择 ANSYS 产品分析模块，如 ANSYS Multiply；

选择 ANSYS 的工作目录，ANSYS 所有生成的文件都将写在该目录下。默认为上次运行定义的目录；

设定初始工作文件名,默认为上次运行定义的工作文件名,第一次运行默认为 file;
设定 ANSYS 工作空间及数据库大小;
单击 Run 运行 ANSYS11.0。

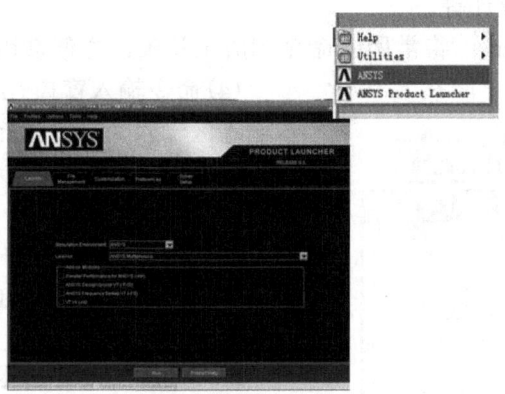

图 3-18 ANSYS 产品选择和文件设置对话框

ANSYS 的工作环境由 7 个窗口组成,即通常所说的 GUI(Graphical User Interface,图形用户界面),如图 3-19 所示。这 7 个窗口为用户使用提供了便利的途径,用户可以非常方便地以交互模式完成分析计算。

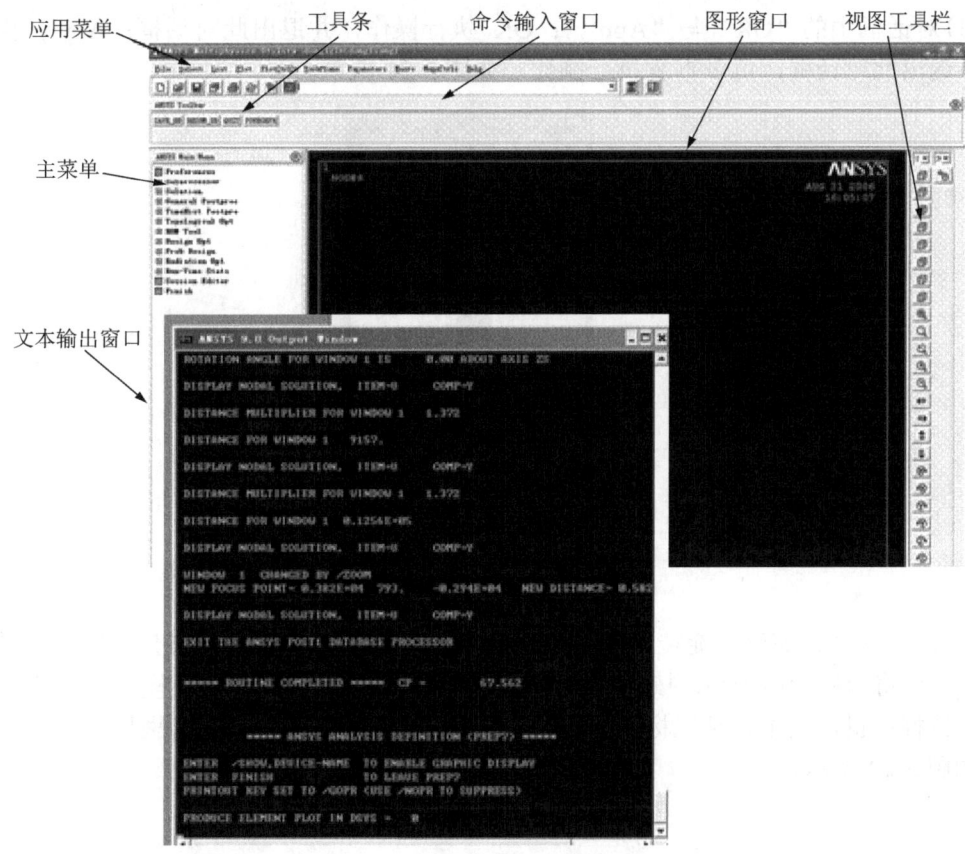

图 3-19 ANSYS 工作环境窗口

(1)应用菜单(Utility Menu)：包含文件管理、选择、显示控制、参数设置等菜单，每一菜单项包括一系列子菜单项。

(2)主菜单(Main Menu)：基本涵盖了 ANSYS 分析过程的所有菜单命令，包括前处理、求解、后处理、优化设计等。

(3)工具条(Toolbar)：将常用的命令制成工具条，方便调用。

(4)命令输入窗口(Input Windows)：可以直接在文本输入区输入命令，进行操作。

(5)图形窗口：显示由 ANSYS 创建或导入的 ANSYS 图形。

(6)视图工具栏：方便快捷进行视图变换。

(7)文本输出窗口：DOS 窗口，以文本形式显示命令执行后的结果。

2. ANSYS 9.0 的退出

要退出 ANSYS，如图 3-20 所示，执行以下步骤：
(1)选择工具条中的 QUIT；
(2)选择退出对话框中的存盘选项；
(3)选择对话框中的 OK。

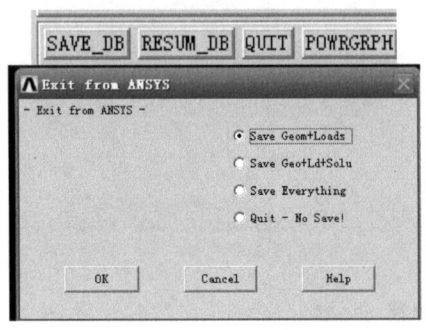

图 3-20 ANSYS 的退出窗口

3. ANSYS 常用对话框

(1)对话框中的"OK"与"Apply"：OK 执行操作，并退出此对话框；Apply 执行操作，但并不退出此对话框，可以重复执行操作，如图 3-21 所示。

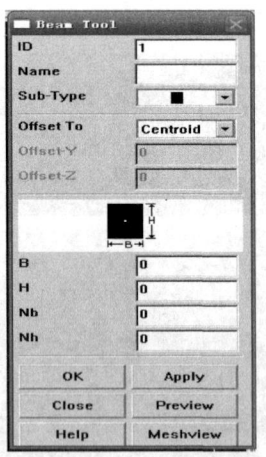

图 3-21 "OK"与"Apply"

(2)图形移动、缩放与旋转"Pan, Zoom, and Rotate"：按住 Ctrl 键，按鼠标左键，移动鼠标，模型将随鼠标而平移；按住 Ctrl 键，按住鼠标右键，移动鼠标，模型将旋转；按住 Ctrl 键，按鼠标中键，向上移动鼠标，放大模型；向下移动鼠标，则缩小模型。

如图 3-22 所示。

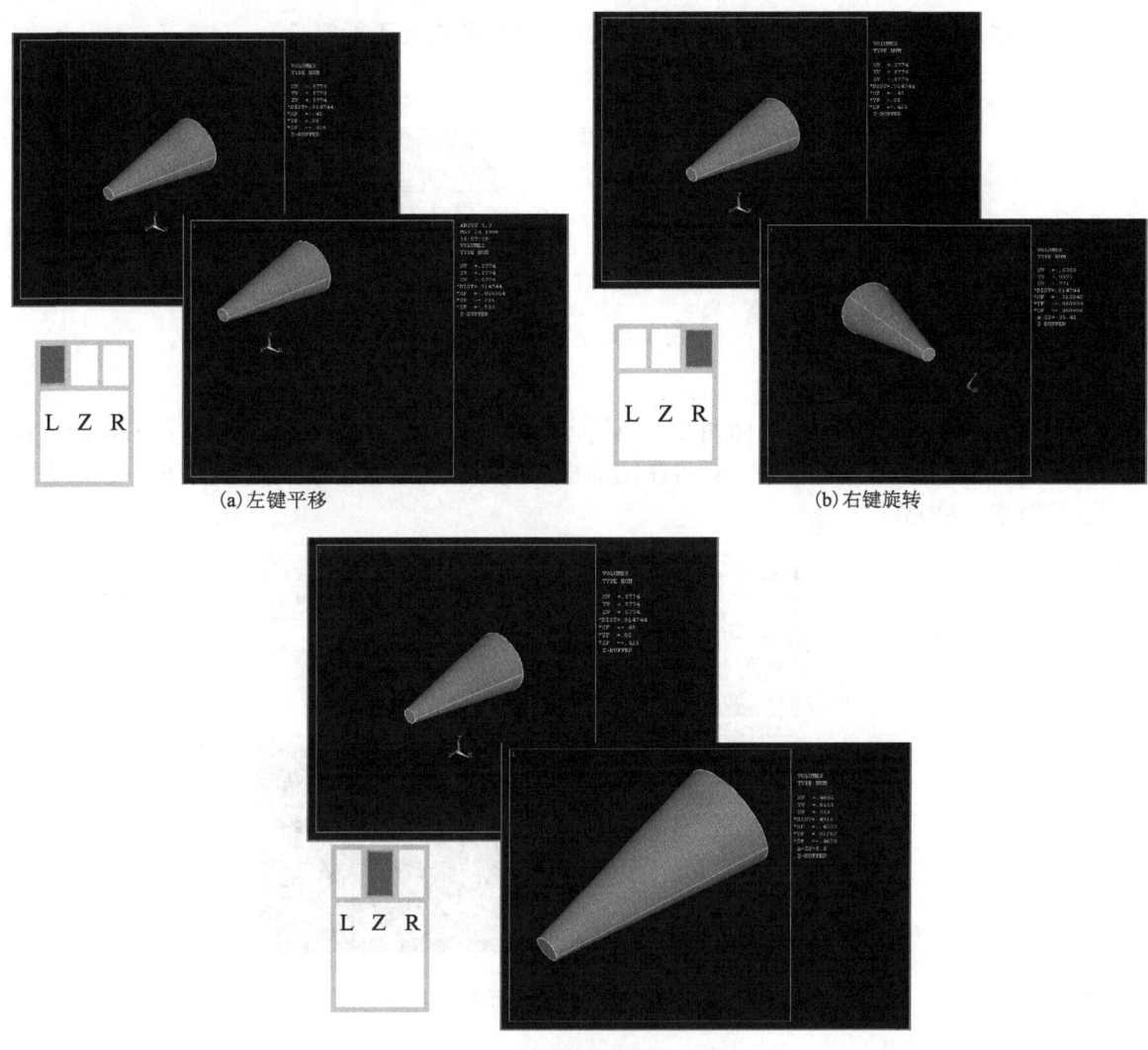

图 3-22 图形的移动、缩放与旋转

4. ANSYS 的图元

1) 图元种类及层次关系

ANSYS 有四类基本图元,如图 3-23 所示:

体(3D 模型)由面围成,代表三维实体;

面(表面)由线围成,代表实体表面、平面形状或壳(可以是三维曲面);

线(可以是空间曲线)以关键点为端点,代表物体的边;

关键点(位于 3D 空间)代表物体的角点。

各图元之间,从最低阶到最高阶的层次关系为:

关键点(Keypoints);

线(Lines);

面(Areas);

体(Volumes)。

应注意：若低阶的图元连在高阶图元上，则低阶图元不能删除。

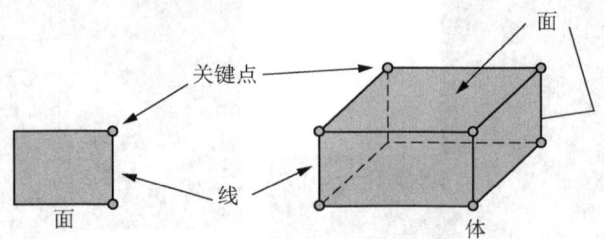

图 3-23　ANSYS 的四类图元

2) 图元显示

要显示面、线或关键点，如图 3-24 所示，Utility Menu：Plot > Keypoints or Lines or Areas，使用 Multi-Plots 功能，ANSYS 将在图形窗口同时显示所有数据（包括体、面、线、关键点，以及节点、单元）。

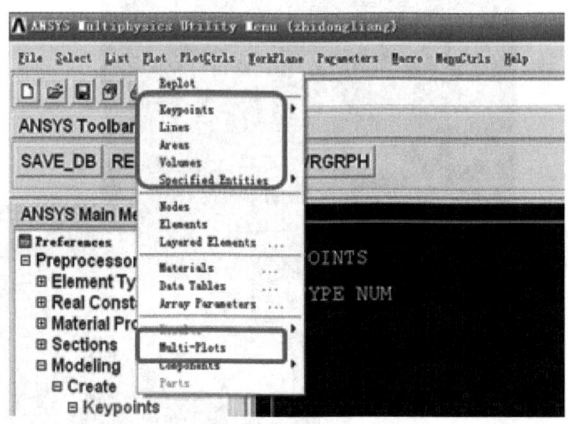

图 3-24　图元显示

3) 图元的区分

打开编号显示，如图 3-25 所示，Utility Menu：PlotCtrls > Numbering ... 选取需要的项目，然后选择"OK"。

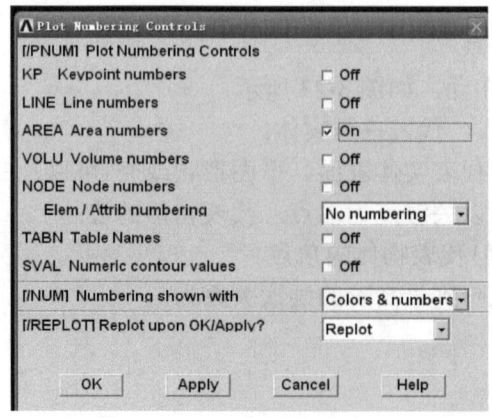

图 3-25　图元的区分

4) 图元的删除

当删除图元时,ANSYS 提供两种选择(图 3-26):

(1) 可以只删除指定的图元,保留这个图元所包含的低阶图元;

(2) 可以连这个图元包含的低阶图元一块删除。

要删除一个或多个图元,如图 3-27 所示,Main Menu: Preprocessor > -Modeling- Delete;在图形窗口中拾取一个或多个图元,然后选择 "OK"。

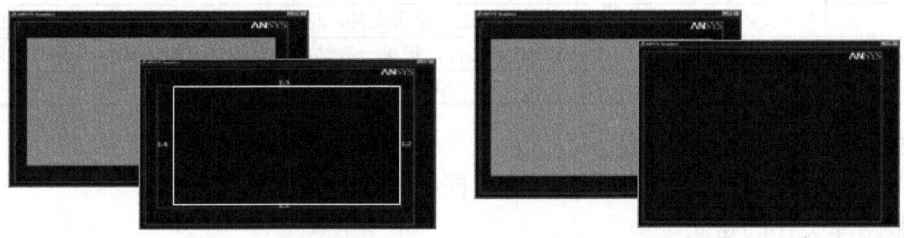

(a) 只删除面,保留面上的线和关键点　　(b) 删除面以及面上的低阶单元(线和关键点)

图 3-26　图元的删除

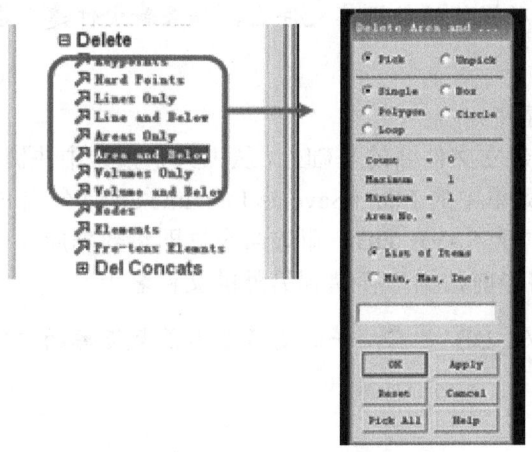

图 3-27　图元的删除操作

5. ANSYS 文件系统及文件操作

1) ANSYS 的文件类型

在 ANSYS 运行过程中,会生成许多不同类型的文件,其中有一些是临时文件。在 ANSYS 运行结束前产生,在随后的某一时刻这些临时文件将被删除。而大量在 ANSYS 运行结束后仍然保留的,是用于保存数据的永久性文件。

ANSYS 的这些永久性文件,有的采用文本格式(ACSII 码),有些采用二进制格式,用户可以在文本编辑器中对文本格式的文件进行读写操作。表 3-2 给出了 ANSYS 常用的一些永久性文件。

表 3-2 ANSYS 常用的永久性文件列表

文件名	文件类型	说　明
*.db	二进制	ANSYS 数据库文件，记录有限元单元、节点、载荷等数据
*.dbb	二进制	ANSYS 数据库备份文件，即*.db 文件的备份
*.log	文本	ANSYS 日志文件，以追加方式记录所有执行过的命令
*.emat	二进制	ANSYS 单元矩阵文件，记录有限元单元矩阵数据
*.esav	二进制	ANSYS 单元数据存储文件，保存单元求解数据
*.err	文本	ANSYS 出错记录文件，记录所有运行中的警告、错误信息
.rst/.rth/*.rfl	二进制	ANSYS 结果文件，记录一般结构分析或热分析、流体分析的结果数据
*.out	文本	ANSYS 输出文件，记录命令执行情况

2) 数据库文件的存储和恢复

通常可以使用应用菜单中的命令进行数据库的存储和恢复操作。

(1) 数据库文件的建立。

首先指定数据库的存储目录，即使用 Change Directory 改变当前默认进行的文件夹(一般为 C 盘)，然后使用 Change Jobname 建立数据库文件名(一般根据结构计算类型命名)。

提示：一定要清楚所操作的数据库文件名，如果新文件建立在已有数据库中，会将原有数据库覆盖！

(2) 数据库文件的存储。

最好的方式是在所建立文件名的基础上，从工具条按钮中快捷存储：Toolbar→SAVE_DB。此外，还可以选择应用菜单中的 File→Save as Jobname.db 命令或 File→Save as…。其中，Save as Jobname.db 功能等同于 SAVE_DB，即该命令立即将数据库保存到当前操作的文件名中，而 Save as…命令允许将当前数据库存储到另外的文件名上。

提示：在操作 SAVE_DB 之前，一定要清楚当前数据库的内容和文件名，否则会造成意想不到的后果！

(3) 数据库恢复。

最好的方式是在所建立文件名的基础上，从工具条按钮中快捷恢复：Toolbar→RESUME_DB。此外，还可以选择应用菜单中的 File→Resume Jobname.db 命令或 File→Resume from。其中，Resume Jobname.db 功能等同于 RESUME_DB，即该命令立即将数据库恢复到当前操作的文件名中，而 Resume from…命令允许恢复给定目录下给定文件名的数据库文件到当前数据库文件名上。

关于 ANSYS 的存储应注意以下几点：

(1) 必须选择一个存储命令，将数据库保存到文件中。

(2) 建议在分析过程中，隔一段时间存储一次数据库文件。

(3) 在进行不清楚后果(如划分网格)或会造成重大影响(如删除操作)的操作以前，最好先存储一下数据库文件。

6. ANSYS 的帮助系统

ANSYS 的帮助系统包括所有 ANSYS 命令解释及所有的 GUI 解释，还包括 ANSYS 系统分析指南。帮助系统可以通过下列三种方式进入，如图 3-28 所示。

(1) 在应用菜单中选取。

(2) 在 ANSYS 程序组中选取 ANSYS Help。

(3) 在任何对话框中选取 Help。

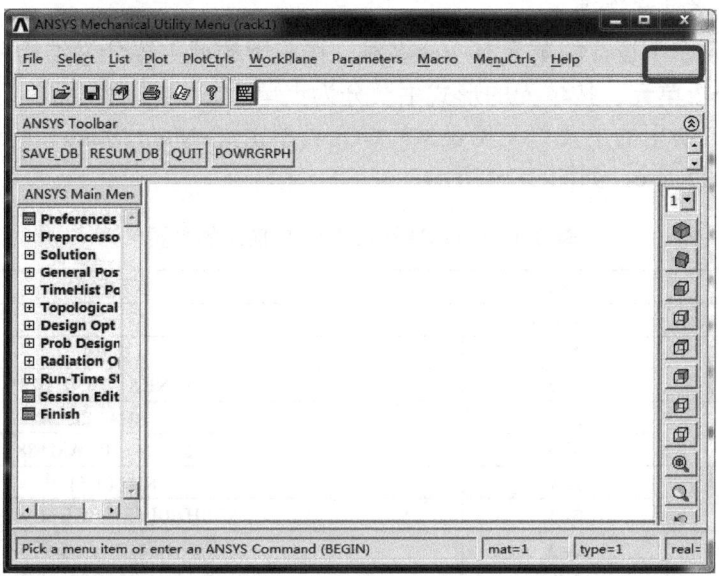

(a) 应用菜单

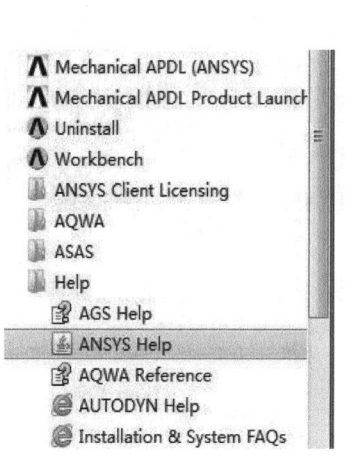

(b) ANSYS 程序组

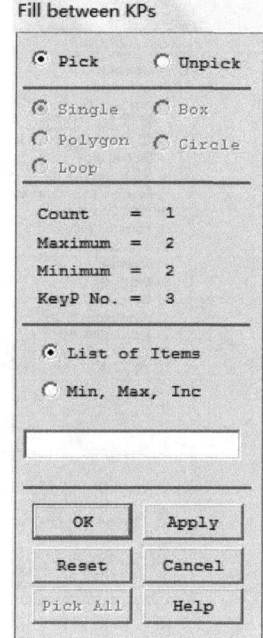

(c) 任何对话框

图 3-28　ANSYS 的帮助系统

3.2.2　ANSYS 有限元求解过程与步骤

ANSYS 典型的分析过程由前处理、求解计算和后处理三个部分组成。

1. 前处理

1) 定义工作文件名
2) 定义单元类型和选项

ANSYS 单元库中设计的单元有 200 多种，按应用领域主要分为结构单元、热单元、电磁场单元、流体分析单元。按单元的形式主要分为点单元、线单元、面单元以及体单元等。结构分析中 ANSYS 使用的主要单元见表 3-3。单元类型定义：Main Menu→Preprocessor→Element Type→Add /Edit/Delete，如图 3-29 所示。

表 3-3 结构分析中 ANSYS 使用的主要单元

单元类型	维数	单元名称
点单元	1/2/3-D	Mass21
线单元	2-D	LINK1
	3-D	LINK8，LINK10
梁单元	2-D	BEAM3
	3-D	BEAM4，BEAM188
壳单元	2-D	SHELL51
	3-D	SHELL63，SHELL93
实体单元	2-D	PLANE42，PLANE82
	3-D	SOLID45，SOLID92，SOLID95
弹簧单元	1-D	COMBIN14，COMBIN40

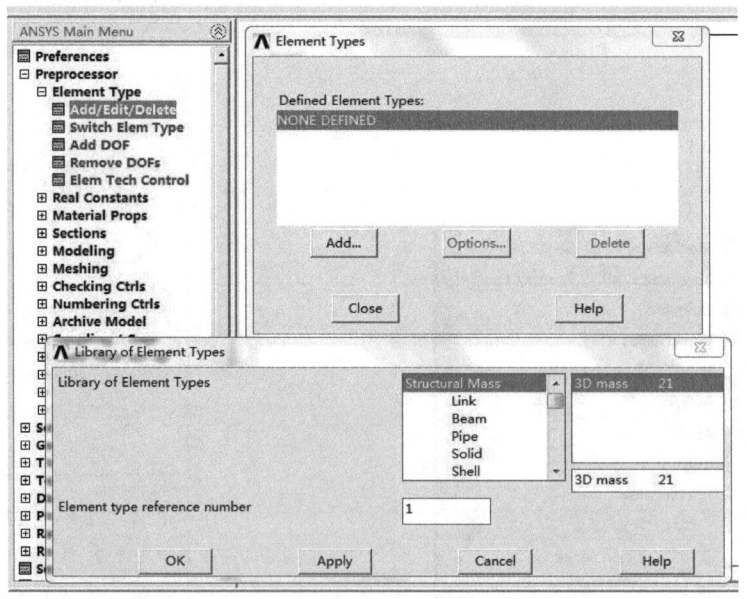

图 3-29 ANSYS 中单元类型定义

3) 定义实常数

单元实常数的定义取决于单元类型的特性，不是每种单元类型都需要定义实常数。在结构分析中，实常数主要是指壳单元厚度和梁单元横截面等，实常数定义：Main Menu>Preprocessor>Real Constants>Add /Edit/Delete，如图 3-30 所示。

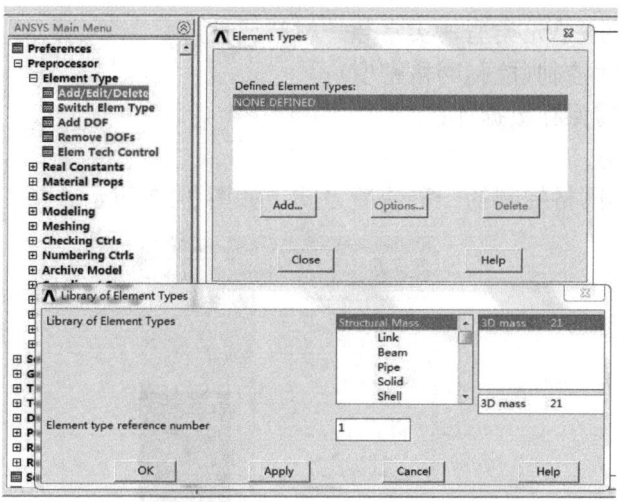

图 3-30 ANSYS 中单元实常数定义

4) 定义材料属性

ANSYS 材料模型库中提供了丰富的结构材料模型，定义为：Main Menu>Preprocessor>Material Models，如图 3-31 所示，其中包括以下属性。

Linear：材料的线性行为，包括各向同性、正交各向异性以及各向异性等。

Nonlinear：材料的非线性的弹性模型、非弹性模型以及黏弹性模型，而非弹性模型又分为率相关的模型和率无关的模型。

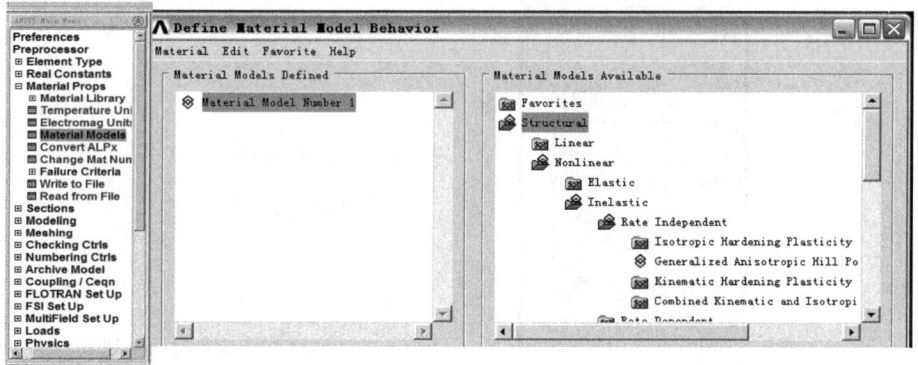

图 3-31 ANSYS 中的材料模型库

5) 创建/导入几何模型

创建几何模型主要采用两种方式：自底向上的建模方法和自顶向下的建模方法。自底向上的建模方法即首先定义关键点，然后用这些关键点、线、面、体，最终构成几何模型；自顶向下的建模方法即利用 ANSYS 本身自带的面图元和体图元建立几何模型。

ANSYS 中还提供了强大的导入/导出功能，可以直接与 CAD 软件如 Pro/E、Unigraphics、SAT、Parasolid 和 CATIA 等进行模型读取，另外还可以采用标准的 IGES 文件读取 CAD 模型，如图 3-32 所示。

6) 对模型进行网格划分

网格划分主要包括以下四个步骤：

(1) 定义单元属性（单元类型、实常数、材料属性）；
(2) 设定网格尺寸控制（控制网格密度）；
(3) 网格划分以前保存数据库；
(4) 执行网格划分。

网格划分工具是网格控制的一种快捷方式，如图 3-33 所示。

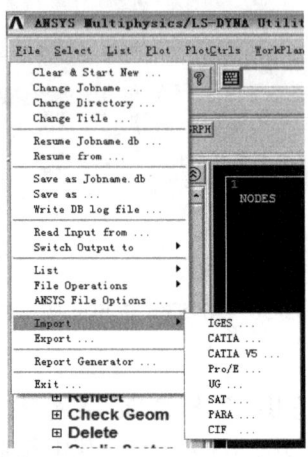

图 3-32　几何模型的导入

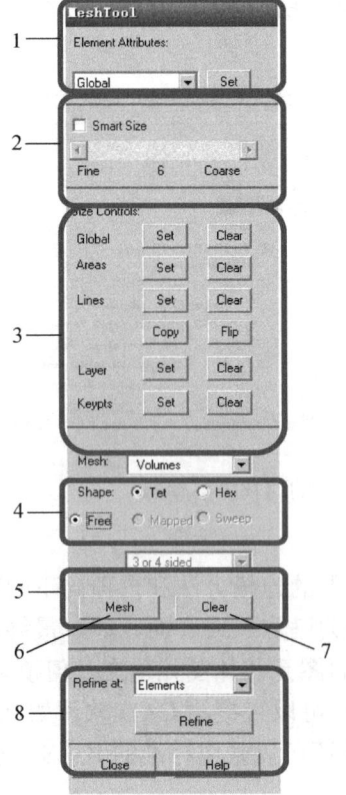

1—单元属性控制

2—智能网格划分控制

3—尺寸控制

4—指定单元形状

5—自由网格划分或映射网格划分

6—执行网格划分

7—清除网格

8—局部细划

图 3-33　网格划分工具

7）施加载荷约束

在 ANSYS 程序中，载荷包括边界条件和作用力。对于结构分析而言，载荷主要有：自由度约束（DOF Constraint）、集中载荷（Force）、面载荷（Surface Load）、体积载荷（Body Load）、惯性载荷（Inertia Load）以及耦合场载荷（Coupled-field Load），菜单定义如图 3-34 所示。

2. 求解计算

1）选择求解类型

菜单定义：Main Menu >Solution>Analysis Type>New Analysis，如图 3-35 所示，其中包括静力分析（Static）、模态分析（Modal）、谐波分析（Harmonic）、瞬态分析（Transient）、谱分析（Spectrum）、特征屈曲（Eigen Bucking）、子结构（Substructuring/CMS）。

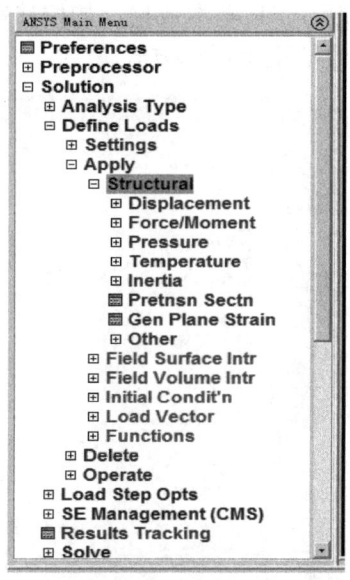

图 3-34　ANSYS 中的载荷

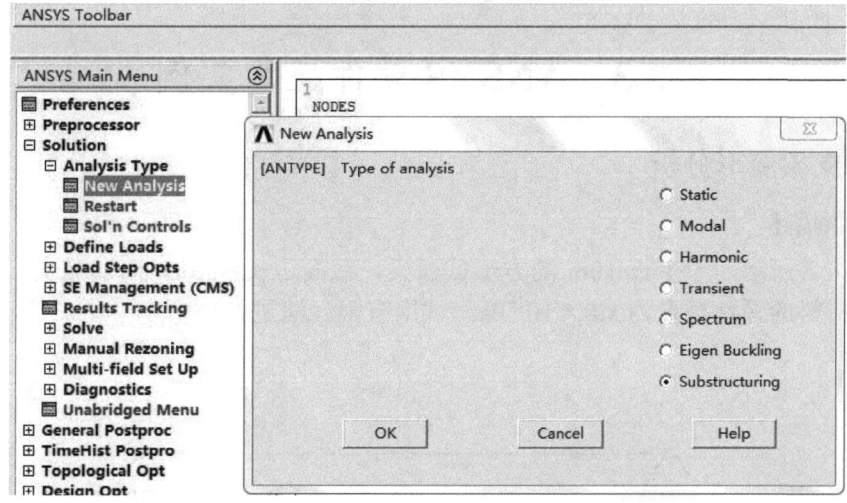

图 3-35　ANSYS 中结构分析的求解类型

2) 进行求解计算

ANSYS 程序中包括多种求解器形式，如波前求解器（Front）、稀疏矩阵求解器（SPARSE）、雅可比共轭梯度求解器（JCG）、预条件共轭梯度求解器（PCG）、分布式求解器（DDS）以及程序自动选择求解器（Program Chosen）等。对于一般的结构分析，选用程序默认的程序自动选择求解器。

3. 后处理

ANSYS 程序提供了两种后处理器：通用后处理器（General Postpro）和时间历程后处理器（TimeHist Postpro）。前者用于处理模型在某个载荷步的结果，后者用于分析处理指定时间范围内模型指定节点结果随时间或频率的变化情况。

后处理器处理的数据有两类：一是基本数据，如位移等；二是派生数据，如应力、应变等。图 3-36 给出了通用后处理器的菜单操作方式。

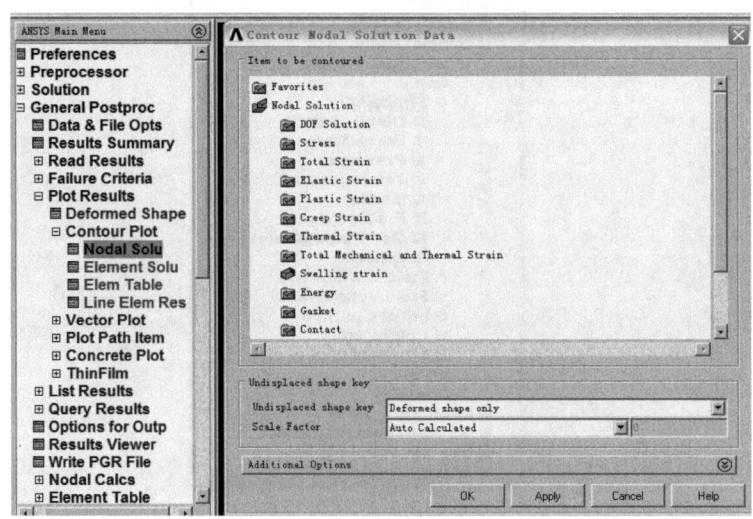

图 3-36 通用后处理器菜单操作方式

3.3 ANSYS 软件应用实例

3.3.1 简支梁变形分析

1. 问题描述

如图 3-37 所示，一个长 10m 的方形截面梁，截面边长 5mm，两端简支，中点集中载荷为 100N，材料的弹性模量为 3.0×10^{11} Pa，试用有限元法进行分析。

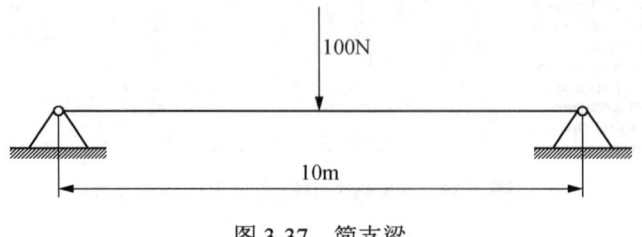

图 3-37 简支梁

2. 分析步骤

1) 系统环境设置

(1) 设置界面。选择菜单 Utility Manu: MenuCtrls→选择相应菜单，即可将其显示或隐藏。

(2) 显示工作平面。选择菜单 Utility Manu：WorkPlane→Display Working Plane。

(3) 设置工作平面。选择菜单 Utility Manu：WorkPlane→WP Settings，在工作平面设置对话框中选 Grid Only(只显示辅助网格)单选钮，设置 Snap Incr(最小捕捉单位)为 0.5，Minimum(网格最小值)为 0，Maximum(最大网格值)为 10，Spacing(网格间距)为 1，单击 OK 按钮。

(4) 显示网格。选择菜单 Utility Manu：PlotCtrls→Pan, Zoom, Rotate，单击控制按钮，使网格满窗口。

(5) 分析类型设置。选择菜单 Main Menu: Preferences→选择分析类型对话框中的 Structural 复选框，单击 OK 按钮。

2) 定义单元属性

(1) 定义单元类型。选择菜单 Main Menu：Preprocessor→Element Type→Add/Edit/Delete，在单元类型对话框中单击 Add 按钮。又弹出单元库对话框，在其中的列表框中选择 Beam 和 2D elastic 3，单击 OK 按钮，再单击 Close 按钮。

(2) 定义实常数。选择菜单 Main Menu：Preprocessor→Real Constants→Add/Edit/Delete，单击实常数对话框中 Add 按钮，选择实常数的单元类型对话框中的 Beam3，单击 OK 按钮。设置实常数设置对话框中的 AREA 为 2.5e-4，I_{zz} 为 5.2e-7，HEIGHT 为 5e-2。单击 OK 按钮，再单击 Close 按钮。

(3) 定义材料属性。选择菜单 Main Menu：Preprocessor→Material Props→Material Model，在弹出的材料属性窗口中，依次双击 Structural，Linear，Elastic 和 Isotropic，在弹出的对话框中设置 EX(弹性模量)为 3.0e+11；PRXY(泊松比)为 0.3，单击 OK 按钮。

3) 建立几何模型

(1) 绘制端点。选择菜单 Main Menu: Preprocessor→Create→Keypoints→In Active CS，输入 1 点(0，5)，单击 Apply 按钮；输入 2 点(10，5)点，单击 OK 按钮。

(2) 绘制直线。选择菜单 Main Menu：Preprocessor→Create→Lines→Straight Line，捕捉两端点，单击 OK 按钮。

(3) 隐藏辅助网格。选择菜单 Utility Manu：WorkPlane→Display Working Plane。

(4) 保存数据。单击工具条上的 Save DB 按钮。

4) 划分网格

(1) 定义单元尺寸。选择菜单 Main Menu: Preprocessor→Size Ctrls→Adv Opts(高级选项)，在单元尺寸对话框中填写 Size=5(单元长度设置为 5m)，单击 OK 按钮。

(2) 分格。选择菜单 Main Menu：Preprocessor→Meshing→Size Cntrls→SmartSize→Adv Opts(高级选项)，选直线，单击 OK 按钮。

(3) 显示单元编号。选择菜单 Utility Manu：PlotCtls→Numbering，将编号控制对话框中的 Elem/Attrib numbering 选为 Element Numbers，NODES 设为 On，单击 OK 按钮。

5) 求解

(1) 定义分析类型。选择菜单 Main Menu： Solution→New Analysis，在分析类型对话框中选择 Static(静力分析)复选框，单击 OK 按钮。

(2) 添加约束。选择菜单 Main Menu：Solution→Define Loads→Apply→structural→Displacement→On Nodes，选左端点，单击 Apply 按钮，在施加约束对话框中选择 UX 和 UY，单击 Apply；选右端点单击 OK 按钮，选择 UY，并清除 UX，单击 OK 按钮。

(3) 添加集中载荷。选择菜单 Main Menu：Solution→Define Loads→Apply→Force/Moment→On Nodes，选中间节点，在施加载荷对话框中设 Fy=−100（节点 y 方向的载荷），单击 OK 按钮。

(4) 符号显示设置。选择菜单 Utility Menu：PlotCtls→Symbols，在符号控制对话框中设置选项[/PBC]边界条件符号，单击 OK 按钮。在绘图区中显示有限元模型（图 3-38）。

(5) 求解。选择菜单 Main Menu：Solution→Current LS（当前载荷步），单击求解对话框中的 OK 按钮，单击求解结束提示对话框中的 Close 按钮。

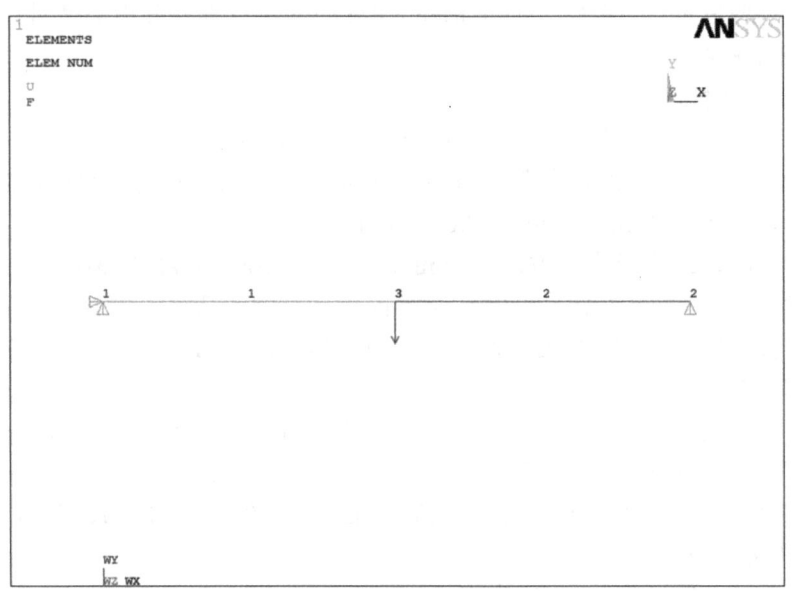

图 3-38　简支梁有限元模型

6) 结果处理

(1) 读结果。选择菜单 Main Menu: General Postproc→Read Results→First Set。

(2) 节点变形列表。选择菜单 Main Menu: General Postproc→List Results→Nodal Solution，在结果列表对话框中选择 DOF solution→Displacement vector sum，单击 OK 按钮，显示节点变形列表（图 3-39(a)）。

(3) 绘制变形图。选择菜单 Main Menu：General Postproc→Plot Results→Deformed Shape，在绘制变形图对话框中选择 Def+ undef edge 单选钮，单击 OK 按钮。

(4) 单元数据表序号查询。选择菜单 Utility Menu：Help→ Help Topics→目录→Ansys Elements Reference→Element Library→BEAM3，搜索到 Element Output Definition（单元输出定义）知 SBYT（Y 向拉伸应力）代码为 LS，2，5、MMOMZ（Z 向弯矩）代码为 SMISC，6，12，关闭帮助创口返回 ANSYS。

(5) 定义拉伸应力表。选择菜单 Main Menu：General Postproc→Element Table→Define Table，弹出单元数据表对话框，单击 Add 按钮，弹出单元数据项目定义对话框，在 Lab 中输入 LSI（I 节点应力），在 Item，Comp Results Data Item 中选 By sequence num 和 LS 并输入 LS，2，单击 Apply 按钮；重复上述步骤，用 LS，5 定义 LSJ（J 节点应力），单击 OK 按钮。单击单元数据表对话框中的 Close。

(6) 绘制拉伸应力。选择菜单 Main Menu：General Postproc→Plot Results→Contour Plot→Line Elem Res，将线性单元结果绘图对话框中的 LabI 设为 LSI，LabJ 设为 LSJ，单击 OK 按钮。

(7) 定义弯矩表。选择菜单 Main Menu：General Postproc→Element Table→Define Table，弹出单元数据表对话框，单击 Add 按钮，弹出单元数据项目定义对话框，在 Lab 中输入 MI（I 节点弯矩），在 Item，Comp Results Data Item 中选 By sequence num 和 SMISC 输入 SMISC，6，单击 Apply 按钮；重复上述步骤，用 SMISC，12 定义 MJ（J 节点弯矩），单击 OK 按钮。单击单元数据表对话框中的 Close。

(8) 绘制弯矩图。选择菜单 Main Menu：General Postproc→Plot Results→Line Elem Res，将线性单元结果绘图对话框中的 LabI 设为 MI，LabJ 设为 MJ，单击 OK 按钮，显示弯矩图（图 3-39(b)）。

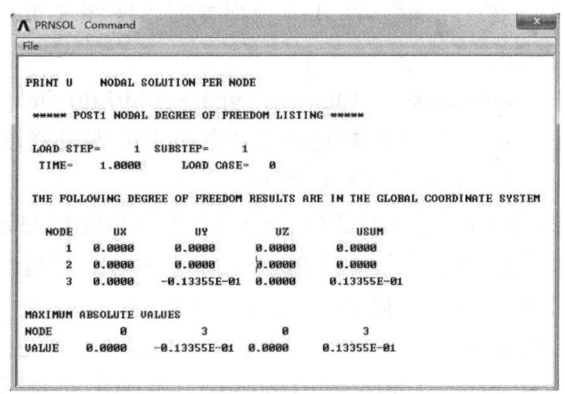
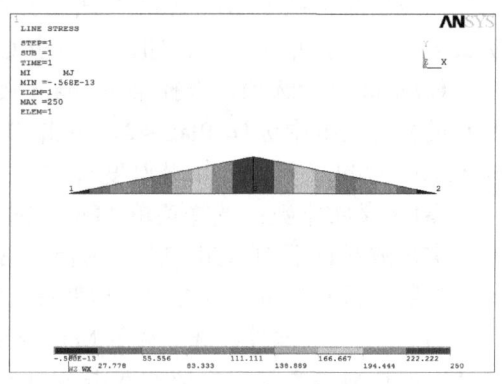

(a) 节点变形列表　　　　　　　　　　　(b) 弯矩图

图 3-39　简支梁计算结果

3.3.2　平面应力问题求解

1. 问题描述

一个厚 1m、边长 10m 的正方形膜，底端固定，顶端右侧角点受 F_x=100N 和 F_y=100N 的集中力，材料的弹性模量为 $3.0×10^{11}$Pa，如图 3-40 所示，试用 ANSYS 软件进行静力分析。

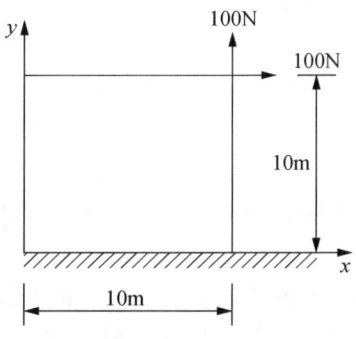

图 3-40　平面应力分析

2. 分析步骤

1) 系统环境设置

(1) 设置操作界面：选择菜单 Utility Manu：MenuCtrls→选相应菜单，可将其显示或隐藏。

(2) 显示工作平面：选择菜单 Utility Manu：WorkPlane→Display Working Plane。

(3) 设置工作平面：选择菜单 Utility Manu：WorkPlane→WP Settings，在 WP Settings 对话框中选择 Grid Only（只显示辅助网格）单选钮；设置 Snap Incr（最小捕捉单位）为 0.5，Minimum（网格最小值）为 0，Maximum（网格最大值）为 10，Spacing（网格间距）为 1，单击 OK 按钮。

(4) 满窗口显示网格：选择菜单 Utility Manu：PlotCtrls→Pan, Zoom, Rotate，在控制对话框中单击圆点和箭头按钮使网格满窗口显示。

(5) 分析类型设置：选择菜单 Main Menu：Preferences→选择 Structural。

2) 定义单元属性

(1) 定义单元类型：选择菜单 Main Menu：Preprocessor→Element Type→Add/Edit/Delete，在单元类型对话框中单击 Add 按钮。又弹出单元库对话框，在其中的列表框中选择 Solid 和 Quad 4node 42，单击 OK 按钮，再单击 Close 按钮。

(2) 更改单元选项：选择菜单 Main Menu：Preprocessor→Element Type→Add/Edit/Delete，单元类型对话框中选择 Plane42，单击 Option 按钮，将单元选项对话框中的 K3 列表框设为 Plane strs w/thk（平面应力/带厚度），单击 OK 按钮，在单击 Close 按钮。

(3) 定义实常数：选择菜单 Main Menu：Preprocessor→Real Constants→Add/Edit/Delete，单击实常数对话框中 Add 按钮，选择实常数单元类型对话框中的 Plane42，单击 OK 按钮。设置实常数设置对话框中的 THK=1（厚度），单击 OK 按钮，再单击 Close 按钮。

(4) 定义材料属性：选择菜单 Main Menu：Preprocessor→Material Props→Material Model→在弹出的材料属性窗口中依次双击 Structural, Linear, Elastic 和 Isotropic，在弹出的对话框中设置 EX（弹性模量）为 3.0e+11；PRXY（泊松比）为 0.3，单击 OK 按钮。

3) 建立几何模型

(1) 绘制点：选择菜单 Main Menu：Preprocessor→Create→Keypoints→In Active CS，输入 1 点 (0, 0)，单击 Apply 按钮；输入 2 点 (10, 10) 点，单击 OK 按钮。

(2) 绘制矩形：选择菜单 Main Menu：Preprocessor→Create→Areas→Rectangle→By 2 Corners，捕捉 (0, 0) 点和捕捉 (10, 10) 点，单击 OK 按钮。

(3) 隐藏辅助网格：选择菜单 Utility Manu：WorkPlane→Display Working Plane。

(4) 保存数据：Toolbar：Save DB。

4) 划分网格

(1) 定义单元尺寸：选择菜单 Main Menu：Preprocessor→Meshing→Mesh Tool，在对话框中，Size Controls→Global→set，设置 NDIV 为 2，单击 OK 按钮。

(2) 添加约束：选择菜单 Main Menu：Solution→Define Loads→Apply→structural→Displacement→On Lines，选底端线，单击 OK 按钮，在施加约束对话框中选择 ALL DOF（所有自由度），单击 OK 按钮。

(3) 添加载荷：选择菜单 Main Menu：Solution→Define Loads→Apply→structural→Force/Moment→On Nodes，选右上角点，在施加载荷对话框中选 FX，设 VALUE=100，单击 Apply 按钮；选右上角点，在施加载荷对话框中选 FY，设 VALUE=100，单击 OK 按钮。

(4)符号显示设置:选择菜单 Utility Menu: PlotCtls→Symbols,在符号控制对话框中设置选项([/PBC]边界条件符号,单击 OK 按钮。在绘图区中显示有限元模型(图 3-41)。

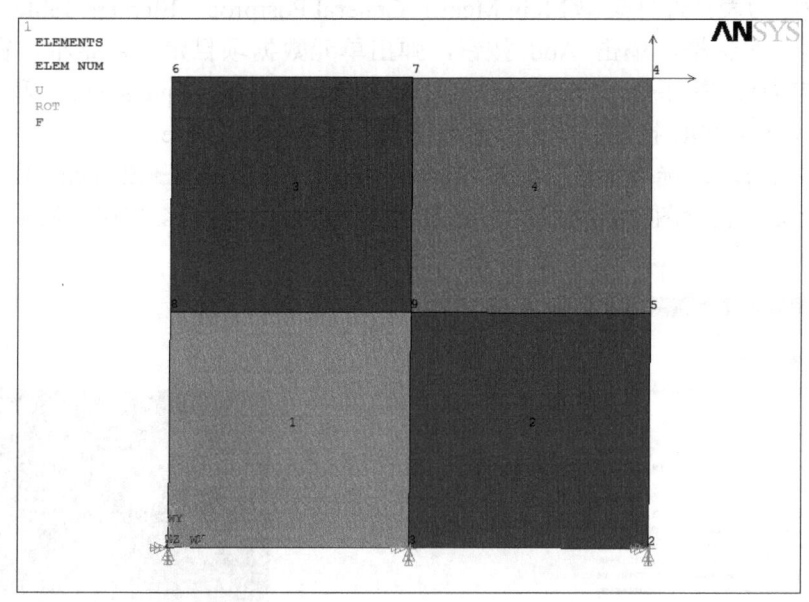

图 3-41 平面应力分析有限元模型

5)求解

(1)定义分析类型:选择菜单 Main Menu:Solution→New Analysis,在分析类型对话框中选择 Static(静力分析)复选框,单击 OK 按钮。

(2)添加约束:选择菜单 Main Menu:Solution→Apply→Displacement→On Lines,选底端线,单击 OK 按钮,在施加约束对话框中选择 ALL DOF(所有自由度),单击 OK 按钮。

(3)添加载荷:选择菜单 Main Menu:Solution→Apply→Force/Moment→On Nodes,选右角点,在施加载荷对话框中选 FX,设 VALUE=100,单击 Apply 按钮;选右角点,在施加载荷对话框中选 FY,设 VALUE=100,单击 OK 按钮。

(4)符号显示设置:选择菜单 Utility Menu:PlotCtls→Symbols,在符号控制对话框中设置选项([/PBC]边界条件符号,单击 OK 按钮。

(5)求解:选择菜单 Main Menu:Solution→Current LS(当前载荷步),单击求解对话框中的 OK 按钮,单击求解结束提示对话框中的 Close 按钮。

6)结果处理

(1)读结果:选择菜单 Main Menu: General Postproc→Read Results→First Set。

(2)节点变形列表:选择菜单 Main Menu: General Postproc→List Results→Nodal Solution,在结果列表对话框中选择 DOF solution→Displacement vector sum,单击 OK 按钮。显示节点变形列表(图 3-42(a))。

(3)绘制变形图:选择菜单 Main Menu: General Postproc→Plot Results→Deformed Shape,在绘制变形图对话框中选择 Def+ undef edge 单选钮,单击 OK 按钮。

(4)绘制单元数据表。单元数据表序号查询:选择菜单 Utility Menu: Help→ Help Topics→目录→Ansys Elements Reference→Element Library→Plane42,搜索到 Element Output

Definition(单元输出定义)得知 S:EQV 为等效应力→再往下搜索得知 I 节点的 S:EQV 的代码为:NMISC,5,关闭帮助创口返回 ANSYS。

定义等效应力表:选择菜单 Main Menu:General Postproc→Element Table→Define Table,弹出单元数据表对话框,单击 Add 按钮,弹出单元数据项目定义对话框,在 Lab 中输入 SEQVI(等效应力),在 Item,Comp Results Data Item 中选 By sequence num 和 NMISC,并输入 NMISC,5,单击 OK 按钮。单击单元数据表对话框中的 Close。

绘制等效应力表:选择菜单 Main Menu:General Postproc→Element Table→Plot Elem Table,将单元数据表绘图对话框中的 Itlab 选为 SEQVI,单击 OK 按钮。显示等效应力表(图 3-42(b))。

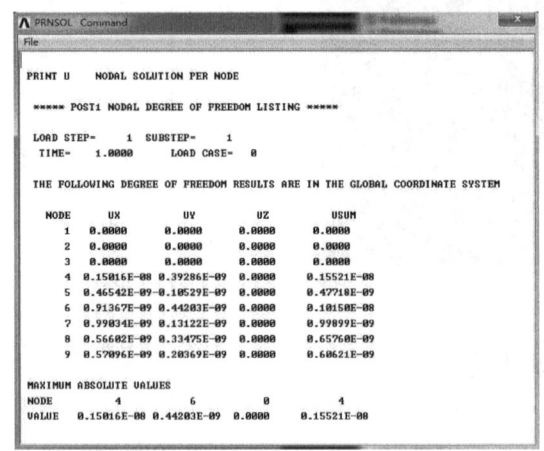
(a)节点位移结果列表

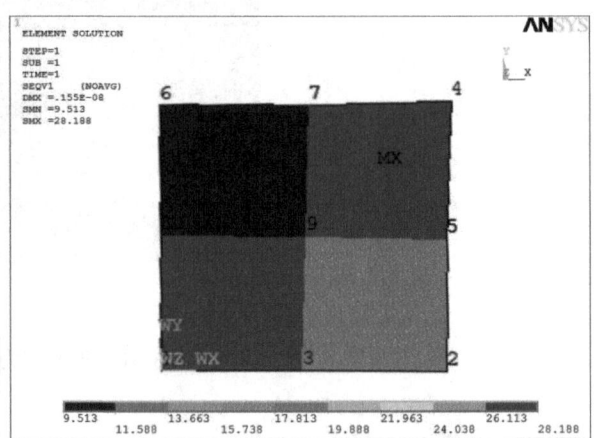
(b)路径结果图

图 3-42 平面应力问题分析结果

(5)显示路径数据。

定义路径:选择菜单 Main Menu:General Postproc→Path Operations→Define Path→By Nodes,在绘图区中依次左边线上的 1,8,6 节点,单击 OK 按钮。在弹出的 By Nodes 对话框的 Name 栏中输入 MyPath(路径名),单击 OK 按钮。

映射路径等效应力:选择菜单 Main Menu:General Postproc→Path Operations→Map onto Path,在映射路径对话框中设置 Lab=SEQVI(路径标识);在 Item,Comp 列表框中选 Elem table item 和 ETA,并输入 ETAB,SEQVI,单击 OK 按钮。

路径数据绘图:选择菜单 Main Menu:General Postproc→Path Operations→On Graph,在绘制路径数据对话框中列表框中选 SEQVI,单击 OK 按钮。显示路径结果(图 3-43(a))。

路径数据列表:选择菜单 Main Menu:General Postproc→Path Operations→Plot Path Item→List Path Item,在路径数据列表对话框中 SEQVI,单击 OK 按钮。

线性应力绘图:选择菜单 Main Menu:General Postproc→Path Operations→Linearized Strs,选线性应力绘图对话框中 von Mises SEQV,单击 OK 按钮。显示线性应力结果(图 3-43(b))。

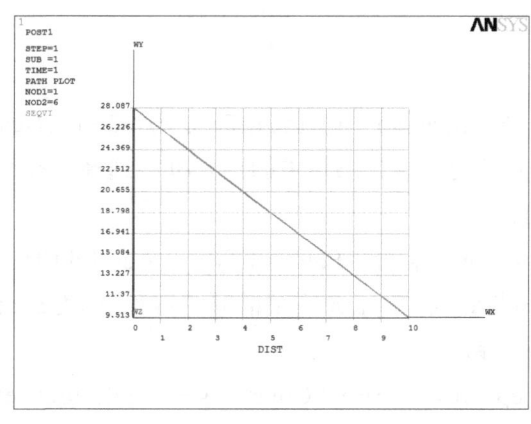 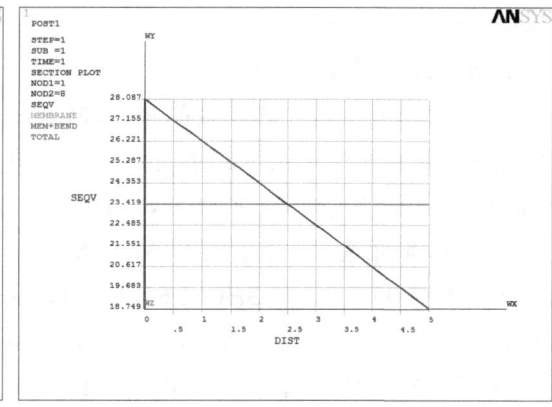

(a) 路径结果图　　　　　　　　　　　(b) 线性应力结果图

图 3-43　平面应力问题分析结果

3.3.3　ANSYS 薄板弯曲问题求解

1. 问题描述

一厚 1m，边长 10m 的正方形板，底端固定，顶端右侧角点受 $F_z=-100N$ 的集中力，材料的弹性模量为 3.0×10^{11}Pa，试用有限元法进行静力分析。如图 3-44 所示。

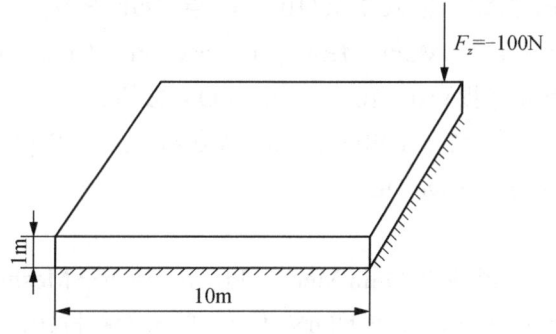

图 3-44　薄板问题分析

2. 分析步骤

1) 系统环境设置

(1) 设置界面：选择菜单 Utility Menu：MenuCtrls→选择相应菜单，即可将其显示或隐藏。

(2) 显示工作平面：选择菜单 Utility Menu：WorkPlane→Display Working Plane。

(3) 设置工作平面：选择菜单 Utility Menu：WorkPlane→WP Settings，在工作平面设置对话框中选 Grid Only(只显示辅助网格)单选钮，设置 Snap Incr(最小捕捉单位)为 0.5，Minimum(网格最小值)为 0，Maximum(最大网格值)为 10，Spacing(网格间距)为 1，单击 OK 按钮。

(4) 显示网格：选择菜单 Utility Menu：PlotCtrls→Pan，Zoom，Rotate，单击控制按钮，使网格满窗口。

(5) 分析类型设置：选择菜单 Main Menu：Preferences→选择分析类型对话框中的 Structural

复选框，单击 OK 按钮。

2) 定义单元属性

(1) 定义单元类型：选择菜单 Main Menu：Preprocessor→Element Type→Add/Edit/Delete，在单元类型对话框中单击 Add 按钮。又弹出单元库对话框，在其中的列表框中选择选择 Shell 和 elastic 4node 63，单击 OK 按钮，再单击 Close 按钮。

(2) 更改单元选项：选择菜单 Main Menu：Preprocessor→Element Type→Add/Edit/Delete，在单元类型对话框中选择SHELL63，单击 Option 按钮。在单元选项对话框中将 K1 选为 bending only（薄板弯曲），单击 OK 按钮，再单击 Close 按钮。

(3) 定义实常数：选择菜单 Main Menu：Preprocessor→Real Constants→Add/Edit/Delete，单击实常数对话框中 Add 按钮，选择实常数的单元类型对话框中的 SHELL63，单击 OK 按钮。设置实常数设置对话框中的 TK(I)=1(I 节点厚度)，单击 OK 按钮，再单击 Close 按钮。

(4) 定义材料属性：选择菜单 Main Menu：Preprocessor→Material Props→Material Model→在弹出的材料属性窗口中依次双击 Structura，Linear，Elastic 和 Isotropic，在弹出的对话框中设置 EX（弹性模量）为 3.0e+11；PRXY（泊松比）为 0.3，单击 OK 按钮。

3) 建立几何模型

(1) 绘制点：选择菜单 Main Menu: Preprocessor→Create→Keypoints→In Active CS，输入 1 点(0，0)，单击 Apply 按钮；输入 2 点(10，10)点，OK 按钮。

(2) 绘制矩形：选择菜单 Main Menu: Preprocessor→Create→Areas→Rectangle→By 2 Corners，捕捉(0，0)点和捕捉(10，10)点，单击 OK 按钮。

(3) 隐藏辅助网格：选择菜单 Utility Menu：WorkPlane→Display Working Plane。

(4) 保存数据：Toolbar：Save DB。

4) 划分网格

(1) 定义单元尺寸：选择菜单 Main Menu：Preprocessor→Meshing→Mesh Tool，在对话框中，Size Controls→Global→set，设置 NDIV 为 2，单击 OK 按钮。

(2) 分格：选菜单 Main Menu：Preprocessor→Meshing→Mesh Tool，选中 mesh 的类型为 Area，Free 单击 Mesh，在绘图区选面，单击 OK 按钮。

(3) 显示单元编号：显示单元编号：选择菜单 Utility Menu：PlotCtls→Numbering，将编号控制对话框中的 Elem/Attrib numbering 选为 Element Numbers，单击 OK 按钮。

(4) 等轴测图显示：选择菜单 Utility Menu：PlotCtls→Pan，Zoom，Rotate，单击 Iso 钮和 Fit 钮。

5) 求解

(1) 定义分析类型：选择菜单 Main Menu：Solution→New Analysis，在分析类型对话框中选择 Static（静力分析）复选框，单击 OK 按钮。

(2) 添加约束：选择菜单 Solution→Define Loads→Apply→structural →Displacement→On Lines，选底端线，单击 OK 按钮，在施加约束对话框中选 ALL DOF，单击 OK 按钮。

(3) 添加载荷：选择菜单 Main Menu：Solution→Apply→Force/Moment→On Nodes，选右

上角点，单击 OK 按钮，选施加载荷对话框中的 Lab 为 Fz，设 VALUE=-100，单击 OK 按钮。

（4）符号显示设置：符号显示设置：选择菜单 Utility Menu：PlotCtls→Symbols，在符号控制对话框中设置选项[/PBC]边界条件符号，单击 OK 按钮。显示薄板有限元模型（图 3-45）。

（5）求解：选择菜单 Main Menu：Solution→Current LS（当前载荷步），单击求解对话框中的 OK 按钮，单击求解结束提示对话框中的 Close 按钮。

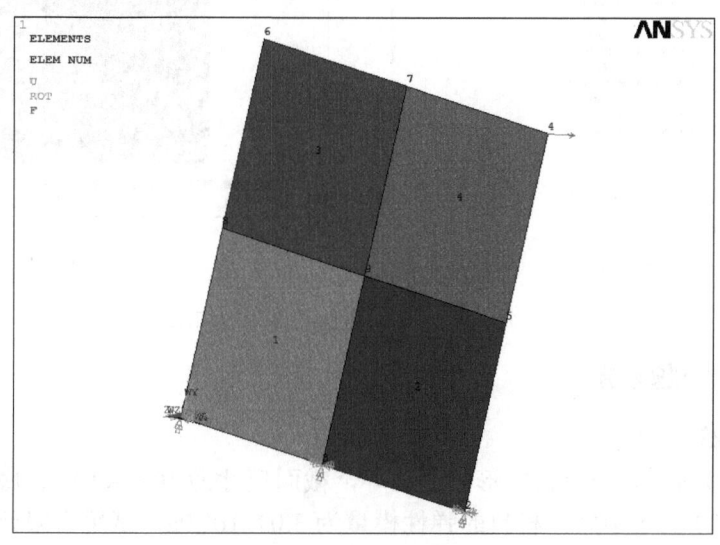

图 3-45　薄板有限元模型

6）结果处理

（1）读结果：选择菜单 Main Menu: General Postproc→First Set。

（2）节点变形列表：选择菜单 Main Menu：General Postproc→List Results→Nodal Solution，在结果列表对话框中选择 DOF solution→Displacement vector sum，单击 OK 按钮。显示节点变形列表（图 3-46（a））。

（3）绘制变形图：选择菜单 Main Menu::General Postproc→Plot Results→Deformed Shape，在绘制变形图对话框中选择 Def+ undef edge 单选钮，单击 OK 按钮。

（4）绘制单元数据表。

单元数据表序号查询：选择菜单 Utility Menu::Help→ Help Topics→目录→Ansys Elements Reference→Element Library→SHELL63，搜索到 Element Output Definition（单元输出定义）得知 I 节点的 S：EQV 的代码为：NMISC，25，关闭帮助创口返回 ANSYS。

定义等效应力表：选择菜单 Main Menu：General Postproc→Element Table→Define Table，弹出单元数据表对话框，单击 Add 按钮，弹出单元数据项目定义对话框，在 Lab 中输入 SEQVI（I 节点等效应力），在 Item, Comp Results Data Item 中选 By sequence num 和 NMISC，并输入 NMISC，25，单击 OK 按钮。

绘制等效应力表：选择菜单 Main Menu：General Postproc→Element Table→Plot Elem Table，在单元数据表绘制对话框中，将 Itlab 选为 SEQVI，单击 OK 按钮。显示等效应力结果（图 3-46（b））。

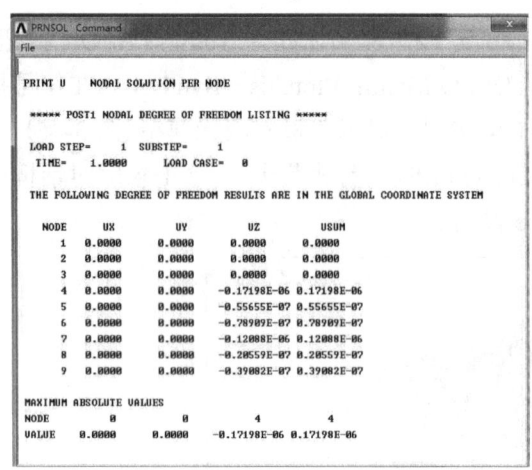 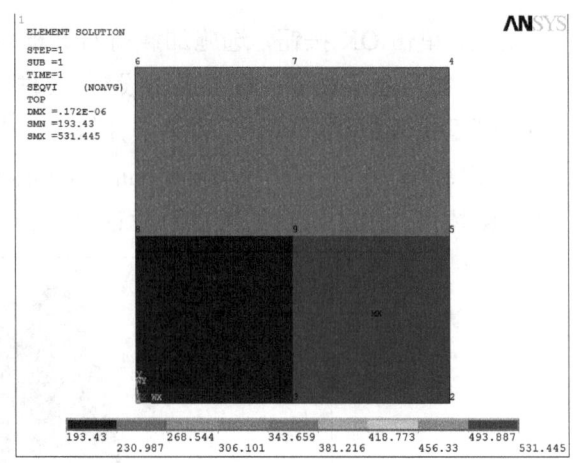

(a) 节点位移列表   (b) 等效应力结果图

图 3-46 薄板弯曲问题分析结果

3.3.4 轴对称问题求解

1. 问题描述

如图 3-47(a) 所示，一个正方形截面圆环，截面尺寸为 10m×10m，底端固定，受径向轴对称载荷 $F_x=-100$ 的集中力，材料的弹性模量为 $3.0×10^{11}$Pa，试用有限元法进行静力分析。由于结构和受力情况均为轴对称，故取图 3-47(b) 的模型进行分析。

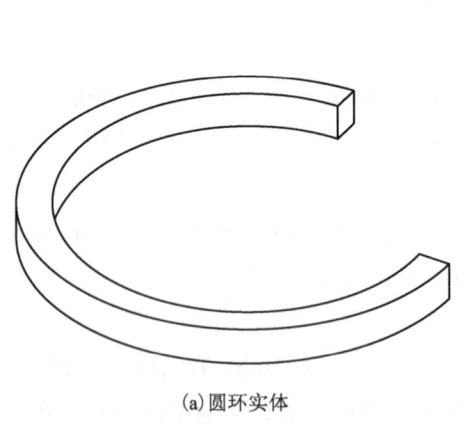 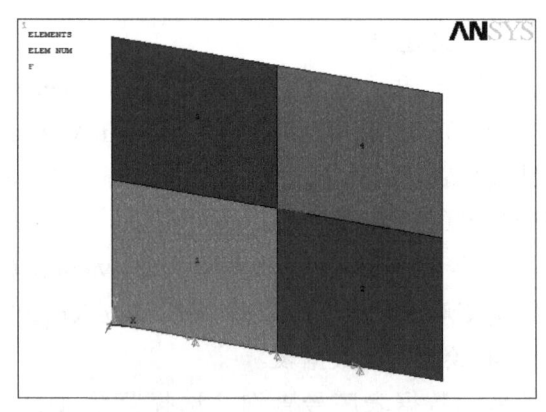

(a) 圆环实体   (b) 圆环有限元模型

图 3-47 圆环结构与计算模型

2. 分析步骤

1) 系统环境设置

(1) 设置界面：选择菜单 Utility Menu：MenuCtrls→选择相应菜单，即可将其显示或隐藏。

(2) 显示工作平面：选择菜单 Utility Menu：WorkPlane→Display Working Plane。

设置工作平面：选择菜单 Utility Menu：WorkPlane→WP Settings，在工作平面设置对话框中选 Grid Only(只显示辅助网格)单选钮，设置 Snap Incr(最小捕捉单位)为 0.5，Minimum(网格最小值)为 0，Maximum(最大网格值)为 10，Spacing(网格间距)为 1，单击 OK 按钮。

(3)显示网格:选择菜单 Utility Menu:PlotCtrls→Pan, Zoom, Rotate,单击控制按钮,使网格满窗口。

(4)分析类型设置:选择菜单 Main Menu:Preferences→选择分析类型对话框中的 Structural 复选框,单击 OK 按钮。

2)定义单元属性

(1)定义单元类型:选择菜单 Main Menu:Preprocessor→Element Type→Add/Edit/Delete,在单元类型对话框中单击 Add 按钮。又弹出单元库对话框,在其中的列表框中选择选择 Solid 和 Quad 4node 42,单击 OK 按钮,再单击 Close 按钮。

(2)更改单元选项:选择菜单 Main Menu:Preprocessor→Element Type→Add/Edit/Delete,选择 Plane42,单击 Option 按钮,选择 K3 为 Asymmetric(轴对称),单击 OK 按钮。

(3)定义材料属性:选择菜单 Main Menu:Preprocessor→Material Props→Material Model,在弹出的材料属性窗口中依次双击 Structural,Linear,Elastic 和 Isotropic,在弹出的对话框中设置 EX(弹性模量)为 3.0e+11;PRXY(泊松比)为 0.3,单击 OK 按钮。

3)建立几何模型

(1)绘制点:选择菜单 Main Menu:Preprocessor→Create→Keypoints→In Active CS,输入 1 点(0, 0),单击 Apply 按钮;输入 2 点(10, 10)点,单击 OK 按钮。

(2)绘制矩形:选择菜单 Main Menu:Preprocessor→Create→Areas→Rectangle→By 2 Corners,捕捉(0, 0)点和捕捉(10, 10)点,单击 OK 按钮。

(3)隐藏辅助网格:选择菜单 Utility Manu:WorkPlane→Display Working Plane。

(4)保存数据:Toolbar:Save DB。

4)划分网格

(1)定义单元尺寸:选择菜单 Main Menu:Preprocessor→Meshing→Mesh Tool,在对话框中,Size Controls→Global→set,设置 NDIV 为 2,单击 OK 按钮。

(2)分格:选菜单 Main Menu:Preprocessor→Meshing→Mesh Tool,选中 mesh 的类型为 Area,Free 单击 Mesh,在绘图区选面,单击 OK 按钮。

(3)显示单元编号:显示单元编号:选择菜单 Utility Menu:PlotCtls→Numbering,将编号控制对话框中的 Elem/Attrib numbering 选为 Element Numbers,单击 OK 按钮。

(4)等轴测图显示:选择菜单 Utility Menu:PlotCtls→Pan,Zoom,Rotate,单击 Iso 按钮。

5)求解

(1)定义分析类型:选择菜单 Main Menu:Solution→New Analysis,在分析类型对话框中选择 Static(静力分析)复选框,单击 OK 按钮。

(2)添加约束:选择菜单 Main Menu:Solution→Define Loads→Apply→structural→Displacement→On Lines,选底端线,单击 OK 按钮,在施加约束对话框中选择 ALL DOF,单击 OK 按钮。

(3)添加载荷:选择菜单 Main Menu:Solution→Define Loads→Apply→structural→Force/Moment→On Nodes,选中间节点,在施加载荷对话框中选 F_X,VALUE=100,单击 OK 按钮。

(4)符号显示设置:选择菜单 Utility Menu:PlotCtls→Symbols,在符号控制对话框中设置选项([/PBC]边界条件符号,单击 OK 按钮。在绘图区中显示有限元模型(图 3-47(b))。

(5)求解:选择菜单 Main Menu:Solution→Current LS(当前载荷步),单击求解对话框中的 OK 按钮，单击求解结束提示对话框中的 Close 按钮。

6) 结果处理

(1) 读结果：选择菜单 Main Menu：General Postproc→First Set。

(2) 节点变形列表：选择菜单 Main Menu：General Postproc→List Results→Nodal Solution，在结果列表对话框中选择 DOF solution→Displacement vector sum，单击 OK 按钮。显示节点变形列表（图 3-48）。

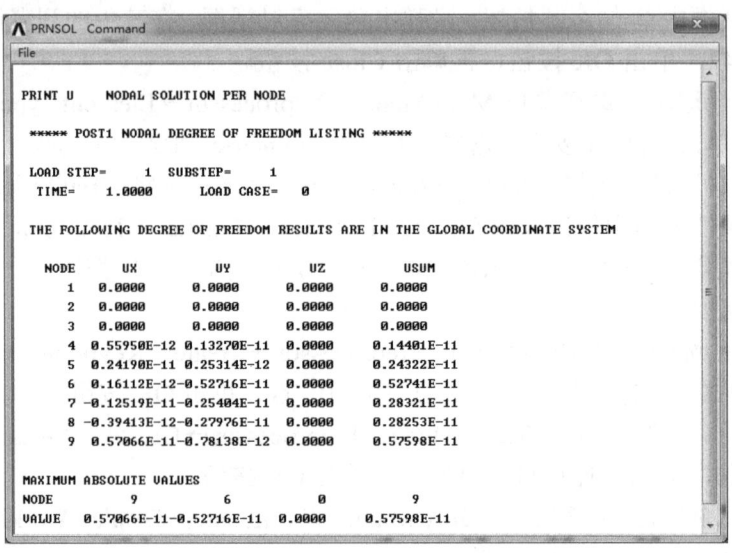

图 3-48 节点位移列表

(3) 绘制变形图：选择菜单 Main Menu：General Postproc→Plot Results→Deformed Shape，在绘制变形图对话框中选择 Def+ undef edge 单选钮，单击 OK 按钮。

(4) 轴对称结果扩展：选择菜单 Utility Menu：PlotCtrls→Style→Symmetry Expansion→2D Axi-Symmetric→选轴对称结果扩展对话框中的 3/4 expansion 单选框，单击 OK 按钮。

(5) 绘制单元数据表。

单元数据表序号查询：选择菜单 Utility Menu：Help→ Help Topics→目录→Ansys Elements Reference→Element Library→Plane42，搜索到 Element Output Definition（单元输出定义）得知 S：EQV 为等效应力，再往下搜索得知 I 节点的 S:EQV 的代码为：NMISC,5，返回 Ansys。

定义等效应力表：选择菜单 Main Menu：General Postproc→Element Table→Define Table→弹出单元数据表对话框，单击 Add 按钮，弹出单元数据项目定义对话框，在 Lab 中输入 NMISC5，在 Item，Comp Results Data Item 中选 By sequence num 和 NMISC，并输入 NMISC, 5（I 节点的等效应力），单击 OK 按钮。单击单元数据表对话框中的 Close。

绘制等效应力表：选择菜单 Main Menu：General Postproc→Element Table→Plot Elem Table，将单元结果绘图对话框中 Itlab 选择 NMISC5，单击 OK 按钮。显示等效应力结果（图 3-49(a)）。

(6) 显示路径数据。

定义路径：选择菜单 Main Menu：General Postproc→Path Operations→Define Path→By Nodes，在绘图区中依次选择在绘图区中依次选择左边线上的 1、8、6 节点，单击 OK。在弹出的 By Nodes 对话框的 Name 栏中输入 MyPath（路径名），单击 OK。

映射路径等效应力：选择菜单 Main Menu：General Postproc→Path Operations→Map onto Path，在映射路径对话框中设置 Lab=NMISC5（路径标识）；在 Item,Comp 列表框中选 Elem table item 和 ETAB，并输入 ETAB，NMISC5，单击 OK 按钮。

路径数据绘图：选择菜单 Main Menu：General Postproc→Path Operations→On Graph，在绘制路径数据对话框中选 NMISC5，单击 OK 按钮。

路径数据列表：选择菜单 Main Menu：General Postproc→Path Operations→Plot Path Item→List Path Item，在路径数据列表对话框中选中 NMISC5，单击 OK 按钮。

线性应力绘图：选择菜单 Main Menu：General Postproc→Path Operations→Linearized Strs，选线性应力绘图对话框中 von Mises SEQV，单击 OK 按钮。显示线性应力结果（图 3-49（b））。

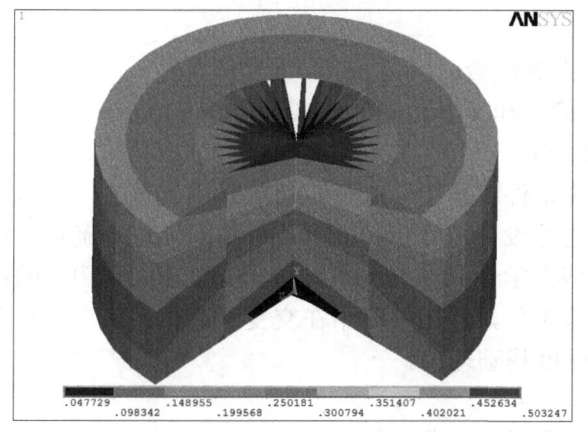

(a) 等效应力结果图　　　　　　　　　　(b) 线性应力结果图

图 3-49　轴对称问题分析结果

由以上分析可见，不同形状的结构进行有限元分析时，根据结构自身的特点和结构的受力特点，可以用不同的二维单元，建立相同的二维简化模型。

参 考 文 献

刘相新，孟宪颐. 2006. ANSYS 基础与应用教程. 北京：科学出版社

黄国权. 2004. 有限元法基础及 ANSYS 应用. 北京：机械工业出版社

杜平安，于雅婷，刘建涛. 2001. 有限元法：原理、建模及应用. 2 版. 北京：国防工业出版社

张红松，胡仁喜，康士廷，等. 2011. ANSYS 13.0 有限元分析从入门到精通. 北京：机械工业出版社

张洪才，等. 2012. ANSYS 14.0 理论解析与工程应用实例. 北京：机械工业出版社

Bettess P. 1980. More on infinite elements. International Journal for Numerical Methods in Engineering, (15):1613-1626

Dunder V, Ridlon S. 1978. Practical application of finaite element method. Journal of the Structural Division, American Society of Civil Engineers.No.STI:9-21

第4章 车辆结构强度基础理论

研究车辆结构强度的意义:
(1) 在保证运行安全和必要的使用寿命的前提下减轻车辆自重;
(2) 节约材料,降低成本;
(3) 提高装载重量、提高运行速度,在相同的车辆数量条件下,提高线路的运输能力,获得更大的经济效益。

车辆强度要解决的三个问题:
(1) 查明车辆在运用中受力的大小、种类及其组合;
(2) 计算在各种受力状态下车辆各部分的应力和变形;
(3) 确定车辆在一定的使用寿命下的强度标准。

铁路机车车辆在不平顺线路上行驶,各零部件都承受着交变载荷的作用。过去,这些零部件一直采用材料力学公式,按静不变载荷进行设计和计算;同时,根据静力试验确定材料的力学性能(如屈服极限、强度极限等),这些力学性能没有反映材料在交变应力作用下的特性。因此,按这种传统的静载荷设计计算的零部件,使用过程中在交变载荷作用下,往往会发生疲劳破坏。本章将讲述车辆结构的疲劳强度基础理论。

4.1 疲劳研究的历史

疲劳一词的英文是"Fatigue",意思是"疲倦、劳累"。国际标准化组织(ISO)在1964年发表的报告《金属疲劳试验的一般原理》中对疲劳所做的定义是:"金属材料在应力或应变的反复作用下所产生的性能变化叫做疲劳;虽然在一般情况下,这个术语特指那些导致开裂或破坏的性能变化。"

疲劳是固体力学的一个分支,它主要研究材料或结构在交变载荷作用下的强度问题,研究材料或结构的应力状态与寿命的关系。

人们认识和研究疲劳问题已经有170多年的历史,在不懈地研究材料与结构疲劳奥妙的实践中,对疲劳的认识不断地得到修正和深化。产业革命以后,随着蒸汽机车和机动运载工具的发展,以及机械设备的广泛使用,运用部件的破坏经常发生。破坏往往发生在零部件的截面突变处,破坏处的名义应力不高,低于强度极限,有时甚至也发生在比弹性极限还低的情况下。

下面简要回顾一下疲劳研究史上的一些重大事件:

1829年,德国矿业工程师Albert针对升降机链条断裂问题进行反复加载实验以校核其可靠性。

1839年,法国工程师Poncelet首先使用"疲劳"一词来描述材料在交变载荷下承载能力逐渐耗尽以致最终断裂的现象。

1843年,英国工程师Rankine发表了关于机车车轴疲劳断裂特征的论文,这是第一篇研究疲劳的论文。

1842 年，Hood 提出了疲劳的"结晶"理论；1849 年，英国机械工程学会辩论结晶理论；1903 年，Ewing 和 Humfreg 证明结晶理论是不正确的，指出疲劳是由塑性变形引起的。

1852~1869 年，德国工程师 Wöhler 对铁路车轴进行了系统的疲劳试验研究，发现车轴在循环载荷下的强度大大低于它们的静载荷。他在 1871 年发表的论文中，系统论述了疲劳寿命与循环应力的关系，提出了 S-N 曲线和疲劳极限的概念，确定了应力幅是疲劳破坏的决定因素，奠定了金属疲劳的基础。因此，公认 Wöhler 是疲劳的奠基人，有"疲劳试验之父"之称。

19 世纪 70~90 年代，Gerber 研究了平均应力对疲劳强度的作用，提出了 Gerber 抛物线方程；英国工程师 Goodman 提出了简化曲线——著名的 Goodman 线图和 Goodman 线性方程。

1884 年，Bauschinger 首先验证了应力—应变滞后曲线。

1924 年，英国学者 Gough 经过多年研究，出版了一本疲劳巨著《金属疲劳》，对疲劳机制的解释贡献很大。

1920 年，Griffith 用玻璃研究脆断的理论计算和实验结果，由此诞生了断裂力学，他因而被称为"断裂力学之父"。

1924~1945 年，Palmgren 和 Miner，经过大量试验研究，形成了 Palmgren-Miner 线性累积损伤法则。

1955 年，Manson 和 Coffin 研究提出了表达塑性应变和疲劳寿命间关系的 Manson-Coffin 方程，奠定了低周疲劳基础。

1961 年，Neuber 开始用局部应变研究疲劳寿命，提出了 Neuber 法则。

1963 年，美国材料试验学会(ASTM)的 E9 疲劳委员会出版了《疲劳试验与疲劳数据的统计分析指南》一书。

至今，各国在大量疲劳试验与工程实践的基础上，先后制定了一系列疲劳设计规范。例如，英国桥梁设计规范 BS5400；欧洲钢结构协会的钢结构疲劳设计规范 ECCS；日本的钢桥设计规范、北美铁路桥梁以及高速公路设计规范 AASHTO；以及国际焊接协会的循环加载焊接钢结构设计规范 IIW·DOC—639—81 等。

我国的疲劳研究开始较晚，但近 30 年来发展较快。20 世纪 70 年代，我国航空部门就开展了飞机结构的疲劳可靠性研究。因为当时经常发生"摔机"等空难事故，其原因除操作失误外，大多数是由于起落架裂断，机翼疲劳折断，机舱的裂损等。我国通过 20 多年深入研究，掌握了各种机种的定寿、延寿设计的新方法，保障了飞行安全。我国的军工车辆为摆脱经验设计和模拟仿制的局面，近几年投入了一定的人力、财力，开展了"坦克主要零部件疲劳强度可靠性研究"，为坦克主要零部件的疲劳强度设计和评定提供了原理、方法和试验依据，已大有成效。

强度、刚度和疲劳寿命也是对交通运载工具的三个基本要求，国外高速铁路发达国家都十分重视机车车辆关键零部件的疲劳强度研究，目前在高速转向架焊接构架的疲劳强度设计方面，已形成了 UIC(欧洲铁路联盟)规程和 JISE4207(日本"铁路车辆用转向架构架设计通用规则")为代表的疲劳设计、评价体系，并以此为依据对转向架的疲劳强度进行评估、确定使用寿命。我国铁路工厂在提速机车车辆设计中，主要依据 TB/T 1335—1996《铁道车辆强度设计及试验鉴定规范》，因此仍然是传统的以安全系数保障强度裕度的定值方法。提速以后逐步显现出机车车辆结构疲劳强度不足的问题，有些甚至危及行车安全，引起了各级领导和广大工程技术人员的高度重视。目前在提速转向架和动车组的设计、制造中，对转向架和受力支吊座部位加强了疲劳分析、质量控制；同时开展室内疲劳试验与线路运行试验，以确保在寿命期内的疲劳可靠性。

4.2 疲劳破坏的特点

疲劳破坏与静力破坏有着许多明显的本质差别。

1. 只有在交变应力作用下疲劳才会发生

所谓交变应力，是指随时间而变化的应力。更一般地，也可称为交变载荷，载荷可以是力、应力、应变、位移等。载荷随时间的变化可以是有规则的(恒幅循环)，也可以是不规则的(变幅循环)，甚至是随机的。描述载荷—时间变化关系的图或表，称为载荷谱，类似的还有应力谱、位移谱、加速度谱。显然，在研究疲劳问题时，首先要研究载荷谱、应力谱的描述与简化。

描述一个应力循环，至少需要两个量，如最大应力 σ_{max} 和最小应力 σ_{min}，这是描述交变应力水平的基本量(图 4-1)。疲劳分析中，还常常用到下述参量：

(1) 应力范围 $\Delta\sigma$
$$\Delta\sigma = \sigma_{max} - \sigma_{min}$$

(2) 应力幅 σ_a
$$\sigma_a = (\sigma_{max} - \sigma_{min})/2$$

(3) 平均应力 σ_m
$$\sigma_m = (\sigma_{max} + \sigma_{min})/2$$

(4) 应力比 R
$$R = \sigma_{min}/\sigma_{max}$$

其中，应力比 R 反映了不同的循环特征，如 $R=-1$ 是对称循环，$R=0$ 是脉动循环，$R=1$ 是静载荷。

上述参量中，只需已知其中任意两个，即可确定其他各参量。

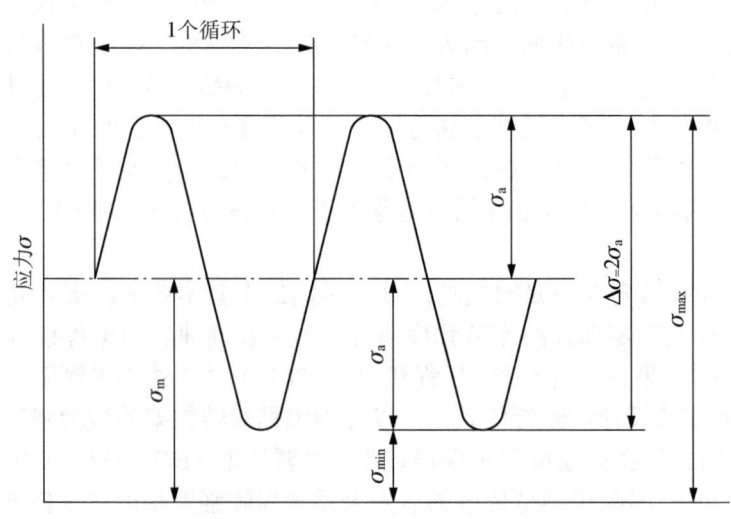

图 4-1 疲劳应力参量

2. 疲劳破坏起源于高应力或高应变的局部

静载下的破坏,取决于结构整体;疲劳破坏则从应力或应变较高的局部开始,形成损伤并逐渐累积,导致破坏发生。因此,局部性是疲劳的一个显著特点。

零部件的应力集中处常常是疲劳破坏的起源,疲劳研究所关心的正是这些由几何形状变化或材料缺陷引起应力集中的局部细节以及细节处的应力应变。

3. 疲劳是一个发展过程

受交变应力作用的零部件或结构,从一开始使用就进入了疲劳的"发展过程"。所谓裂纹萌生和扩展,是这一发展过程中不断形成的损伤累积的结果,最后的断裂标志着疲劳过程的终结。这一发展过程经历的时间或交变载荷作用的次数,称为"寿命",它不仅取决于应力水平,还取决于材料抵抗疲劳破坏的能力,疲劳研究的目的就是要预测寿命。

一般来说,将总寿命 N_t 分为裂纹起始(或萌生)寿命 N_i 与裂纹扩展寿命 N_p 两部分,即

$$N_t = N_i + N_p$$

完整的疲劳分析,既要研究裂纹的萌生寿命也要研究裂纹的扩展寿命,但在某些情况下也可能只需要考虑其中之一。例如,高强度材料的断裂韧性低,一出现裂纹很快引起破坏,扩展寿命很短,因此由高强度材料制造的零部件,通常只需要考虑裂纹萌生寿命,取 $N_t=N_i$;延性材料制造的零部件由相当长的裂纹扩展寿命,一般不可忽略;对于焊接、铸造零部件和结构,在制造过程中不可避免地引入裂纹或类裂纹缺陷,因此可以忽略其裂纹萌生寿命,取 $N_t=N_p$。

4.3 疲劳断口的形貌特征

判断一个断裂零部件一定是疲劳断裂,需要分析断裂断口的宏观和微观形貌特征。断口是指零部件断裂失效时所形成的自然表面,断口的形貌直接反映了断裂过程中各种载荷、应力和材质之间相互的关系。通过对断口形貌及其他信息的了解,确定断裂失效的模式(即是塑性断裂,疲劳断裂还是脆性断裂)、原因及其断裂的全过程,以便制定今后防止此类事故发生的对策。

4.3.1 疲劳断口的宏观形貌特征

一个典型的疲劳断口上,通常出现三个形貌不同的区域,即疲劳源区、裂纹扩展区以及瞬断区,如图 4-2 所示。

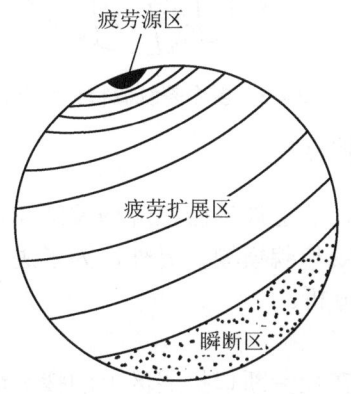

图 4-2 疲劳断口三个区域示意图

(1) 疲劳源区。绝大部分的疲劳裂纹萌生于表面，源区在断口上多呈半圆形（或半椭圆形）。裂纹在源区内扩展缓慢，在交变载荷反复作用下不断地张合，所以断口较为平坦、光亮。与其余两个区相比，疲劳源区所占的面积最小。

(2) 疲劳裂纹扩展区。有海滩状（或称贝壳状）花样，是疲劳断口上裂纹扩展的宏观特征花样。它是在加载—卸载的交替过程中形成的，所以也叫做"疲劳休止弧线"。贝壳弧线之间的宽度反映零部件所受交变载荷幅度的变化，而且是随远离源区而逐渐增宽。

(3) 瞬断区。随着疲劳裂纹的扩展，零部件承载能力降低，当达到材料的断裂强度时，便发生瞬时断裂。它是一种静态断裂，具有静载断裂的断口形貌。对于塑性材料，瞬断断口表面呈暗灰色纤维状；脆性材料的瞬断断口呈结晶状或放射状，有时在边缘出现微小的剪切唇。

4.3.2 疲劳断裂源的判断

疲劳断口宏观形貌的一般特征是识别和判断零部件疲劳断裂失效极为重要的特征之一。但仅仅确定其为疲劳断裂是不够的，而确定疲劳源的位置对分析断裂原因极为重要。例如，如果疲劳源在零件表面上，那么应当从零件表面质量、表面应力状态及工作介质等方面去查明疲劳断裂的原因；如果疲劳断裂起源于亚表面上，则应考虑表层是否存在拉应力峰值或材质质量问题；如果疲劳源在零件内部，则疲劳断裂可能是材料内部质量（如夹杂物、内裂纹等）引起的。

有时，断口上出现几个磨光区，表面存在几个疲劳源区。这时必须注意哪些疲劳源区是初生的，哪些是次生的，因为初生的疲劳源对分析断裂原因更重要。一般来说，最初的疲劳源相对于其他疲劳源所承受的应力较小，裂纹扩展速率较慢，经历交变载荷作用的时间最长。因此，在判别时，贝壳状条纹的密度越大、源区越光亮，则疲劳源的起始时间越早，图 4-3 为多个裂纹源特征示意图。

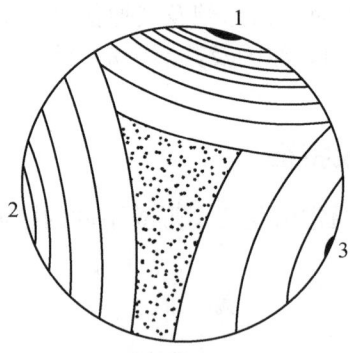

图 4-3 多个裂纹源特征示意图

4.3.3 疲劳断口的微观形貌特征

疲劳断裂分析中，由于断口的宏观形貌在现场被破坏，或者由于断口匹配面在断裂过程中受到严重损伤，使断口的宏观形貌模糊；另外，为了进一步查明引起疲劳失效的原因，需要对断口的微观形貌特征进行分析。

1. 疲劳辉纹和疲劳台阶

疲劳辉纹又称疲劳条带，在疲劳断口扩展区上的疲劳辉纹是疲劳断裂特有的，区别于其他断裂形式最显著的显微特征。一般金属材料的疲劳断口，采用光学显微镜和扫描电镜均可能观察到这种疲劳辉纹。

疲劳台阶又称疲劳沟线或疲劳断片。疲劳裂纹的扩展区在宏观上呈现平坦、光滑的外貌，但在其微观上则凹凸不平，图 4-4 是两个相匹配断口的疲劳台阶示意图。

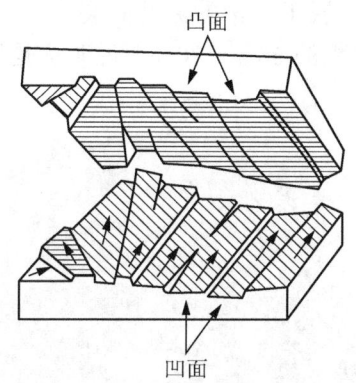

图 4-4　两个相匹配断口的疲劳台阶示意图

2. 疲劳辉纹的微观特征

(1) 这些条纹略带弯曲，在同一个断片上连续、平行，且与裂纹扩展方向垂直。

(2) 这些条纹具有规则的间距，疲劳条纹基本上与循环数一一对应。

(3) 需要注意的是：一条辉纹虽然总是代表一个循环中的裂纹扩展，但并不是每一次循环总能形成一个疲劳辉纹；另外，不是在任何条件下，任何材料的断口上都会出现疲劳辉纹。实际上有很多因素影响疲劳辉纹在断口上出现，例如，材料的抗拉强度越高，越不易形成疲劳辉纹；高温和腐蚀环境会使断口出发生氧化和腐蚀，疲劳辉纹形貌遭到破坏等。

3. 疲劳台阶的微观特征

(1) 疲劳辉纹均匀地分布在台阶面上，同一个台阶面上的疲劳辉纹才是连续的、平行的；

(2) 各个台阶面上的疲劳辉纹法线方向通常有一定的位向差；

(3) 台阶与台阶的连接处形成一棱线(或沟线)。

图 4-5 是在电子显微镜 2000 倍下拍摄到的疲劳裂纹扩展区的微观形貌。

图 4-5　电子显微镜 2000 倍下疲劳裂纹扩展区的微观形貌

4. 疲劳断口形貌特征实例

1) 4012 号 B 型车轴疲劳断裂断口(图 4-6)

该轴 1982 年 10 月断裂，已服役了 30 年，断裂部位在轴颈距轮座外侧 83mm 处。

从断口图上可见：

(1) 单源启裂，疲劳源在车轴内部的夹渣处。

(2) 裂纹扩展区较大，贝壳状花样很清晰且很密，这表明车轴载荷变化较大但应力值在正常范围内，因此裂纹扩展较慢，属于正常的疲劳断裂。

(3) 疲劳裂纹旧痕占整个面积的 60%～70%，说明这是探伤工漏探造成的断轴事故。

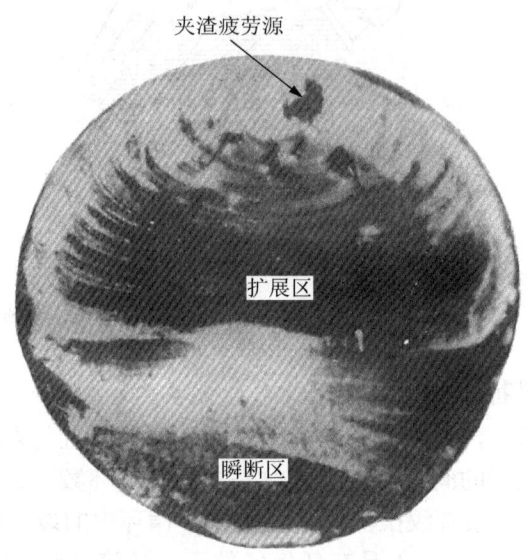

图 4-6　4012 号 B 型轴疲劳断口

2) D334 号 RC4 型客车车轴疲劳断口（图 4-7）

1993 年 4 月该轴轴颈在正常运行中发生断裂。该轴 1993 年 1 月进行厂修，厂修中装配的轴承为新结构轴承。

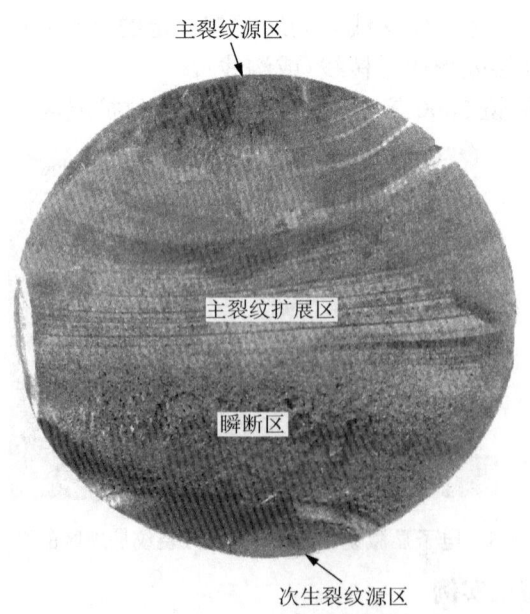

图 4-7　D334 号 RC4 型客车车轴疲劳断口

断口的宏观特征：

(1) 断口上有两个疲劳源区：主裂纹源区和与其相对而生的次裂纹源区；主裂纹源集中分布在约 1/8 的圆周上，源区边缘可见到一条指向断口内部的细长台阶，说明为多源启裂。

(2) 由图 4-8 可见，主裂纹起始部位与内轴承配合部的内侧边缘齐平，与其相对的次裂纹也沿内轴承配合部的内侧边缘分布，而且扩展方向也相同。这说明主、次裂纹位置上均存在较高的应力集中。

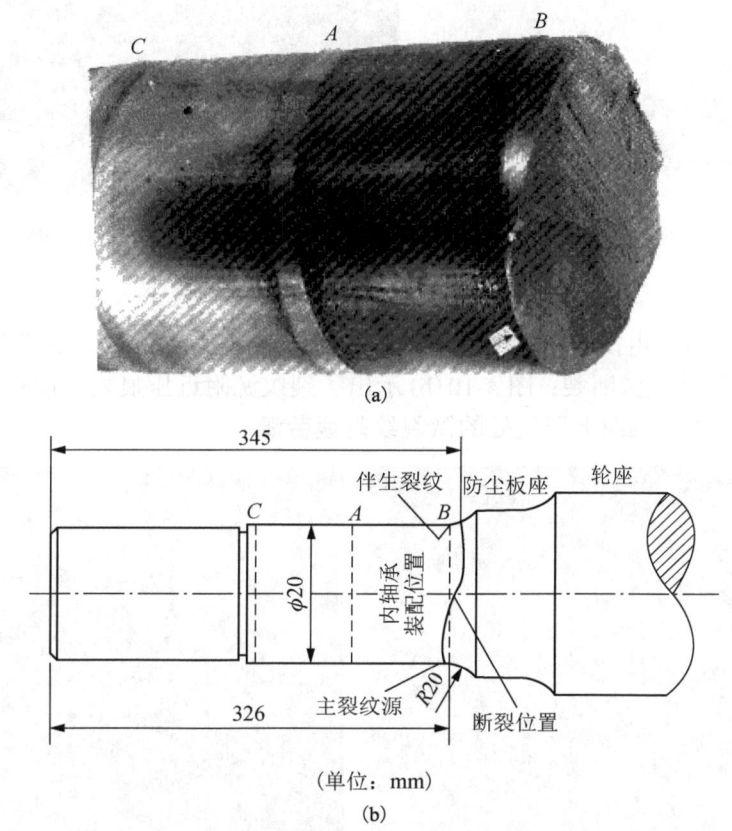

图 4-8 断轴位置示意图

经测量，轴颈尺寸在正常公差范围内，该轴的化学成分、力学性能、金相组织、晶粒度和夹杂物等均符合相关标准。由此推断：该轴颈上装配的内轴承内圈的椭圆度可能超差，使短轴方向配合面上的压力过高，造成装配应力增大，产生应力集中。说明 D334 号车轴发生断轴的原因是误用了尺寸不当的轴承。

3) 圆柱螺旋弹簧疲劳试验断簧分析

该簧用于提速货车，采用弹簧钢 60SiCrVAT 卷制，簧条经过磨光，正常卷制（加热温度为 1000℃）、热处理（淬火温度 860±10℃，回火温度 550℃），并进行了圆形丸粒喷丸处理。

要求内、外簧室内疲劳试验的寿命达到 300 万次，结果 1#（内簧）59 万次时折断，下面进行断口分析找出断裂原因。

由图 4-9(a) 可见，内簧断口在第一圈、离弹簧支承圈端头约 7mm 处；支承圈接触面上有明显压痕，断裂源位于压痕处；由图 4-9(b) 可见，断口为典型的疲劳断口，有疲劳源区（呈白色亮区）；扩展区（约占整个断口的 1/3），由于疲劳试验是等幅加载，因此断口上没有贝壳状花纹（疲劳休止弧线），有一个大台阶，反映裂纹在两个层面上扩展；瞬断区，还有剪切唇边。

(a) 断裂位置

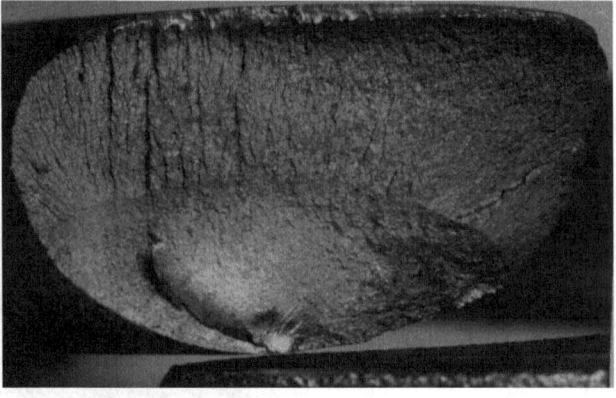
(b) 断口形貌

图 4-9　1#（内簧）断口的宏观形貌

图 4-10 中示出了由扫描电镜得到的微观形貌特征。其中图 4-10(a) 为断口上见到的疲劳条带，说明该断簧是疲劳断裂；图 4-10(b) 示出了裂纹源附近压痕处发现有许多微裂纹。这表明，1#内簧支承圈接触面上压痕处的微裂纹是疲劳源。

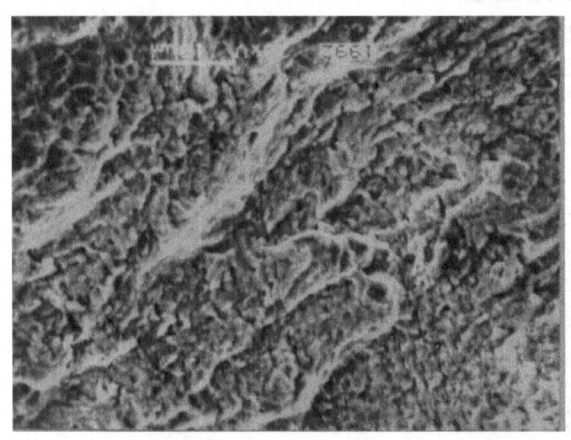
(a) 疲劳条带

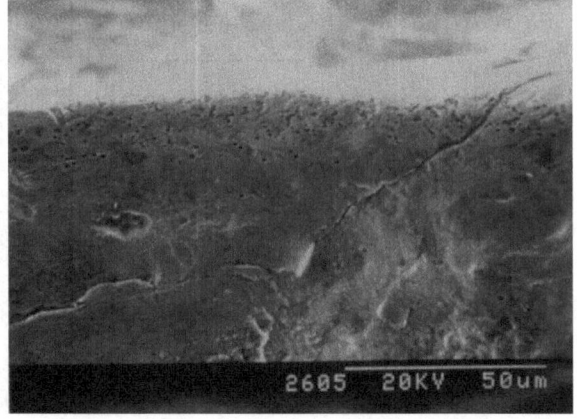
(b) 微裂纹

图 4-10　1#（内簧）断口的微观形貌

4.4　金属疲劳性能

"疲劳强度设计"是建立在实际基础上的一门科学。只有在模拟真实载荷及环境下，对被研制的设备或零部件进行疲劳试验，才能正确地评价它们的真实疲劳特性，验证疲劳设计的预期效果。但由于整机疲劳试验耗费太大，只能抽取极少数的样品进行。某些重要零部件的疲劳试验，虽不如整机试验更接近实际工况，但它是疲劳试验中的重要方面。同样需消耗大量零部件试样，也很不方便。文献上的材料疲劳性能数据，都是用结构简单、造价低廉的标准试样进行疲劳试验得到的。

4.4.1 材料的 S-N 曲线

外加应力水平和标准试样疲劳寿命之间关系的曲线称为材料的 S-N 曲线，见图 4-11。

这种曲线通常都是表示中值疲劳寿命与外加应力间的关系，所以也称为中值 S-N 曲线。S-N 曲线通常取最大应力 σ_{max} 或应力幅 σ_a 为纵坐标。横坐标疲劳寿命通常都使用对数坐标，而应力坐标可取线性坐标，也可取对数坐标。S-N 曲线的左段在双对数坐标中一般是一条直线，在单对数坐标中一般不为直线，但由于用直线表示比较简便，因此在单对数坐标中也常简化为直线。S-N 曲线的右段有两种型式：图 4-11(a)有一明显的水平区段，这是结构钢和钛合金的 S-N 曲线典型形式；图 4-11(b)没有水平区段，这是有色金属和腐蚀疲劳 S-N 曲线的典型形式。

S-N 曲线的左段，常用如下形式的公式表达：
$$\sigma^m N = C \tag{4-1}$$
式中，m 和 C 为材料常数。将上式两边取对数得
$$m \lg \sigma + \lg N = \lg C \tag{4-2}$$
可见，S-N 曲线的左段在双对数坐标上是直线，$1/m$ 为 S-N 曲线的负斜率。

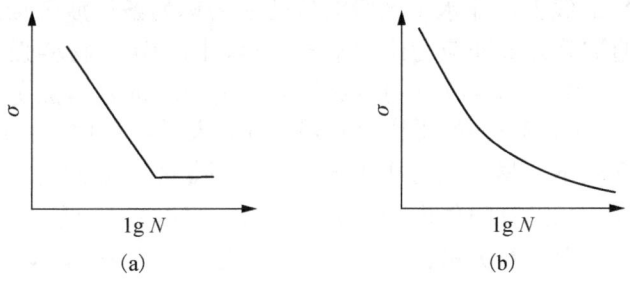

图 4-11 材料的 S-N 曲线

4.4.2 P-S-N 曲线

由于疲劳试验数据的离散性，试样的疲劳寿命与应力水平间并不是一一对应的单值关系，而是与存活率 P 有密切关系。在利用对数正态分布或威布尔分布求出不同应力水平下的 S-N 曲线以后，见图 4-12，将不同存活率下的数据点分别相连，即可得出一族 S-N 曲线，其中每一条曲线，分别代表某一不同存活率下的应力-寿命曲线，称为 P-S-N 曲线。在进行疲劳试验时，可根据所需的存活率 P，利用与其对应的 S-N 曲线进行设计。因此，P-S-N 曲线代表了更全面的应力-寿命关系，比 S-N 曲线有更广泛的用途。图中，P=0.99、0.90、0.20、0.01 分别代表存活率为 99%、90%、20%和 1%，对于典型的机械零件，用存活率 99%的 S-N 曲线作为设计的基准就可以了(表示每一百个零件中有一个零部件发生)，但对客货车的某些零部件，有时还需要用 99.9%可靠度，航天、航空的某些零部件有时要达到四个九，即可靠度为 99.99%。

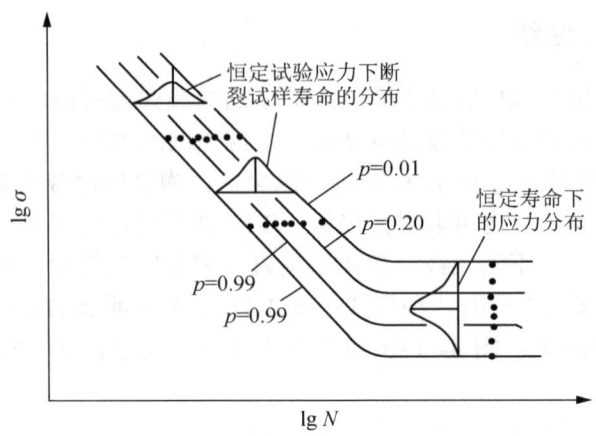

图 4-12 材料的 P-S-N 曲线

4.4.3 疲劳极限

对于结构钢和钛合金等 S-N 曲线上有水平区段的材料，与此水平区段相应的应力称为材料疲劳极限。在 S-N 曲线上，非水平区段对应的应力称为条件疲劳极限。

材料疲劳极限随加载方式和应力比的不同而异。因为决定材料强度的是应力幅 σ_a，所以一般都以对称循环（应力比 $r=-1$）下的疲劳极限作为材料的基本疲劳极限。并且材料的对称弯曲疲劳极限用 σ_{-1} 表示，对称拉-压疲劳极限用 σ_{-11} 表示，对称扭转疲劳极限用 τ_{-1} 表示。

在室温和空气介质下，材料疲劳极限 σ_{-1} 与抗拉强度 σ_b 之间有较好的相关性，因此，当缺乏现成的试验数据，且没有条件进行疲劳试验时，可以由 σ_b 近似估算 σ_{-1}。

苏联学者茹科夫根据他对大量试验数据的统计处理，对 $\sigma_b <1400\mathrm{MPa}$ 的碳钢和合金钢，推荐使用如下的关系式：

$$\sigma_{-1} = 38 + 0.43\sigma_b \tag{4-3}$$

对于煅钢，疲劳强度与抗拉强度间的关系还可以用更简单的关系式代替：

$$\sigma_{-1} = f\sigma_b \tag{4-4}$$

茹科夫根据他对大量试验数据的统计处理，对于碳钢和合金钢，推荐取 $f=0.46$。郑州机械研究所根据对 50 多种国产钢试验数据的统计分析，对于碳素结构钢、合金结构钢和不锈钢，推荐取 $f=0.47$。

4.4.4 影响疲劳强度的因素

材料的 S-N 曲线和疲劳极限，只能代表标准光滑试样的疲劳性能，而实际零件的尺寸、形状和表面情况是各式各样的，与标准试样有很大差别。影响机械零件疲劳强度的因素很多，下面仅概要介绍形状、尺寸、表面加工方法和平均应力等常规因素对疲劳极限的影响。

1. 缺口效应

在机械零件中，由于结构上的要求，一般都存在有沟槽、轴肩、孔、拐角、切口等截面变化。这些截面变化统称为缺口，在这些缺口处，不可避免地要产生应力集中，而应力集中又必然使零件的局部应力提高。当零件承受静载荷时，由于常用的结构材料都是延性材料，有一定的塑性，在破坏之前有一个宏观塑性变形过程，使应力重新分配，自动趋于均匀化。因此，缺口对零件的静强度一般没有多大影响，而对疲劳破坏则情况完全不同，由于截面上的名义应力尚未达到材料的屈服极限，没有像静载破坏前那样的应力重新分配过程。这使应力集中处的疲劳强度比光滑部分低，常常成为零件的疲劳薄弱环节。因此，抗疲劳设计时必须考虑缺口效应。

应力集中降低零件疲劳强度的作用可以用疲劳缺口系数来表征。疲劳缺口系数 K_f 为光滑试样的疲劳极限 σ_{-1} 与静截面尺寸及终加工方法相同的缺口试样疲劳极限 σ_{-1k} 之比，即

$$K_f = \frac{\sigma_{-1}}{\sigma_{-1k}} \tag{4-5}$$

常用机械材料缺口试样的旋转弯曲疲劳极限可由《抗疲劳设计》手册中查得。也可由式(4-6)计算疲劳缺口系数，然后查出光滑试样的疲劳极限 σ_{-1} 就可得到带缺口的疲劳极限 σ_{-1k}。

$$\frac{K_t}{K_f} = 0.88 + AQ^b \tag{4-6}$$

式中，Q 为相对应力梯度，mm^{-1}；A、b 为与材料热处理方法有关的常数。它们均可由《抗疲劳设计》手册中查得。

2. 尺寸效应

试样和零件的尺寸对其疲劳强度影响很大，一般说来，零件和试样的尺寸增大时疲劳强度降低，这种现象称为尺寸效应。

引起尺寸效应的因素很多，归纳起来可以分为两大类：一类为工艺因素；另一类称为比例因素。由于冶炼、锻造、热处理与机械加工过程引起的尺寸效应属于工艺因素，例如，大零件的铸造质量一般都比小零件差，锻压比也比小零件小，大零件热处理的冷却速度比小零件慢、相对淬透深度比小零件浅，机加工时的发热情况也与小零件不同等，这些工艺因素都使得大零件的材质较小零件差，疲劳强度较小零件低。另外，所谓比例因素是指，由于金属为多晶体，由许多强弱不等、位向不同的小晶粒组成，而且金属内必然存在有大小不同的缺陷，零件的尺寸越大，出现薄弱晶粒与大缺陷的概率越大，由于疲劳强度的局部性，从而使其疲劳强度越低。

尺寸效应的大小用尺寸系数 ε 来表征。ε 定义为

$$\varepsilon = \frac{\sigma_{-1d}}{\sigma_{-1}} \tag{4-7}$$

式中，σ_{-1d} 为尺寸为 d 的试样或零件的疲劳极限；σ_{-1} 为应力集中和终加工方法相同的标准尺寸试样的疲劳极限(中低强度钢，标准尺寸试样的直径 d_0 常取为 9.5mm，高强度钢 d_0 常取为 7.5mm 或 6mm)。

尺寸系数 ε 的值可查《抗疲劳设计》手册图、表得出。

3. 表面加工方法的影响

试样的制备工艺对疲劳强度有很大影响，试样表面上即使出现细微的伤痕也会使钢的疲劳极限显著下降。各种钢的疲劳强度受表面缺陷的影响不同，钢的强度越高，缺陷使疲劳极限降低越大。制件的疲劳强度多由表面层的性质决定，切削加工对制件表面层的性质有重要影响，综合起来至少形成 8 个因素(反映为三种现象：表面层的塑性变形、表面层温度的提高以及表面层的粗糙度)影响其疲劳强度，这些因素有的提高疲劳强度，有的降低疲劳强度。

表面加工方法的影响通过表面加工系数 β_1 来表示：

$$\beta_1 = \frac{\sigma_{-1s}}{\sigma_{-1}} \tag{4-8}$$

式中，σ_{-1} 为磨光（国外为抛光）的标准光滑试样的疲劳极限；σ_{-1s} 为具有某种加工表面的标准试样的疲劳极限。

由于加工方法对疲劳强度的影响是 8 种因素共同作用的结果，这些因素难以分割，因此很难定量计算或测量各种因素的单纯影响。在抗疲劳设计中解决工程问题时，一般都是使用通过试验得出的表面加工系数线图（查《抗疲劳设计》手册）。

4. 平均应力的影响

决定零部件疲劳强度的主要应力系数是应力幅，平均应力的影响是第二位的，但其影响也不容忽视。一般来说，拉伸平均应力使疲劳强度和寿命降低，压缩平均应力使疲劳强度和寿命增加。

对于拉伸平均应力的影响，用方程式来描述材料的极限应力线。

(1) Gerber 抛物线（图 4-13 中曲线 1）：

$$\sigma_a = \sigma_{-1}\left(1 - \frac{\sigma_m}{\sigma_b}\right)^2 \tag{4-9}$$

(2) Goodman 直线（图 4-13 直线 2）：

$$\sigma_a = \sigma_{-1}\left(1 - \frac{\sigma_m}{\sigma_b}\right) \tag{4-10}$$

(3) Soderberg 直线（图 4-13 中直线 3）：

$$\sigma_a = \left(1 - \frac{\sigma_m}{\sigma_b}\right) \tag{4-11}$$

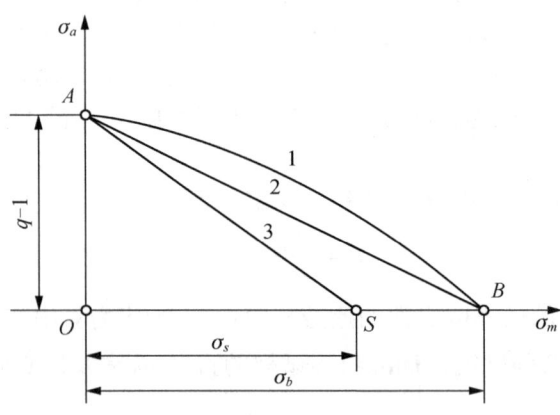

图 4-13 疲劳极限应力线的方程式

这些极限应力线都反映了疲劳极限幅值随拉伸平切应力的增加而减小疲劳试验结果。研究结果表明，光滑试样的试验数据符合 Gerber 抛物线，缺口试样的试验结果符合 Goodman 直线，而对存在微动磨损的接头，应使用 Soderberg 直线。由于疲劳破坏多发生在缺口处，而且 Goodman 直线使用方便，因此在抗疲劳设计中多使用 Goodman 直线，将 Goodman 直线的负斜率称为平切应力影响系数 ϕ_σ，其表达式为

$$\phi_\sigma = \frac{\sigma_{-1}}{\sigma_b} \tag{4-12}$$

对于压缩平均应力的影响，苏联库德里亚弗采夫提出了以下条件：

$$\sigma_a = \sigma_{-1}\left[\frac{\sqrt{2}}{\sqrt{2}+\eta\frac{\sigma_m}{\sigma_{-1}}}\right] \tag{4-13}$$

式中，η 为材料的不等强系数，$\eta = \frac{|\sigma_{-s}|-\sigma_s}{|\sigma_{-s}|+\sigma_s}$，$\sigma_{-s}$、$\sigma_s$ 为材料的压缩屈服极限和拉伸屈服极限。

由计算式不难看出，压缩平均应力使疲劳极限幅值增大。

5. 其他因素的影响

(1) 加载频率的影响。可以把加载频率分为如下三种范围：正常频率(5～300Hz)；低频(0.1～0.5Hz)；高频(300～10000Hz)。在大气条件下，当试验温度小于 50℃时，加载频率在正常范围内变化对于大多数金属(除易熔合金及其他低熔点金属)的疲劳极限没有影响。而低频使疲劳极限降低，高频使疲劳极限升高。

(2) 应力波型的影响。循环的波形(正弦、三角形、梯形、矩形等)确定了在最大应力下的停留时间。在应变幅较大的情况下，循环波形对裂纹形成寿命有很大的影响，而对裂纹扩展寿命影响很小。在焊接试验时，由三角波变为方波，使寿命明显降低。

(3) 中间停歇的影响。中间停歇对疲劳极限没有明显影响，但对疲劳寿命有一定影响，其影响随材料而异。对低碳钢影响较大，每隔 10%N 停歇 6～8 小时，可使疲劳寿命提高一倍以上；而对合金钢、铝合金、镁、铜等金属，则影响很小。

4.5 疲劳累积损伤理论

4.5.1 疲劳损伤累积的概念

在进行材料的疲劳试验时，整个试验过程的应力幅是不变的，但多数零部件在工作中承受的是变幅载荷。当零部件受循环变幅应力时，如果认为在应力集中处所产生的最大应力都要小于材料的疲劳极限，这必然把零部件设计得太笨重，尤其在出现高载荷次数较少时更是如此。为了弥补这个缺点，可以考虑允许出现大于疲劳极限的应力，并由此导致零部件的损坏。按这种考虑设计，就不是无限寿命设计，而是有限寿命设计，这就需要有一个估算疲劳寿命的方法。这种在变幅应力下估算零部件疲劳寿命的方法，就是建立在"损伤"这个概念上的。即当材料承受高于疲劳极限的应力时，每一循环都使材料产生一定量的损伤，而且这损伤是能积累的，当损伤积累到临界值时发生破坏。

为了研究疲劳损伤累积的规律，很多疲劳研究工作者进行了大量的改变应力幅的疲劳试验，并且提出了几十种疲劳累积损伤理论，归纳起来可以分为以下四类：

(1) 线性疲劳累积损伤理论。这种理论假定，材料在各个应力水平下的疲劳损伤是独立进行的，总损伤可以线性叠加。

(2) 双线性累积损伤理论。这种理论认为，材料在疲劳过程初期和后期分别按两种不同的线性规律积累。

(3) 非线性累积损伤理论。这种理论假定，载荷历程与损伤之间不存在相互干涉作用。即各个载荷所造成的疲劳损伤与其以前的载荷的历史有关。

(4) 其他累积损伤理论。这些理论大多是以试验、观测和分析归纳出来的经验或半经验公式。

在这些理论中,最具代表性的是 Palmgren-Miner 线性累积损伤法则,简称 Miner 法则。此理论形式简单、使用方便,因此在工程中得到了广泛的应用。

4.5.2 线性累积损伤理论

1924 年,Palmgren 首先提出了疲劳损伤积累是线性的假设,其后 Miner 于 1945 年又将此理论公式化,形成了著名的 Palmgren-Miner 线性累积损伤法则,简称 Miner 法则。

设作用于试样的变应力为 $\pm\sigma_1$,循环次数为 n_1,在该应力水平下到达破坏的总寿命为 N_1,则应力 $\pm\sigma_1$ 经 n_1 所造成的损伤为到达破坏损伤的 n_1/N_1 倍(图 4-14)。令 D 为最终断裂时的损伤临界值,则在 $\pm\sigma_1$ 作用下,经 n_1 循环后的损伤为 Dn_1/N_1。

此后,将应力改为 $\pm\sigma_2$ 继续试验,材料到达破坏的总寿命为 N_2,则材料在 $\pm\sigma_2$ 作用下经过 n_2 循环后的损伤为 Dn_2/N_2。

如果试样在两极应力下发生疲劳破坏,则其损伤临界值 D 等于两极应力的损伤和:

$$D = \frac{Dn_1}{N_2} + \frac{Dn_2}{N_2} \tag{4-14}$$

即

$$\frac{n_1}{N_1} + \frac{n_2}{N_2} = 1$$

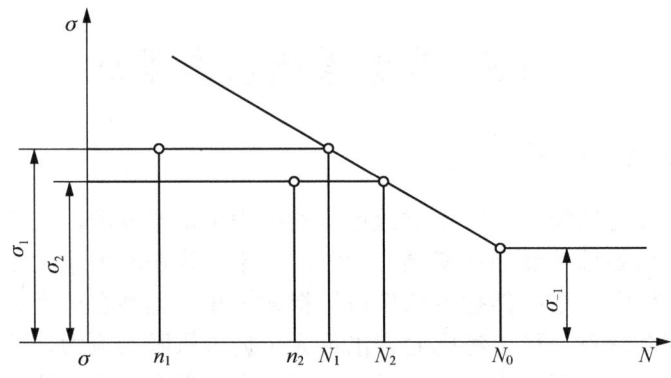

图 4-14 疲劳线性累积损伤示意图

将上面的关系推广到多级应力水平 $\pm\sigma_2$,$\pm\sigma_2$,$\cdots$,$\pm\sigma_l$,则损伤和为 $D = \sum_{i=1}^{l} \frac{n_i}{N_i} = 1$ 时,试样发生疲劳破坏。此即 Miner 法则的数学表达式。

但临界损伤和改为一个不等于 1 的其他常数 α 时,称为修正 Miner 法则,其数学表达式为

$$D = \sum_{i=1}^{l} \frac{n_i}{N_i} = \alpha \tag{4-15}$$

研究表明,当 α 取值为 0.7 时,其寿命估算结果比 Miner 法则安全,寿命估算精度也比 Miner 法则有所提高。

4.6 强度设计理论基础

4.6.1 静强度设计

在静强度设计计算中，所用的材料强度指标是σ_s和σ_b以及许用应力$[\sigma]$，计算的出发点是名义应力σ，静强度评定的依据为$\sigma<[\sigma]$，由于篇幅所限，这里不做具体详解，参见参考文献《机械设计》。

4.6.2 抗疲劳设计

进行结构抗疲劳设计时，需要有两个最基本的条件：第一个条件是构件的疲劳寿命曲线（即 S-N 曲线），一般由常幅加载疲劳试验得到，试验结果有很大的离散性，经过统计处理后用不同概率的曲线族表示。第二个条件是该构件的工作应力谱，就是构件在外部载荷作用下产生的应力-时间历程(动态应力响应)，可以通过电阻应变片实际测量出来。根据疲劳寿命曲线和工作应力谱的关系，有三种设计准则：

第一种是工作应力须低于疲劳寿命曲线的水平段(疲劳极限)。这种设计体现的是一种无限寿命设计的准则，对于要求长期安全使用、自重没有严格要求的零部件，这是一种合理的设计准则。转向架的最重要部件，如车轴、车轮等采用的就是这种设计准则。

第二种是考虑工作强度的设计，最高工作应力可以高于疲劳极限。这种设计体现的是安全寿命设计准则，不仅可以减轻零部件自重，而且保证其在规定寿命期内安全使用，是当前许多机械产品的主导设计准则。如航空发动机、汽车等对自重有较高要求的产品都广泛使用这种设计准则，转向架的构架、受力零部件也采用这种准则。

第三种是破损-安全设计准则，它允许结构中出现裂纹，但在设计中要采取断裂控制措施，以确保裂纹在检修期内不致扩展到引起结构破坏的程度。

根据上述抗疲劳设计准则，现在使用的抗疲劳设计方法有以下几种：名义应力法，局部应力应变法，损伤容限设计以及概率疲劳设计等。每一种抗疲劳设计方法都有一定的适用范围，并不能完全互相取代。对于高周疲劳，以名义应力法为佳；对于低周疲劳，则局部应力应变法就有先天的优越性，但它只能计算裂纹形成寿命，需要与损伤容限结合起来使用；对于有初始缺陷或裂纹的零构件(如焊接结构件)，应当使用损伤容限设计；为了考虑应力和强度分散性的影响，提高零件的可靠性，以上几种设计方法都应与可靠性设计结合起来，进行概率疲劳设计，目前还需积累各种概率疲劳设计数据。机车车辆转向架的零构件的疲劳属于高周疲劳，并且采用较多的焊接结构，因此主要采用名义应力有限寿命设计方法和损伤容限设计。

1. 名义应力有限寿命设计方法

这种设计方法常称为安全寿命设计，它以名义应力为基本设计常数。其设计思路是：从材料的 S-N 曲线出发，考虑各种影响因素，得出零件的 S-N 曲线，并根据零件的 S-N 曲线进行抗疲劳设计。由于使用的是 S-N 曲线左段(即斜线部分)，并且设计应力一般都高于疲劳极限，因此就不能只考虑最高应力，而需要按照累计损伤理论估算疲劳损伤。

1) 等幅应力条件下

进行疲劳设计的步骤如下。

(1) 做出对称循环下材料的 S-N 曲线。

材料的 S-N 曲线（图 4-15）的左段（斜线部分）的表达式为

$$N\sigma^m = C \quad 或 \quad \lg N = \lg C - m\lg\sigma \tag{4-16}$$

(2) 做出对称循环下零件的 S-N 曲线。

只需将材料的 S-N 下移 $\lg K_{\sigma D}$ 就可得到零件的 S-N 曲线，如图 4-15 所示。其斜线部分的表达式为

$$\lg N = \lg C - m\lg(K_{\sigma D} \cdot \sigma) = \lg C - m\lg\sigma - m\lg K_{\sigma D} \tag{4-17}$$

式中，$K_{\sigma D}$ 为疲劳强度降低系数，$K_{\sigma D} = \dfrac{K_f}{\varepsilon\beta_1}$；$K_f$ 为正应力下的疲劳缺口系数；E 为尺寸系数；β_1 为正应力的表面加工系数。

(3) 疲劳强度校核。

已知工作应力 σ_a 时，可根据要求的使用寿命 N_1，在零件 S-N 曲线上找出与 N_1 相应的条件疲劳极限 σ_{-1DN1}（图 4-15），然后由下式求出工作安全系数 n：

$$n = \frac{\sigma_{-1DN1}}{\sigma_a} \tag{4-18}$$

当 n 大于 $[n]$ 时，零件在规定的寿命期 N 内能够安全使用。

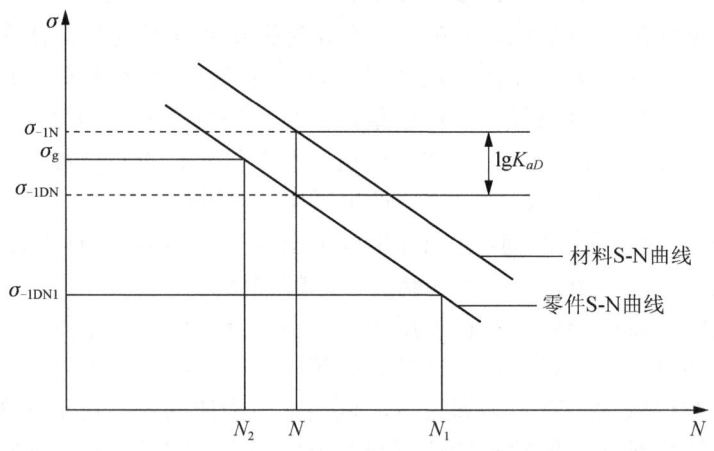

图 4-15 材料和零件的 S-N 曲线

(4) 疲劳寿命估算。

当给定零件尺寸和工作应力 σ 时，估算安全寿命的方法为：先确定出许用安全系数 $[n]$，再求出与工作应力 σ 相应的计算应力 $\sigma_g = [n]\sigma$。在零件 S-N 曲线上与 σ_g 相应的循环次数 N_2 即零件的安全寿命。

(5) 许用安全系数的确定。

① 经验法。抗疲劳设计中的需用安全系数值，取决于载荷的应力计算可靠性、材料的均匀性、零件的制造工艺水平和其他因素。当计算精度较高，且材料均匀、工艺质量高时，取 $[n]=1.3\sim1.5$；当载荷和强度的实验资料不完整，实际疲劳试验数据不多，生产技术水平和探伤水平中等时，取 $[n]=1.5\sim2$。当该产品已有足够的使用经验，许用安全系数可由使用经验确定。

② 分解法。考虑应力安全系数 n_l 和强度安全系数 n_s 的影响，可将许用安全系数按 $[n]=n_l\times n_s$

进行分解。当载荷稳定,能够保证工作应力不超过设计应力时,取 n_l=1.1~1.2;当载荷不稳定或有冲击时,取 n_l=1.5~2.0。当用试验数据确定材料疲劳性能,材料均匀、工艺质量高且设计参数可以精确确定时,取 n_s=1.1~1.2;当材质不均匀、工艺质量不高,实际试验数据不多时,取 n_s=1.5。

2)变幅应力条件下

变幅应力条件下有限寿命设计的一般步骤如下。

(1)分析确定零件的载荷谱。

对承受变幅载荷的零件进行寿命估算时,必须先确定零件的载荷谱(或名义应力谱)。对于已研制出来的零构件,可以在运用中实测主要受力断面的载荷(或名义应力)-时间历程;由雨流计数法得出零件上的载荷谱(或名义应力谱);分析确定疲劳危险部位的应力谱。对正在设计中的零部件,若不能确切知道它将来如何使用,可以根据这类零部件的载荷情况再加上对新的使用情况的分析,初步制定出其设计载荷谱、计算疲劳危险部位的应力谱。

(2)疲劳强度校核。

在变幅应力下进行疲劳强度校核或进行寿命估算时,都必须使用疲劳累积损伤理论,一般采用 Miner 法则或修正 Miner 法则。

采用等效应力法进行变幅应力下的疲劳强度校核。即利用 S-N 曲线的幂函数方程,根据疲劳损伤相等的原则,将各种应力都转化为失效循环数 N_0 时的当量应力 σ_e,然后再按当量应力进行疲劳强度校核。失效循环数 N_0 相当于零件 S-N 曲线上的拐点。

① 按 Miner 法则进行疲劳强度校核。

若零件的 S-N 曲线为 $N\sigma^m=C$,则有

$$N_i \sigma_i^m = N_0 \sigma_e^m$$

在 Miner 法则的表达式的分子和分母同乘以 σ_i^m,可得

$$\sum_{i=1}^{l} \frac{n_i}{N_i} = \sum_{i=1}^{l} \frac{\sigma_i^m n_i}{\sigma_i^m N_i} = 1$$

通过转换可得

$$\sigma_e = \left(\frac{1}{N_0} \sum_{i=1}^{l} \sigma_i^m n_i \right)^{\frac{1}{m}}$$

由当量应力可得到变幅应力下的疲劳强度条件:

$$n = \frac{\sigma_{-1D}}{\sigma_e} = \frac{\sigma_{-1}}{K_{\sigma D} \left(\dfrac{1}{N_0} \displaystyle\sum_{i=1}^{l} n_i \sigma_i^m \right)^{\frac{1}{m}}} \geq [n] \qquad (4\text{-}19)$$

② 按修正 Miner 法则,只需将损伤度值由 1 改为 α,α 可取为 0.7。即

$$\sum_{i=1}^{l} \frac{n_i}{N_i} = 0.7$$

疲劳强度条件:

$$\sigma_e = \left(\frac{0.7}{N_0} \sum_{i=1}^{l} \sigma_i^m n_i \right) \frac{1}{m}$$

$$n' = \frac{\sigma_{-1}}{K_{\sigma D}\left(\dfrac{0.7}{N_0}\sum_{i=1}^{l}n_i\sigma_i^m\right)^{\frac{1}{m}}} \geq [n]$$

(3)疲劳寿命估算。

① 按 Miner 法则进行寿命估算。

一个应力谱(块)产生的损伤为

$$D = \sum_{i=1}^{l}\frac{n_i}{N_i}$$

零件可以承受的应力谱块数 λ 为

$$\lambda = \frac{1}{D} = \frac{1}{\sum_{i=1}^{l}\dfrac{n_i}{N_i}}$$

零件的疲劳寿命为

$$N = \lambda L_0$$

式中,L_0 为一个应力谱代表的寿命(公里数);N 为零件的总寿命,公里。

② 按修正 Miner 法则进行寿命估算。

谱块数:

$$\lambda' = \frac{\alpha}{D} = \frac{0.7}{\sum_{i=1}^{l}\dfrac{n_i}{N_i}}$$

零件的疲劳寿命:

$$N' = \lambda' L_0$$

2. 损伤容限设计

名义应力法是以材料内没有缺陷和裂纹为前提的,实际零构件在加工制造过程中,往往已经存在这样或那样的缺陷。为了考虑这些初始缺陷或裂纹的影响,便在断裂力学和破损—安全设计的基础上,提出了一种新的抗疲劳设计的方法——损伤容限设计。国内外已经在飞机、压力容器和焊接结构等的设计中使用损伤容限设计方法。

1)名词术语

(1)应力强度因子。

当物体内存在裂纹时,裂尖的应力理论上为无穷大,因此不能用理论应力集中系数 K_t 而必须用应力强度因子 K 来表达。K 的大小反映了裂尖附近区域内弹性应力场的强弱程度。例如,无限大板中有一贯穿裂纹,承受垂直于裂纹方向的均匀拉伸,见图 4-16。其应力强度因子表达式为

$$K = \sigma\sqrt{\pi a} \tag{4-20}$$

式中,K 为应力强度因子,$MPa \cdot mm^{1/2}$;σ 为外加的均匀拉伸应力,MPa;a 为裂纹长度的一半,mm。

应力强度因子表达示的普遍形式为

$$K = Y\sigma\sqrt{\pi a} \tag{4-21}$$

Y 是决定裂纹体形状,裂纹形状、裂纹位置和加载方式的系数,称为形状因子。Y 的表达式可参阅《应力强度因子手册》。无限大平板中有一贯穿裂纹的裂纹形状系数 $Y=1$。

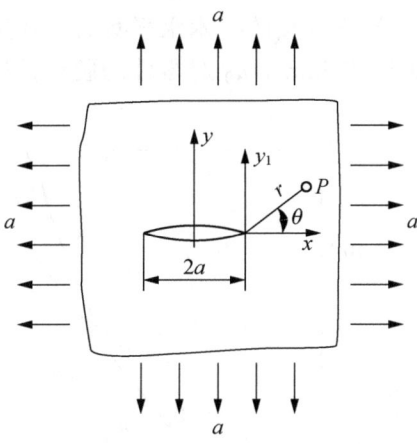

图 4-16 无限板受均匀拉伸

(2) 断裂韧度。

应力强度因子的临界值，即发生脆断时的应力强度因子，称为断裂韧度(性)，用 K_C 表示。并以下式作为结构的断裂判据：

$$K = K_C \quad \text{结构发生脆性断裂}$$

I 型裂纹在平面应变条件下的断裂韧度用 K_{IC} 表示，在平面应变条件下的断裂判据是：

$$K_I = K_{IC} \quad \text{结构发生脆性断裂}$$

断裂韧度是反映材料韧度最主要的一个指标，可以用实验方法测定，单位为 $MPa \cdot mm^{1/2}$。

(3) 裂纹扩展速率。

疲劳裂纹扩展速率 da/dN 是每循环一次的扩展量，它是应力强度因子范围 ΔK 的函数 ($\Delta K = K_{max} - K_{min}$)。$da/dN$ 与 ΔK 的关系在双对数坐标上是条 S 形曲线，如图 4-17 所示。可以划分为三个区域：I 区、II 区和 III 区。

① I 区为裂纹不扩展区，这时 $\Delta K < \Delta K_{th}$，ΔK_{th} 称为界限应力强度因子或门槛值。在空气介质中满足平面应变条件的情况下，当 $da/dN = 10^{-8} \sim 10^{-7}$ mm/c 时，即认为 ΔK 值接近于门槛值 ΔK_{th}。

② II 区为裂纹稳态扩展区，是决定疲劳裂纹扩展寿命的主要区域。da/dN 与 ΔK_{th} 呈线性关系。此区的 da/dN 一般用 Paris 公式表示：

$$da/dN = C(\Delta K)^m$$

式中，C、m 为材料常数，均由试验确定，m 为直线部分的斜率。

③ III 区为快速扩展区，由于扩展速率很高，该区的裂纹扩展寿命很短，在计算扩展寿命可将其忽略。

常用材料的疲劳裂纹扩展门槛值 ΔK_{th} 和 Paris 公式中的参数 C、m 在《抗疲劳设计》手册中均可查到。

2) 剩余寿命估算

(1) 初始裂纹尺寸。

初始裂纹尺寸 a_0 是指计算寿命时的最大原始裂纹尺寸，可以用无损探伤方法检测出来。

a_0 的大小与探伤技术的发展及探伤人员的技术水平有关。在工程应用上，通过各种测试手段确定出的初始裂纹深度为 0.05～0.5mm。a_0 对零件的裂纹扩展寿命有重要影响，应谨慎确定 a_0 值。

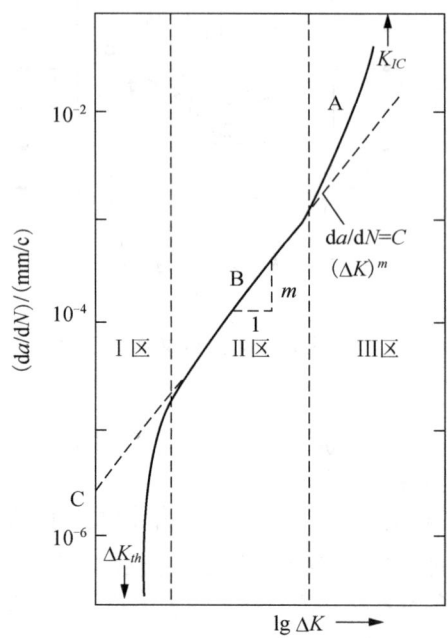

图 4-17　$\mathrm{d}a/\mathrm{d}N \sim \Delta K$ 的关系

(2) 临界裂纹尺寸。

临界裂纹尺寸 a_c 是指在给定的受力情况下，不发生脆断所容许的最大裂纹尺寸。a_c 值可以根据下式确定：

$$a_c = \frac{1}{\pi}\left(\frac{K_{IC}}{Y\sigma}\right)^2 \tag{4-22}$$

式中，K_{IC} 为材料的断裂韧度，$\mathrm{MPa \cdot mm^{1/2}}$；$Y$ 为形状因子；σ 为循环应力最大值，MPa。

(3) 疲劳裂纹扩展寿命计算公式。

将 Paris 公式积分，可得疲劳裂纹寿命为

$$N_p = \int_{N_0}^{N_f} \mathrm{d}N = \int_{a_0}^{a_c} \frac{\mathrm{d}a}{c(\Delta K)^m} = \int_{a_0}^{a_c} \frac{\mathrm{d}a}{c(Y\Delta\sigma\sqrt{\pi a})^m} \tag{4-23}$$

(4) 剩余寿命的确定。

将计算出的疲劳裂纹扩展寿命除以寿命安全系数 n_N，即剩余寿命。寿命安全系数可取为 $n_N = 2 \sim 4$。

3) 断裂控制

采用损伤容限设计时，必须对结构采取合理的断裂控制，主要内容如下。

(1) 精心选材。

应选用 K_{IC}/σ_s 与韧脆转变温度都较高的材料，常用的中、低强度钢的 K_{IC}/σ_s 高，具有允许较大缺陷的能力，高强钢次之，超高强度钢最差。应采用先进的工艺技术，提高材料纯度，减小结构缺陷，并设法消除残余应力。应选择疲劳裂纹扩展速率低的材料。

(2) 结构合理布局。

采用多通道载荷结构，当结构中一个构件断裂时，其载荷可以由其他构件承受。采用止裂措施，当一个元件出现裂纹时，不致扩展到其他元件上，在裂纹的预期扩展途径上钻止裂孔，设加强件(止裂件)等。

(3) 制定合理的检修周期。

零件的剩余寿命必须大于其检验周期。为确保零件在检修期内的安全使用，一般检修周期小于或等于其剩余寿命的 1/2，这样便可保证检验人员在零件发生破坏之前至少有两次发现裂纹的机会。

(4) 控制安全工作应力。

在整个使用期内，允许使用的最高载荷应小于与临界裂纹尺寸 a_c 相应的临界载荷。

参 考 文 献

卜继玲. 2009. 动车组结构可靠性与动力学. 北京：中国铁道出版社

陈传尧. 2002. 疲劳与断裂. 武汉：华中科技大学出版社

刘德刚，林春虎. 2001. 国外疲劳研究及应用领域的新发展. 铁道车辆，39(9)：10-12

徐灏. 1988. 疲劳强度. 北京：高等教育出版社

袁熙，李舜酩. 2005. 疲劳寿命预测方法的研究现状与发展. 航空制造技术，(12)：80-84

赵少汴. 1997. 抗疲劳设计-方法与数据. 北京：机械工业出版社

第5章 高速动车组强度设计规范

5.1 高速动车组转向架焊接构架强度设计规范

目前，国外在高速转向架焊接构架的疲劳强度设计方面，已形成了以UIC615-4《动力装置-转向架走行装置-转向架构架结构强度试验》、UIC515-4《非动力装置-转向架走行装置-转向架构架结构强度试验》规程和JIS E4207《铁道车辆转向架构架设计通用技术条件》（以下简称JIS技术条件）为代表的设计、评价体系。

5.1.1 UIC规程

1. 构架疲劳载荷

1) 模拟运营载荷

模拟运营载荷是实际运用中经常发生的载荷。运营载荷工况组合按表5-1考虑。

表5-1 构架运营载荷工况组合表

种类	工况	侧梁上垂向载荷		横向载荷	斜对称载荷
		左侧梁	右侧梁		
模拟运营	1	F_z	F_z	0	0
	2	$F_z(1+\alpha-\beta)$	$F_z(1-\alpha-\beta)$	0	0
	3	$F_z(1+\alpha-\beta)$	$F_z(1-\alpha-\beta)$	$+F_y$	0
	4	$F_z(1+\alpha+\beta)$	$F_z(1-\alpha+\beta)$	0	0
	5	$F_z(1+\alpha+\beta)$	$F_z(1-\alpha-\beta)$	$+F_y$	0
	6	$F_z(1-\alpha-\beta)$	$F_z(1+\alpha-\beta)$	0	0
	7	$F_z(1-\alpha-\beta)$	$F_z(1+\alpha-\beta)$	$-F_y$	0
	8	$F_z(1-\alpha+\beta)$	$F_z(1+\alpha+\beta)$	0	0
	9	$F_z(1-\alpha+\beta)$	$F_z(1+\alpha+\beta)$	$-F_y$	0
	10	$F_z(1+\alpha-\beta)$	$F_z(1-\alpha-\beta)$	$+F_y$	F_n
	11	$F_z(1+\alpha+\beta)$	$F_z(1-\alpha+\beta)$	$+F_y$	F_n
	12	$F_z(1-\alpha-\beta)$	$F_z(1+\alpha-\beta)$	$-F_y$	F_n
	13	$F_z(1-\alpha+\beta)$	$F_z(1+\alpha+\beta)$	$-F_y$	F_n

注：垂向载荷：F_z=转向架一侧的基本垂向载荷；
横向载荷：$F_y=0.5(F_Z+0.5M_bg)$，M_b为一台转向架的质量；
斜对称载荷：F_n按轨道最大扭曲量5‰考虑；
α系数：表示车体在曲线上滚摆运动引起的垂直载荷的动态变化，$\alpha=0.1$；
β系数：表示车体浮沉运动引起的垂直载荷的动态变化，$\beta=0.2$。

2) 模拟个别特殊载荷

此外，UIC规程中还规定了模拟运用中的个别特殊载荷，见表5-2。

表 5-2 模拟个别特殊载荷

分类	动载荷
牵引电机惯性力	① 在主横梁安装点处：为电机重量×2 ② 在端梁安装点处：为其上部件重量×3
驱动载荷	① 模拟构架作用的驱动载荷均施加于轴箱平面内 ② 模拟电机的反作用扭矩均施加于构架上支撑平面内
制动力	闸片作用于制动盘上的力
减振器力	作用在安装座上，减振器在额定速度时产生的力
纵向载荷	$0.1(F_z+M_b g/2)$

2. 动应力的确定

按表 5-1 的各种载荷工况得到应力 σ_1, σ_2, …, σ_{13}，从中确定其最大值 σ_{max} 和最小值 σ_{min}。按下式计算平均应力 σ_m 和应力幅值 σ_a：

$$\sigma_m = \frac{\sigma_{max} + \sigma_{min}}{2}$$
$$\sigma_a = \frac{\sigma_{max} - \sigma_{min}}{2} \tag{5-1}$$

对于表 5-2 中的各种特殊载荷，首先沿一个方向施加载荷，然后再沿反方向施加，这样就可以得出构架上某部位的最大和最小应力，由此确定对应的应力幅值和平均应力。

3. 疲劳评价

采用 Goodman 图（图 5-1）将构架上由模拟运营载荷工况计算得出的动应力与同一部位由特殊载荷工况计算得出的动应力相叠加，进行疲劳评价：

（1）对于构架上模拟运营载荷工况动应力很低的点，则应当充分验证由特殊载荷产生的动应力值是否在 Goodman 疲劳极限线图范围内。

（2）对于构架上模拟运营载荷工况动应力较大的点，则应将其与由特殊载荷产生的动应力相叠加，并验证是否在 Goodman 疲劳极限线图范围内。

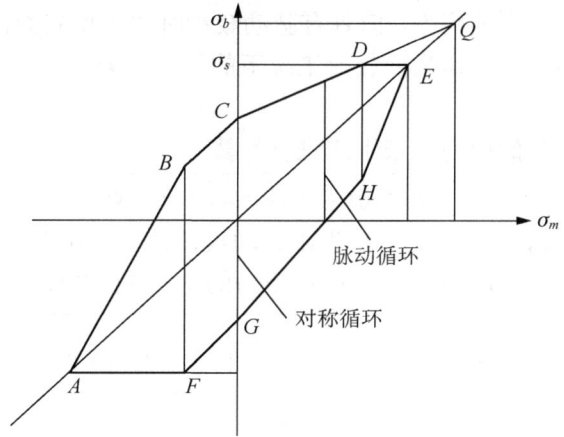

图 5-1 Goodman 疲劳极限线图示意

5.1.2 JIS 技术条件

1. 构架疲劳载荷

转向架构架的动载荷列于表 5-3。

表 5-3 转向架构架动载荷说明表

分类	起因		动载荷	备注(例)
垂直方向	由静载荷垂直振动产生的载荷		$(0.2\sim0.5)\times W$	
	由安装的零部件的振动引起的载荷	侧梁上	$(1\sim2)\times L_P$	制动件
		横梁上	$(3\sim5)\times L_P$	牵引电机、驱动装置
		端梁上	$(5\sim10)\times L_P$	制动件、排障器
	由驱动引起的载荷		$(0.2\sim0.4)\times L_a$	
	由制动引起的载荷		$P\times f$	
横向	由横向振动和离心力引起的载荷		$(0.2\sim0.3)\times W$	
	由安装的零部件振动引起的载荷		$(2\sim4)\times L_P$	牵引电机、制动件
纵向	由纵向振动和牵引力引起的载荷		$(0.2\sim0.4)\times W$	
	由安装的零部件振动引起的载荷		$(1\sim3)\times L_P$	牵引电机、制动件
	由制动引起的载荷		P	
扭转	由外轨超高等引起的载荷		按转向架对角车轮相对水平位置变位 $10\sim15mm$ 时的静载荷计算	

注：W 为构架上的静载荷；L_P 为安装的零部件的自重；L_a 为轴重；P 为闸片压力；f 为闸片与制动盘间的摩擦系数。

2. 应力计算

在构架上作用静载荷和动载荷的情况下，按每种载荷计算应力、并区分为平均应力和动应力(应力幅值)，按下述方法进行应力合成。

(1)平均应力。

平均应力为静载荷产生的应力，但具有脉动载荷时的平均应力，应把脉动载荷应力的 1/2 加到静载荷产生的应力上去，作为静载荷工况下的平均应力。

(2)动应力。

动应力为动载荷产生的应力，按下式进行计算

$$\sigma_a = \sqrt{\sigma_1^2 + \sigma_2^2 + \sigma_3^2 + \cdots + \sigma_n^2} \tag{5-2}$$

式中，σ_a 为动应力；σ_1，σ_2，$\cdots$，σ_n 为由各动载荷计算的应力。

对于脉动载荷所产生的应力 σ_i，则用该应力的 1/2 进行合成：

$$\sigma_a = \sqrt{\sigma_1^2 + \sigma_2^2 + \cdots + \left(\frac{\sigma_i}{2}\right)^2 + \cdots + \sigma_n^2} \tag{5-3}$$

3. 疲劳评价

由转向架构架静载和动载计算所得构架各处的平均应力和动应力，均应在疲劳极限图的界限之内。JIS 技术条件规定采用图 5-2 所示的疲劳极限图。

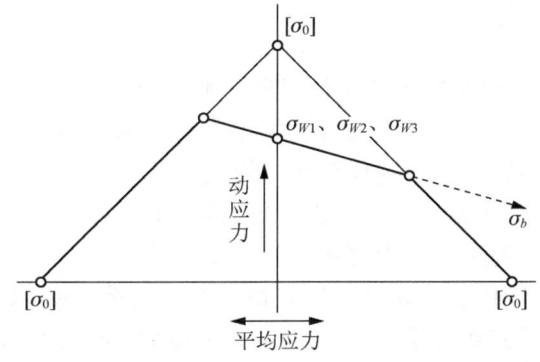

图 5-2 疲劳极限图

图中 σ_b 为材料的抗拉强度；$[\sigma_0]$ 为材料的屈服许用应力；σ_{W1}、σ_{W2}、σ_{W3} 分别为母材、未修磨和修磨后焊接接头在对称循环下的疲劳许用应力，而且这些值与母材静强度无关。

图 5-2 的疲劳极限图是以材料的屈服许用应力为纵坐标和横坐标，构成一个等腰三角形，在其高上截取 σ_{W1}（σ_{W2}、σ_{W3}），分别与横坐标正向的抗拉强度 σ_b 相连，得到的实线图即母材、修磨后和未修磨焊接接头的疲劳极限图。

5.2 动车组车体强度设计规范

动车组车体结构设计问题，目前形成了以欧洲（EN 12663）和日本（JIS E7106）为代表的车体结构设计规范，我国主要借鉴欧洲规范形成了自己的高速列车车体结构设计规范（《200km/h 速度及以上速度级铁道车辆强度设计及试验鉴定暂行规定》）。车体结构设计规范中主要涉及设计载荷（包括静强度与疲劳强度设计载荷）、材料的许用应力以及强度、刚度评价方法等。由于载荷往往与线路条件、司机操纵和列车动力学品质相关，具有很强的随机变动特性，因此，规范中某些载荷给出的是载荷变动范围，而设计规范旨在提供一个车体结构设计的统一基础。

5.2.1 欧洲标准 EN 12663

1. 概况

1）适用范围

该标准规定了对轨道车辆车体结构强度与刚度的最低要求，规定了车体结构应能承受的载荷，确定了材料性能数据的使用方法并提出了用于通过分析和试验验证设计的原则。

该标准按轨道车辆类别分类，按类别明确设计要求。由于车体结构的具体性质和不同的设计目标，将货车（F）和含牵引机车的客车（P）分为两个主要的组别，这两个组别可依据车体结构要求进一步再分类。客车分成 5 种结构设计类别，具体规定如下。

客车和牵引机车：

(1) 类别 P-Ⅰ：如铁路客车车体和牵引机车；

(2) 类别 P-Ⅱ：如铁路固定编组的动车组；

(3) 类别 P-Ⅲ：如地下和快速公共交通车辆；

(4) 类别 P-Ⅳ：如轻载地下轨道车辆和重载有轨电车；

⑤ 类别 P-Ⅴ：如有轨电车。

2) 基本定义

(1) 轨道车辆车体。轨道车辆车体是位于悬挂装置上方的主承载结构，包括所有固定在该结构上并对其强度、刚度和稳定性有贡献的零部件。机械设备和其他安装零件通过它们的连接部件加接在车体上，但它们不被视作车体的组成部分。

(2) 工作状态中的车体质量。工作状态中的质量 m_1 包括整装的车体及所有安装的零件，其中包括水、燃料、食品的全部运用储备量和员工总重。

(3) 最大有效载重。应依据车辆种类确定最大有效载荷 m_2。对于客车，它取决于乘客的座位数和站立区域中每平方米的乘客数。对于车辆用途不同，可按长途客车和通勤车(市郊车)分类。站立区域乘客的密度分别为 2~4 人/m²(长途车)和 5~10 人/m²(通勤车)，每位旅客(包括其随身携带的行礼)的标准重量分别为 80kg(长途车)和 70kg(通勤车)。在行礼区域，其标准载荷为 300kg/m²。

(4) 悬挂装置或行走系统质量。一台悬挂装置或行走系统的质量 m_3 是车体下方的所有设备，包括车体悬挂的质量。车体和悬挂装置或行走系统间连接零件的质量应在 m_1 和 m_3 之间均分。

(5) 坐标系。X 轴(对应于车辆纵轴)的正向是运动方向，Y 轴(对应于车辆横轴)位于水平平面，Z 轴(对应于车辆垂直轴)的正向向上。

以下只介绍该标准中涉及铁路固定编组的动车组(类别 P-Ⅱ)的部分。

2. 对结构的要求

1) 设计准则

在与运行要求一致的最大载荷和在正常运用条件下，轨道车辆车体结构抵抗变形和破坏的能力应采用计算和/或试验的方法加以分析，设计的依据以下准则：

(1) 规定应能承受最大载荷的超常载荷和应能维持满载荷运行条件的运营载荷；

(2) 静强度，可接受的安全裕度，以致在超过超常载荷时，结构不会发生灾难性的破坏和变形；

(3) 刚度，足以保证结构在承载下的变形和固有频率满足运用要求的极限值；

(4) 疲劳强度，规定使用寿命期间结构应承受对结构无损害的运行或周期性载荷。

2) 设计参数的不确定性

(1) 载荷：用作车体设计基础的所有载荷均应考虑不确定性因素所引起的偏差。

(2) 材料：设计中，应采用材料技术规范中规定的材料性能最小值，在材料性能受诸如以下因素影响的地方应确定合适的新的最小值：

① 加载速率；

② 时间(例如，因材料老化)；

③ 环境(湿度，温度等)；

④ 焊接或其他制造加工过程。

同样，用于表示材料疲劳特性的 S-N 曲线也应包括上述影响。

3) 不确定因素

设计过程中可能引入不确定性的因素如下。

(1) 尺寸公差：依据零部件标称尺寸执行基本计算通常是可以接受的。只有在零部件运用中(磨损等引起的)厚度明显减小是固有的时候，才必须考虑最小尺寸，足够的防腐措施应是车辆技术规范的整体组成部分。由此引起的材料损耗通常可以忽略不计。

(2)制造加工过程：实际零部件中材料表现出的工作性能特性与通过试样试验得到的特性可能不同，这种差别可归因于制造过程和加工工艺中的差异。

(3)分析精度：可能在分析过程中采用了一些简化或近似的方法而导致结果不够精确，因此，设计者要考虑分析精度的影响。

对(1)和(2)款，可采用安全系数的方法加以考虑，该不确定系数用 S 表示，在将计算应力与许用应力作比较时，应使用它。

4) 静强度和结构稳定性校核

(1)要求：应通过计算和/或试验证明在设计载荷情况下不会发生结构整体或任何单个部件的永久变形或破坏。

(2)屈服强度：在仅利用计算验证设计时，在每个单个载荷情况中 n_1 均应取 1.15。材料屈服极限 σ_s 与计算应力 σ 的比值应大于或等于 n_1。

$$\frac{\sigma_s}{\sigma} \geqslant n_1 \tag{5-4}$$

(3)极限强度：如必须在最大设计载荷和破坏载荷之间提供安全裕量，方法是引入一安全系数 n_2，从而使材料极限强度 σ_b 与计算应力 σ 之间的比值大于或等于 n_2(通常 n_2=1.5)。

$$\frac{\sigma_b}{\sigma} \geqslant n_2 \tag{5-5}$$

(4)稳定性：车辆结构应有足够的稳定性安全裕量，得到该安全裕量的方法是保证纵向弯曲临界曲屈应力 σ_{cr} 与计算应力 σ 之间的比值大于或等于 n_3(通常 n_3=1.5)。

$$\frac{\sigma_{cr}}{\sigma} \geqslant n_3 \tag{5-6}$$

5) 刚度校核

刚度极限值用来保证车体结构保持在其必需的空间壳体内和避免共振。可用预定载荷下的允许变形或最小固有振动频率来定义必需的刚度，它可以用于分析整个车体、具体零部件或组件。

6) 疲劳强度校核

轨道车辆车体结构在其运行寿命期间将承受大量的不同程度的动态载荷。在车体结构关键部位，这些载荷的作用是最明显的，这些部位包括：

(1)加载点(包括设备连接点)；

(2)构件之间的接头(如焊缝、螺栓连接接头)；

(3)产生应力集中的几何形状变化处(如车门和车窗边角)。

对上述关键部位的疲劳强度分析是必不可少的，一般采用的方法是将设计者的经验与结构分析和试验结果相结合，利用疲劳极限法或疲劳累积损伤法校核疲劳强度。

在材料性能数据表明其存在疲劳极限时，可采用疲劳极限法。疲劳极限是一个应力程度，如果所有动态应力值均低于疲劳极限，则在该应力程度时就不会发生疲劳损坏。如果在疲劳载荷所有组合下产生的应力始终低于疲劳极限，就表明结构的疲劳强度足够。

如果在所有有关载荷组合中不能将应力程度均定义为低于疲劳极限值，或不能定义材料的疲劳极限，则应使用疲劳累积损伤法。

3. 设计载荷

包括定义的超常载荷和疲劳载荷。

对于每个类别的车辆，每种载荷工况的载荷值见表 5-4。

表 5-4　车体静载荷组合工况

组合工况	载荷大小
压缩力和垂向载荷	F_{x1} 和 $g\times(m_1+m_2)$
压缩力和最小垂向直载荷	F_{x1} 和 $g\times m_1$
拉伸力和垂向载荷	F_{x2} 和 $g\times(m_1+m_2)$
拉伸力和最小垂向直载荷	F_{x2} 和 $g\times m_1$

1) 车体的纵向静载荷

一般情况下作用在缓冲装置高度或车钩高度上的压缩载荷 F_{x1} 为 1500kN，在装配有侧向缓冲装置时，对角作用于缓冲装置高度上的压缩载荷 F_{x2} 为 500kN。车钩上的拉伸载荷 F_{x3} 通常取 1000kN，但是某些特定的车钩可能有较高的拉伸力，此时需要根据具体车辆的设计技术文件进行选取。

此外还需要考虑其他几种纵向压缩力作用情况：

(1) 在车体一端端墙在地板上方 150mm 处施加 400kN 的纵向压缩载荷 F_{x4}，与对端的车钩或缓冲装置高度位置的纵向压缩力平衡。

(2) 在车体一端端墙在腰带（或车窗窗框）高度处施加 300kN 的纵向压缩载荷 F_{x5}，与对端的车钩或缓冲装置高度位置的纵向压缩力平衡；此时如果是带驾驶室车辆的驾驶室端，需要将此载荷分布在整个车窗窗框上端。

(3) 在车体一端端墙上边梁高度处施加 300kN 的纵向压缩载荷 F_{x6}，与对端的车钩或缓冲装置高度位置的纵向压缩力平衡。

2) 车体的垂向静载荷

车体的垂向静载荷分为最大运用载荷和架车载荷两种。最大运用载荷为 $1.3\times(m_1+m_2)\times g$。当车辆在一端架车位实施架车作业时，车体垂直静载荷为 $1.1\times(m_1+m_3)\times g$，当要在一个顶车位相对于其他三个顶车位发生垂向位移时，车体垂直静载荷为 $1.1\times(m_1+2m_3)\times g$。

3) 车体静载荷工况的组合

为了校核静态强度是否满足要求，将前述各静载荷工况按表 5-4 所示进行组合。在这些规定的组合载荷工况下，结构的每个部分的应力均应小于规定的材料许用应力。

4) 设备连接点载荷情况

为计算车辆运行期间作用于紧固件的力，零部件质量应与规定的加速度相乘，以分别考虑零部件各方向的惯性力。作为最低的附加要求，这些载荷应结合 $1g$ 垂向加速度产生的载荷和设备本身可能产生的最大载荷分别考虑。车体与悬挂装置的连接点应能独立承受以下情况产生的最大载荷：

(1) 车体 X 方向（纵向）的悬挂装置最大加速度为 $\pm 3g$；

(2) 车体 Y 方向（侧向）加速度最大值为 $\pm 1g$；

(3) 车体 Z 方向（垂向）的悬挂装置最大加速度 $(1\pm c)g$，在车端 $c=2$，在车辆中心线性下降到 0.5。

5) 车体疲劳载荷

应确定可能引起疲劳损坏的循环载荷的所有来源。在有载荷明显变化的地方，应规定有效的载荷谱,该载荷谱应能以适合于计算的形式使用。应依据规定的工作状态确定加载/卸载循环,应以适合于分析的方式表示它。只有在车辆有较高的有效载荷与皮重的比例和/或载荷频繁变化时,加载/卸载循环引起的疲劳损伤才可能是重要的。

(1) 一般利用 3 种方法确定轨道垂直方向、侧向和扭转引起的载荷:①动态模型(利用有关轨道几何形状和不平顺的数据);②整个预定或类似路径的实测数据;③经验数据(如加速度和位移等)。数据性质将因疲劳设计中是使用疲劳累积损伤法还是使用疲劳极限法而异。采用疲劳极限法时,横向加速度一般取 $\pm 0.2g$(机车或货车)和 $\pm 0.15g$(客车);垂向加速度一般取 $(1\pm 0.25)g$(机车)和 $(1\pm 0.15)g$(动车组、客车或城市轨道车辆)或 $(1\pm 0.3)g$(货车);纵向加速度一般取 $\pm 0.15g$(机车、动车组、客车、城市轨道车辆等)和 $\pm 0.3g$(货车)。

(2) 空气动力载荷。当列车运行速度较高、通过隧道或者出现较强的侧风时,可能产生明显的空气动力载荷,设计者应考虑这类加载,并在必要时研究适用于分析的方法。

(3) 牵引和制动。启动/制动产生的载荷循环次数和幅度应依据车辆工作性能数据确定,并应为非预定停机提供余量。应评估启动/制动时车辆动态相互作用引起的纵向加速度,如果较大,就应考虑它们的作用。

6) 振动模态

整备状态车体的固有振动模态应与悬挂频率隔离或用其他方式分离,其程度应足以在任何速度、车辆载荷或悬架条件下避免发生共振。

在所有运行条件下,设备器件的基础振动模态均应与车体结构和悬挂的振动模式隔离或用其他方式分离,其程度应足以避免发生共振。

4. 材料的许用应力

1) 静强度

极限静态材料特性应是材料技术规范中规定的最小屈服和极限强度。使用的值应取自有关的国家标准。无标准时,应使用最可靠的数据。

2) 疲劳强度

疲劳载荷下的材料行为应以现行国际标准或任何等同状态可供使用的数据为依据,设计者有责任寻找经过验证的数据或利用合适的、适用于其应用的试验获得这些数据。

合适的数据通常应表现出以下特点:

(1) 存活率应是 97.5%,但至少是 95%;
(2) 用于钢材时,最小次数为 2×10^6 恒幅循环相当于疲劳极限;
(3) 用于铝材时,最小次数 1×10^7 恒幅循环相当于疲劳极限;
(4) 依据零部件或接头几何形状的细部分类(包括应力集中);
(5) 利用试验技术和以前的经验解释从小试样得到的疲劳极限数据,以保证对全尺寸零部件的适用性。

5.2.2 日本标准 JIS E7106

日本标准 JIS E7106(铁道车辆车体结构设计通则)与欧洲标准 EN 12663 大体类似,但在一些具体设计载荷规定和许用应力取值上有些不同。

1. 设计载荷

1) 车体的纵向载荷(表 5-5)

表 5-5 车钩作用力 (单位：kN)

纵向载荷	客车	新干线电动车	地铁和城铁动车	内燃动车
车体的纵向压缩载荷	980	980	345～490	345～490
车体的纵向拉伸载荷	490	490	345	345

2) 车体的垂向载荷

根据悬挂系统的形式不同，车体最大垂向运用载荷分为两种。对于采用金属弹簧式悬挂，最大垂向运用载荷为 $1.3\times(m_1+m_2)\times g$；对于空气弹簧式悬挂，最大垂向运用载荷为 $1.1\times(m_1+m_2)\times g$。

在车体枕梁所在垂直平面内以力偶形式施加 40kN·m 的扭矩。

在车体一端枕梁的两侧或其他顶车处用千斤顶架起整备状态车体。此时，车体任何断面的应力不得大于所用材料的屈服极限，顶车位置处的结构不得产生永久变形。

3) 车体静载荷工况的组合

要校核静态强度是否满足要求，将前述各静载荷工况按表 5-6 所示进行组合。在这些规定的组合载荷工况下，结构的每个部分应力均应小于相应材料的许用应力。

表 5-6 车体静载荷组合工况

组合工况	载荷大小
压缩力和垂向载荷	表5-5和$g\times(m_1+m_2)$
压缩力和最小垂向载荷	表5-5和$g\times m_1$
拉伸力和垂向载荷	表5-5和$g\times(m_1+m_2)$
拉伸力和最小垂向载荷	表5-5和$g\times m_1$

4) 车体疲劳载荷

对于轨道引起的载荷，横向加速度一般取±0.15g；垂向加速度对于金属弹簧式悬挂一般取±0.15g，对于空气弹簧式悬挂一般取±0.05g。

5) 疲劳载荷的组合

应确定与评价有关的疲劳载荷组合和保证在这些情况下达到设计要求。

2. 刚度

1) 垂向等效弯曲刚度

图 5-3 示出了垂向等效弯曲刚度尺寸。由垂直载荷所导致的变形计算得出结构的垂向等效弯曲刚度 EI_{eq}，计算公式如下：

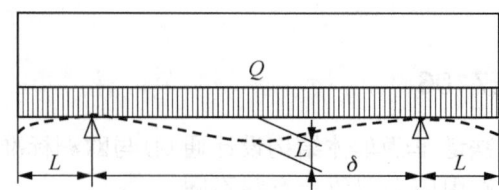

图 5-3 垂向等效弯曲刚度尺寸示意

$$EI_{eq} = \frac{Q \cdot L_1^2}{384\delta} \times (5L_1^2 - 12L_2^2 - 12L_3^2) \qquad (5\text{-}7)$$

式中，EI_{eq} 为垂向相当弯曲刚度，N·m²；Q 为车梁长度方向单位长度载重，N/m；d 为车体底架中央部的挠度量，m；L_1 为转向架中心间距，m；L_2 为从前位转向架至前位车端的距离，m；L_3 为从后位转向架至后位车端的距离，m。

2) 等效扭转刚度

图 5-4 示出了等效扭转刚度尺寸。由扭转载荷所导致的转角计算得出结构的相当扭转刚度 GJ_{eq}，计算公式如下：

$$GJ_{eq} = \frac{M \cdot L_1}{\theta} \qquad (5\text{-}8)$$

式中，GJ_{eq} 为相当扭转刚度，N·m²；M 为扭矩，N·m；θ 为车体枕梁处转角，rad；L_1 为转向架中心间距，m。

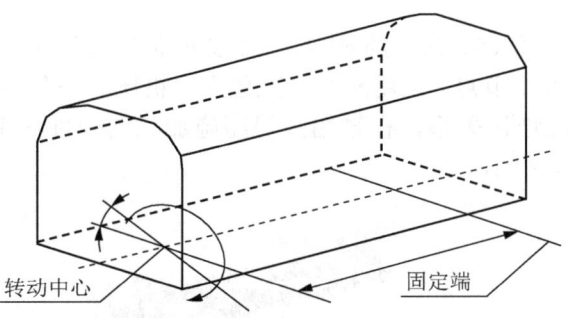

图 5-4　等效扭转刚度尺寸示意

3. 材料的许用应力

(1) 静态强度。一般根据材料技术规范中规定的最小屈服强度 σ_s，取安全系数 1.5，计算出材料的许用应力，即许用应力 $[\sigma]$ 为

$$[\sigma] = \frac{\sigma_s}{1.5} \qquad (5\text{-}9)$$

(2) 疲劳强度。疲劳载荷下的材料行为应以现行日本或国际标准或任何等同状态可供使用的数据为依据。

5.3　转向架构架与车体强度分析实例

5.3.1　地铁动车转向架构架静强度与疲劳强度分析

1. 构架结构

该动车转向架构架由两箱型侧梁、两无缝钢管横梁以及纵向辅助箱型梁组成 H 型结构。侧梁为中部下凹的鱼腹箱型结构，由板材 Q345D 焊接而成，中部设有空气弹簧安装座，其上焊有一系弹簧座、制动座板等，内部有厚度为 10mm 的加强筋板。横梁采用无缝铸钢管材 STKM13B，其内腔作为空气弹簧的附加空气室，其上焊接有电机吊座、齿轮箱吊座以及牵引拉杆座等。整个构架的结构示意图如图 5-5 所示。

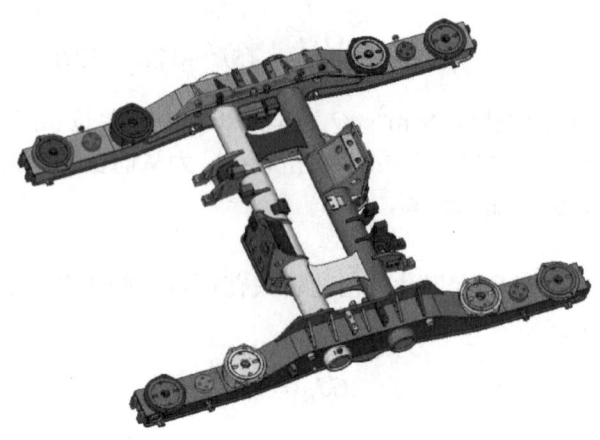

图 5-5 构架结构示意图

2. 有限元模型

采用三维实体单元（SOLID92）将构架离散成四面体有限元模型，整个构架共离散为 106897 个单元，141626 个节点。采用刚性约束建立电机质心与其吊座安装位置之间以及制动安装点与作用点之间的连接关系，在轴箱弹簧座施加三向弹性约束（采用 COMBIN14 弹簧元），离散模型如图 5-6 所示。

图 5-6 构架有限元离散模型

3. 超常载荷及其组合工况

依据 UIC615-4 规程计算各超常载荷，将各超常主要载荷和特殊载荷进行组合，分别得到超常载荷工况组合表和超常特殊载荷工况组合表，见表 5-7 和表 5-8。

表 5-7 超常主要载荷工况组合表

加载点	1	2	3	4
左空簧垂向	−144.0	−144.0	−144.0	−144.0
右空簧垂向	−144.0	−144.0	−144.0	−144.0
横向止档		102.7		102.7
空簧横向		8.8		8.8
扭曲载荷			+22.0	+22.0
纵向载荷				+205.9
电机垂向惯性载荷				−67.2
电机横向惯性载荷				30.5
电机纵向惯性载荷				30.5

表 5-8 超常特殊载荷工况组合表

加载点	1 紧急制动工况	2 电机短路工况	3 调车冲击工况	4 脱轨工况
左空气弹簧垂向	-144.0	-144.0	-144.0	-102.9
右空气弹簧垂向	-144.0	-144.0	-144.0	-102.9
牵引拉杆座纵向载荷	43.7		343.1	构架三点支撑
1st 齿轮箱反力杆		123.5		
2nd 齿轮箱反力杆		-123.5		
1st 单元制动器	10.9(切向) 38.9(法向)			
2nd 单元制动器	-10.9(切向) -38.9(法向)			

4. 运营载荷及其组合工况

将各运营载荷进行组合,得到运营载荷工况组合表,见表 5-9。

表 5-9 运营载荷工况一览表 (单位:kN)

类型	工况号	垂向载荷 左侧梁	垂向载荷 右侧梁	横向载荷	纵向载荷	扭转载荷	制动载荷	驱动载荷	电机载荷
模拟运营	1	F_z	F_z	0	0	0	0	0	0
	2	$F_z(1+\alpha-\beta)$	$F_z(1-\alpha-\beta)$	0	0	0	±7.7(切)±27.5(法)	±20.2	±30.7(垂) ±18.5(横) ±18.5(纵)
	3	$F_z(1+\alpha-\beta)$	$F_z(1-\alpha-\beta)$	$+F_y$	0	0			
	4	$F_z(1+\alpha+\beta)$	$F_z(1-\alpha+\beta)$	0	0	0			
	5	$F_z(1+\alpha+\beta)$	$F_z(1-\alpha+\beta)$	$+F_y$	0	0			
	6	$F_z(1-\alpha-\beta)$	$F_z(1+\alpha-\beta)$	0	0	0			
	7	$F_z(1-\alpha-\beta)$	$F_z(1+\alpha-\beta)$	$-F_y$	0	0			
	8	$F_z(1-\alpha+\beta)$	$F_z(1+\alpha+\beta)$	0	0	0			
	9	$F_z(1-\alpha+\beta)$	$F_z(1+\alpha+\beta)$	$-F_y$	0	0			
	10	$F_z(1+\alpha-\beta)$	$F_z(1-\alpha-\beta)$	$+F_y$	F_x	F_n			
	11	$F_z(1+\alpha+\beta)$	$F_z(1-\alpha+\beta)$	$+F_y$	F_x	F_n			
	12	$F_z(1-\alpha-\beta)$	$F_z(1+\alpha-\beta)$	$-F_y$	$-F_x$	F_n			
	13	$F_z(1-\alpha+\beta)$	$F_z(1+\alpha+\beta)$	$-F_y$	$-F_x$	F_n			

注:(1)系数 α 和 β 取值如下: α(侧滚系数):0.1; β(浮沉系数):0.2;
(2)垂向和横向载荷在相关部件中分配。

5. 计算结果分析

1)静强度计算结果

在构架结构模型上施加各超常主要载荷、特殊载荷及其组合(表 5-8 和表 5-9),各工况下构架上的最大应力值及其发生部位列于表 5-10、表 5-11 中。可见,在各超常主要载荷组合工况下,构架上最大应力出现在牵引拉杆座立板圆弧弯角处(工况 4),最大值为 208.0 MPa(图 5-7),应力值小于 Q345D 钢的许用应力(345MPa);在各超常特殊载荷组合工况下,构架上最大应力发生在调车冲击工况牵引拉杆座立板圆弧弯角处,应力值为 236.4MPa(图 5-8),应力值也小于 Q345D 钢的许用应力(345MPa),因此,该构架静强度满足要求。

表 5-10 超常主要载荷组合工况下最大应力位置及其 von Mises 应力值

工况号	最大应力位置	最大应力值/MPa
1	制动座板中部圆弧弯角部位	87.0
2	侧梁中部上盖板圆弧弯角处	118.0
3	制动座板中部圆弧弯角部位	91.1
4	侧梁中部上盖板圆弧弯角处	208.0

表 5-11 超常特殊载荷工况下最大应力位置及其 von Mises 应力值

工况号	最大应力位置	von Mises 应力值/MPa
1	牵引拉杆座立板圆弧弯角处	111.4
2	制动板与侧梁下盖板连接焊缝端部	141.4
3	牵引拉杆座立板圆弧弯角处	236.4
3	齿轮箱吊座立板(与牵引拉杆座共用)圆弧弯角处	226.0
	牵引拉杆座与横梁连接焊缝	110.0
4	电机吊座外支撑板孔边	197.9

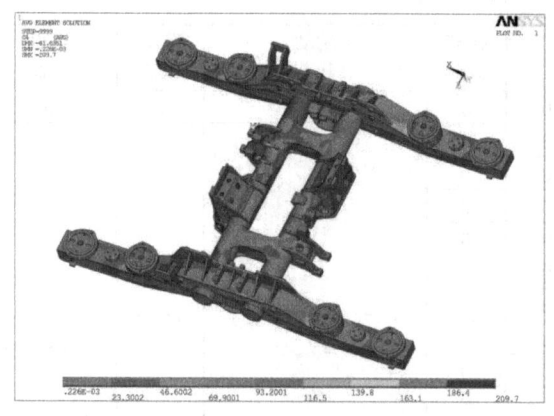

图 5-7 超常载荷工况 4 构架应力分布云图(MPa)

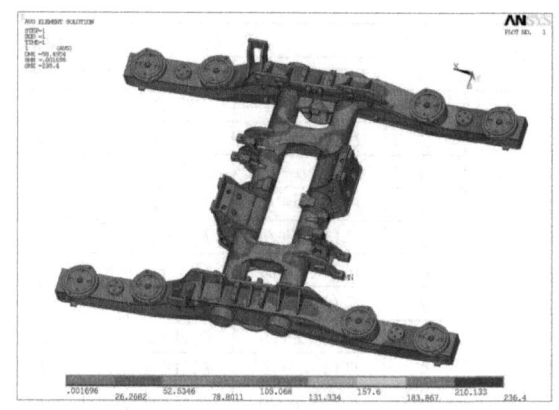

图 5-8 特殊超常载荷工况 3 构架应力分布云图(MPa)

2) 疲劳强度计算结果

借助 ANSYS 软件,在构架模型上,分别计算表 5-9 中 13 种主体运营载荷工况以及各支吊座载荷作用下的结构应力,图 5-9 为构架上的平均应力云图,图 5-10 为动载荷作用下构架合成动应力幅值云图,表 5-12 列出了构架大应力发生部位及其应力均值、应力幅值。将表 5-12 中列出的构架大应力部位的动应力幅值和平均应力分别点入相应材料母材/焊接接头的 Goodman 疲劳极限图,以此评估构架的疲劳强度。

表 5-12 构架上大应力区的平均应力和动应力幅值计算结果 （单位：MPa）

零部件	细节	平均应力	动应力幅值	母材/接头
侧梁区	侧梁上盖板与外立板连接焊缝	−40.0	53.8	接头
横侧梁连接区	横侧梁连接部位	+25.0	55.9	接头
横梁与纵向辅助梁连接区	纵向辅助梁下盖板与横梁连接焊缝	+6.9	61.0	接头
电机吊座	电机吊座外支撑板圆孔边	+2.0	81.0	母材
电机吊座	电机吊座上盖板与横梁连接焊缝	−6.5	36.5	接头
电机吊座	电机吊座下盖板与横梁连接焊缝	+3.6	54.01	接头

续表

零部件	细节	平均应力	动应力幅值	母材/接头
齿轮箱吊座与横梁连接区	齿轮箱吊座立板圆弧弯角处	+6.1	80.6	母材
	齿轮箱吊座立板与横梁连接焊缝	+4.5	45.6	接头
牵引拉杆座与横梁连接区	牵引拉杆座圆弧弯角	+2.0	40.0	母材
	牵引拉杆座立板与横梁连接焊缝	+3.5	45.0	接头

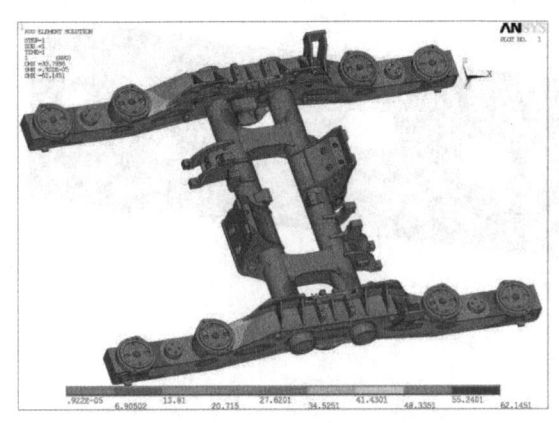 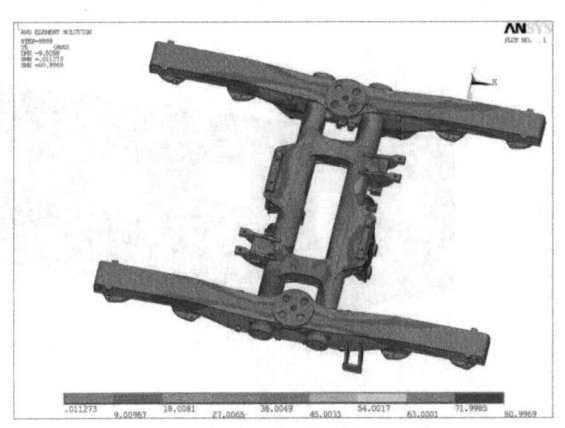

图 5-9 构架整体平均应力云图　　　图 5-10 构架整体动应力幅值云图

5.3.2 电动客车车体静强度分析

1. 车体结构

该地铁中间车车体为整体承载式无中梁结构，车体由底架、侧墙、车顶、端墙以及波纹地板等组成。底架采用无中梁框架式结构，主要由枕梁、边梁、横梁和纵向梁等组成，在底架上铺有波纹地板。侧墙采用立柱与横梁焊接的框架形式，车顶采用压型弯梁，并蒙有钢蒙皮，并设计了两个安装空调的平台。

中间车车体结构模型如图 5-11 所示。

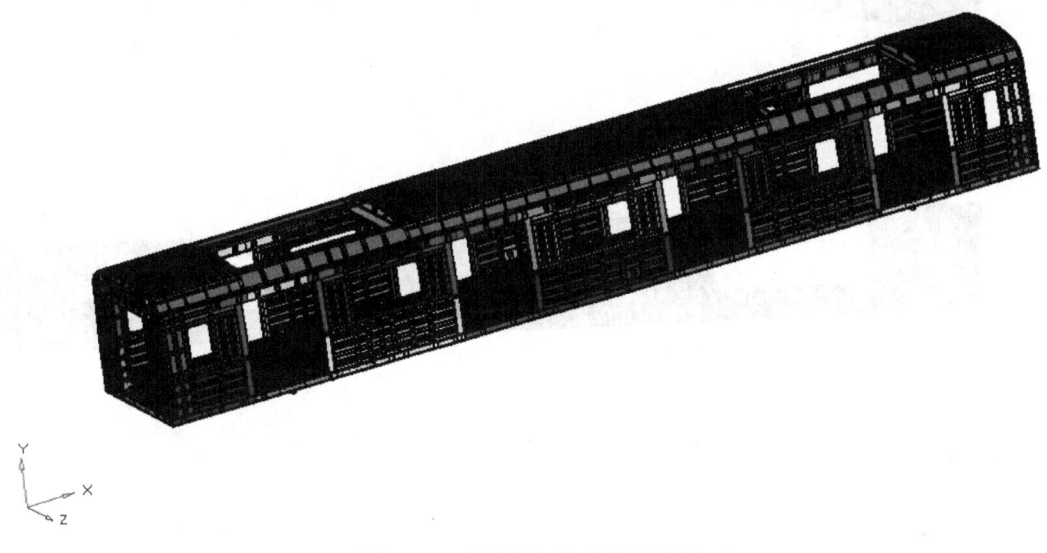

图 5-11 中间车车体结构示意图

2. 有限元模型

中间车有限元模型采用板壳元（Shell63）离散而成，共包含单元数 295020 个，节点数 263522 个。模型中坐标轴的方向为：车体横向为 Z 轴，垂向为 X 轴，纵向为 Y 轴。根据车体受力情况，在模型中施加相应的垂向、横向及纵向位移约束，其中垂向约束均在 4 个空簧支撑位置施加，离散模型如图 5-12 所示。

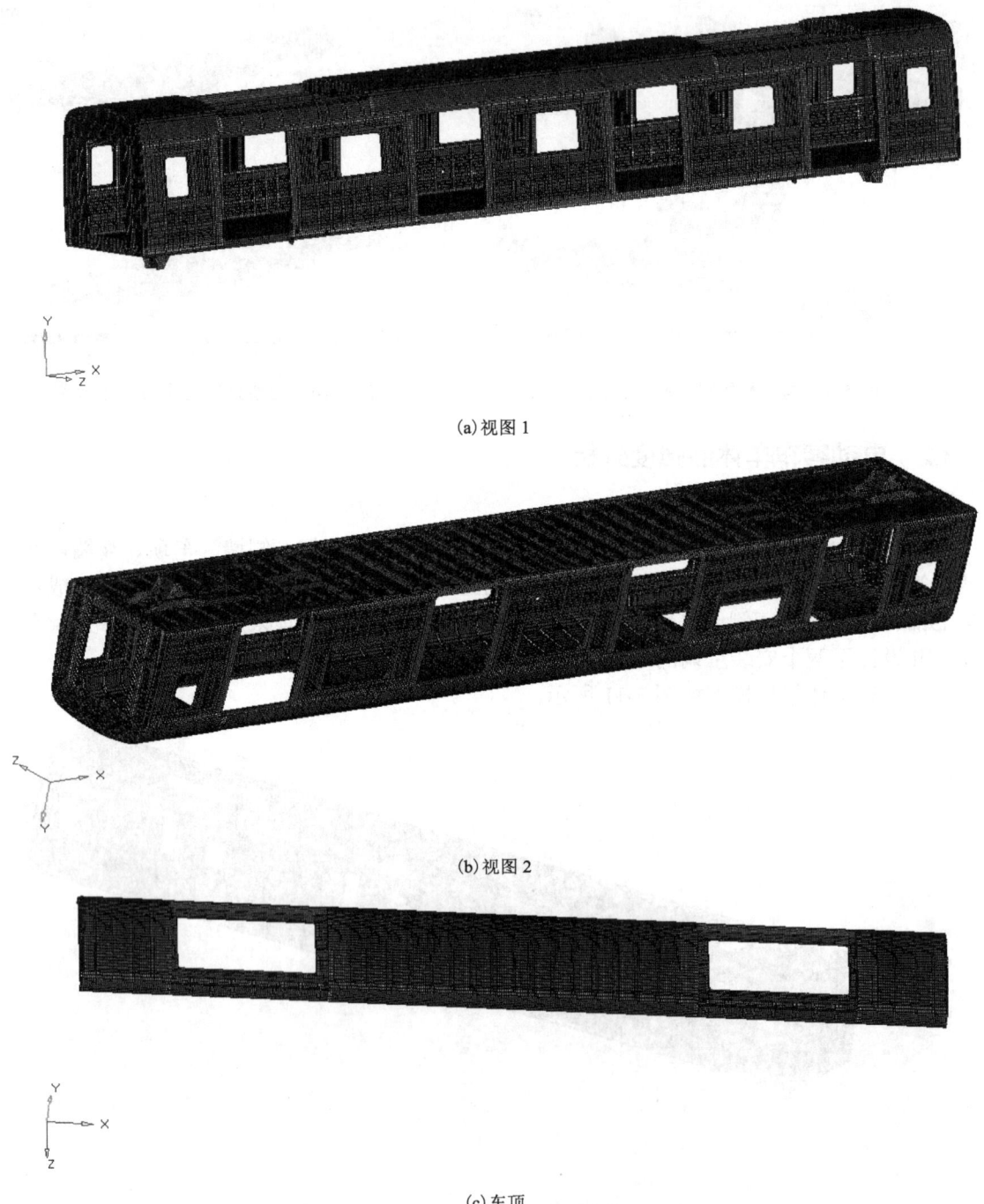

(a) 视图 1

(b) 视图 2

(c) 车顶

图 5-12 构架有限元离散模型

(d) 端墙

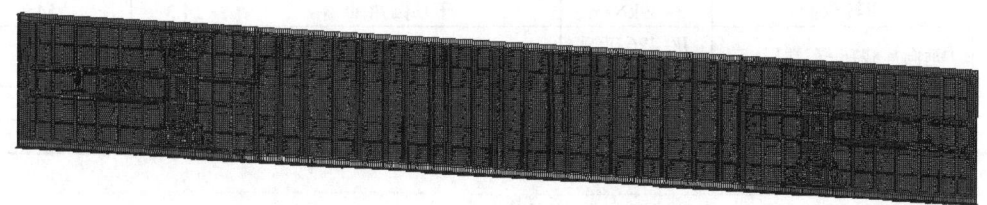
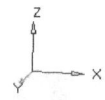

(e) 底架

图 5-12 构架有限元离散模型(续)

3. 基本载荷及其组合工况

根据车体设计参数,依据 EN12663、TB/T 1335—1996 确定各计算载荷和计算工况。

4. 计算结果分析

在中间车车体结构模型上施加各基本载荷(表 5-13),得到各载荷下车体上各部位的应力值以及位移值。表 5-14 给出了典型载荷工况下车体最大应力发生部位及其应力值,图 5-13 示出了垂向静载荷和车端压缩组合工况下的车体计算结果。在各载荷下,车体上最大应力值均小于其相应材料的许用应力,因此,该车体强度满足要求。

表 5-13 基本载荷工况

工况序号	工况名称	载荷值
1	垂向静载荷	426.0 kN(垂向地板均布)
2	垂向总载荷	553.7kN(垂向地板均布)
3	车端压缩	800 kN(纵向压缩)
4	车端拉伸	640 kN(纵向拉伸)
5	三点支撑(整备状态)	378.4 kN
6	三点支撑(钢结构)	80.0 kN
7	扭转载荷	39kN·m(扭转)
8	垂向静载荷+车端压缩	426.0kN(垂向地板均布) 640 kN(纵向拉伸)

续表

工况序号	工况名称	载荷值
9	垂向静载荷+车端拉伸	426.0 kN(垂向地板均布) 800 kN(纵向压缩)
10	垂向静载荷+扭转载荷	426.0 kN(垂向地板均布) 39kN·m(扭转)

表 5-14 中间车车体等效应力计算结果及静强度评估

	计算工况		部位	应力值/MPa	许用应力/MPa	强度评估
1	垂向总载荷	W=553.7kN	底架横梁与边梁连接处	210.8	545	满足
2	车端压缩	F=800 kN	地板与小纵梁连接处	252.1	379	满足
3	三点支撑(整备状态)	W=378.4kN	门角立柱与车顶边梁连接处	445.9	545	满足
4	扭转载荷	T=39kN·m	车顶圆角处	24.3	545	满足
5	垂向静载荷+车端压缩	W=426.0kN F=800 kN	端墙车门下门角	294.2	545	满足
6	垂向静载荷+扭转载荷	W=426.0kN F=39kN·m	地板与小纵梁连接处 门角立柱与上边梁连接处	288.7 172.0	379 545	满足 满足

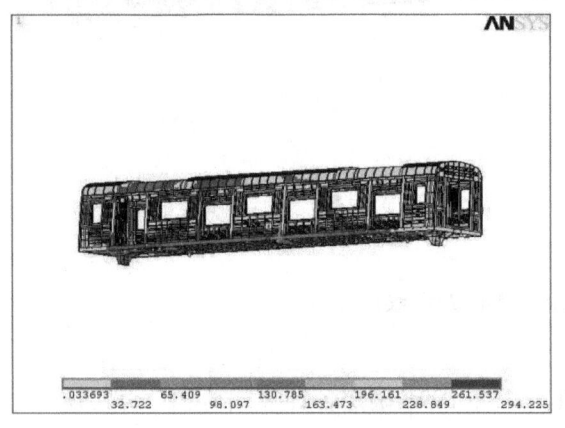 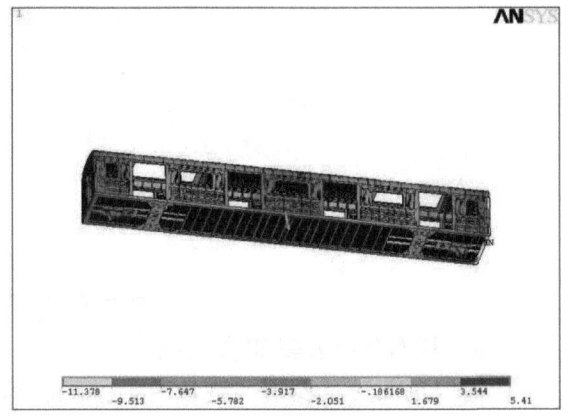

(a) 应力云图(S_{MAX}=294.2MPa)　　　　(b) 垂向整车变形图(Uz_{MAX}=11.4mm)

图 5-13 垂向静载荷+车端压缩下整车应力与变形计算结果

参 考 文 献

国际铁路联盟．2003．UIC 615-4-2003 移动动力装置—转向架和走行装置—转向架构架结构强度试验

日本标准协会．2004．JIS E4207-2004 铁路车辆—转向架—转向架构架设计通则

日本标准协会．2006．JISE7106-2006 铁路机车车辆客车结构体设计一般要求

王文静,刘志明．2009．CRH2 动车组转向架构架疲劳强度分析．北方交通大学学报，33（1）：5-9

英国标准学会．2010．BS EN 12663-1-2010 铁路设施．铁路车辆车身的结构要求．第 1 部分：机车和铁路客运车辆及铁路货运车辆的选用方法

英国标准学会．2011．BS EN 13749：2011 铁路应用—轮对和转向架—转向架构架结构分析方法